内国法人の国際取引に係る法人税

Corporation Tax concerning International
Transaction of Domestic Corporation

日税研論集
Journal of Japan Tax Research Institute

VOL 63

武田昌輔名誉教授追悼号に寄せて

　武田昌輔成蹊大学名誉教授は，当センターの設立（昭和59年9月）当時より，常務理事としてその運営に尽力されるとともに，当センターの中心事業である学術的調査研究活動におきましても，顧問格教授として租税法研究会及び租税法事例研究会における法人税の部会長を務められるなど，その手腕を存分に発揮されました。

　平成24年2月1日，当センターは公益財団法人へと移行しましたが，組織運営，研究事業活動などにおいて，武田昌輔先生には引き続きお力添えいただくことを願っておりましたところ，突然の訃報に接することとなりました。

　日税研論集第63号「内国法人の国際取引に係る法人税」は，平成23年10月から研究活動を開始し約1年をかけた研究成果をとりまとめたもので，武田昌輔先生ご自身の執筆による「研究にあたって」，「総説」，「内国法人の国際取引」の論文等を収録しております。

　当センターでは，本号を追悼号として武田昌輔先生に捧げますとともに，生前の多大なるご功績に感謝し，衷心よりご冥福をお祈りいたします。

平成24年11月

理事長　石　井　幸　夫

目　　次

研究にあたって ……………………………………… 武田　昌輔・1

総　　説 ……………………………………………… 武田　昌輔・3

　Ⅰ　内国法人に対する海外所得 ……………………………………… 3
　　　1　外国法人に対する課税 ……………………………………… 4
　　　2　内国法人に対する課税 ……………………………………… 5
　Ⅱ　国外源泉所得 ……………………………………………………… 6
　　　1　内国法人が拠点を有しないで所得を稼得する場合 ……… 7
　　　2　海外に事業拠点を持って稼得する場合 …………………… 9
　　　3　海外に子会社を設けて海外で事業活動を行う場合 ……… 9
　Ⅲ　為替換算 …………………………………………………………… 11
　　　1　必要性と沿革 ………………………………………………… 11
　　　2　税法における為替換算 ……………………………………… 14
　　　3　為替換算に関する規定 ……………………………………… 15
　Ⅳ　外国税額控除 ……………………………………………………… 16
　　　1　外国税額控除 ………………………………………………… 16
　　　2　外国法人税の範囲の問題 …………………………………… 20
　　　3　間接税額控除 ………………………………………………… 22
　　　4　みなし外国税額控除
　　　　　（タックス・スペアリング・クレジット） ………………… 23
　　　5　制度の概要 …………………………………………………… 23

Ⅴ　外国子会社からの受取配当の益金不算入制度 ………………… 25
　　　　1　立法趣旨 ……………………………………………………… 25
　　　　2　制度の概要 …………………………………………………… 28
　　Ⅵ　外国子会社合算税制（タックスヘイブン対策税制） ………… 30
　　　　1　制度の沿革 …………………………………………………… 30
　　　　2　制度の概要 …………………………………………………… 36
　　Ⅶ　移転価格税制 ……………………………………………………… 38
　　　　1　制度の沿革 …………………………………………………… 38
　　　　2　移転価格税制の特色 ………………………………………… 40
　　　　3　独立企業間価格の算定方法 ………………………………… 41
　　　　4　外国子会社合算税制との関連 ……………………………… 42

内国法人の国際取引 ……………………………… 武田　昌輔・43

　　Ⅰ　総　　論 …………………………………………………………… 43
　　Ⅱ　内 国 法 人 ………………………………………………………… 46
　　Ⅲ　国際取引に対する課税の原則（PE に関する問題） …………… 47
　　Ⅳ　国際取引によって生ずる所得に関する諸問題 ………………… 48
　　Ⅴ　信託を通じた国外投資における課税問題 ……………………… 51
　　　　1　信託所得課税の基本的考え方と内外判定 ………………… 51
　　　　2　国内の信託を通じて行われる国外投資 …………………… 52
　　　　3　国外の信託を通じて行われる国外投資 …………………… 56
　　　　4　信託における租税条約の適用について …………………… 59
　　Ⅵ　法 人 税 率 ………………………………………………………… 62
　　Ⅶ　組織再編税制と国外源泉所得 …………………………………… 67
　　Ⅷ　国際取引に関連する特別な取扱い等 …………………………… 71

目　次　3

為替換算………………………………………………… 原　一郎・73

- Ⅰ　外貨建取引の意義 ……………………………………………73
- Ⅱ　外貨建取引の換算 ……………………………………………74
  - 1　取引時の円換算 ……………………………………………74
  - 2　先物外国為替契約により発生時の外国通貨の円換算額を確定させた外貨建資産・負債の換算 ………………………………75
  - 3　先物外国為替契約等により円換算額を確定させた外貨建資産・負債の換算 ……………………………………………76
  - 4　外貨建資産等の評価換えをした場合のみなし取得による換算 ………………………………………………………………77
  - 5　先物外国為替契約等がある場合の収益，費用の換算等 ……78
  - 6　適格合併等により先物外国為替契約等が移転した場合の外貨建取引の換算の引継ぎ …………………………………………79
  - 7　製造業者が負担する為替損失相当額等 …………………80
- Ⅲ　外貨建資産等の期末換算 ……………………………………81
  - 1　外貨建資産等の意義 ………………………………………81
  - 2　期末換算の方法 ……………………………………………82
  - 3　換算方法の選定及び変更 …………………………………84
  - 4　適格合併等により移転する外貨建資産等に係る為替換算差額 ………………………………………………………………86
  - 5　外国為替の売買相場が著しく変動した場合の外貨建資産等の期末時換算 ……………………………………………………87
- Ⅳ　為替予約差額の配分 …………………………………………89
  - 1　配分金額の計算 ……………………………………………89
  - 2　適格組織再編成が行われた場合の為替予約差額の配分 ……92
  - 3　契約解除等があった場合の取扱い ………………………93

  Ⅴ 海外支店等の資産等の換算の特例 …………………………… 94

外国税額控除 ……………………………………… 野田　秀三・97

 はじめに ……………………………………………………………… 97
 Ⅰ 外国税額控除制度の仕組み ……………………………………… 98
  1 二重課税の排除方式 ………………………………………… 98
  2 外国法人税の範囲 …………………………………………… 99
  3 外国税額控除の対象となる税 ……………………………… 100
  4 外国税額控除の対象とならない外国法人税等 …………… 105
  5 外国法人税が課されない国外源泉所得 …………………… 105
  6 租税条約により外国税額控除の対象となるもの ………… 106
  7 外国税額控除の計算の仕組み ……………………………… 106
  8 外国税額控除の対象となる外国税額控除 ………………… 108
 Ⅱ 控除限度額の計算 ………………………………………………… 110
  1 国外所得金額の計算 ………………………………………… 110
  2 国外所得金額計算における欠損金の繰越控除等の不適用
    ……………………………………………………………… 111
  3 共通費用の配賦 ……………………………………………… 111
  4 欠損金の繰戻し還付に伴う外国法人税の減額の取扱い … 116
  5 外国法人税に増額等があった場合の取扱い ……………… 117
  6 国外源泉所得のうち非課税の国外源泉所得の控除 ……… 118
  7 国外所得金額の控除限度額 ………………………………… 120
  8 高率外国税額の外国税額控除負担分の除外 ……………… 121
  9 控除限度額の控除余裕額と控除限度超過額の繰越額 …… 123
 Ⅲ 彼此流用を巡る判決例の検討 …………………………………… 126
  1 事案の概要 …………………………………………………… 127
  2 事案の内容 …………………………………………………… 127

3　最高裁の判断 …………………………………………………129
　　4　最高裁判決の影響 ……………………………………………130
　Ⅳ　支店の損失の取扱い ………………………………………………130

外国子会社からの受取配当の益金不算入制度 ……………… 上松　公雄・133

　まえがき ……………………………………………………………………133
　Ⅰ　概　要……………………………………………………………………134
　　1　制度の内容及び趣旨……………………………………………134
　　2　外国子会社の範囲………………………………………………137
　　3　剰余金の配当等の範囲 …………………………………………140
　　4　益金不算入額（費用の控除）…………………………………143
　　5　適用額の明細及び書類の保存 …………………………………145
　　［補足］　本制度が適用されない外国法人からの剰余金の配当等に
　　　　　　関する取扱い ………………………………………………146
　Ⅱ　他の制度との調整，適用関係 …………………………………………146
　　1　外国子会社からの剰余金の配当等に対する外国源泉税等の損
　　　　金算入又は外国税額控除の可否 ………………………………146
　　2　外国法人からの剰余金の配当等の益金不算入制度（措法66
　　　　の8）との適用関係 ……………………………………………150
　Ⅲ　制度の効果 ………………………………………………………………159
　Ⅳ　検討事項（益金算入される5％相当額が外国税額控除制度におけ
　　　る「国外所得金額」に該当する点）……………………………………161

外国子会社合算税制
（コーポレート・インバージョン税制含む）………… 大江　晋也・163

　はじめに …………………………………………………………… 163
　Ⅰ　立法趣旨 ……………………………………………………… 164
　Ⅱ　制度の仕組み ………………………………………………… 167
　　1　制度の内容 ……………………………………………… 167
　　2　外国関係会社 …………………………………………… 168
　　3　特定外国子会社等 ……………………………………… 169
　　4　適用対象となる内国法人 ……………………………… 171
　Ⅲ　課税対象所得の計算 ………………………………………… 173
　　1　特定外国子会社等の決算所得金額 …………………… 173
　　2　基準所得金額 …………………………………………… 173
　　3　適用対象金額の計算 …………………………………… 175
　　4　課税対象金額の計算 …………………………………… 176
　Ⅳ　適用除外 ……………………………………………………… 178
　　1　概　　要 ………………………………………………… 178
　　2　適用除外基準 …………………………………………… 179
　Ⅴ　資産性所得に対する合算課税の新たな創設 ……………… 185
　　1　制度の概要及び内容 …………………………………… 186
　　2　特定所得の金額 ………………………………………… 186
　　3　部分課税対象金額の計算 ……………………………… 187
　　4　少額基準等による適用除外 …………………………… 188
　　5　適用除外に係る書類等 ………………………………… 188
　Ⅵ　特定外国子会社等に係る外国税額控除 …………………… 188
　Ⅶ　確定申告書に添付すべき書類等 …………………………… 189
　　1　確定申告書に添付すべき書類 ………………………… 189

		2	益金不算入となる課税済金額に係る書類等 …………… 189
Ⅷ	検討すべき事項 ……………………………………………………… 190
		1	特定外国子会社等の判定 ………………………………… 190
		2	適用除外基準のあり方 …………………………………… 191
		3	適用対象金額の取扱いの改善 …………………………… 192
		4	資産性所得の取扱い ……………………………………… 192
Ⅸ	来料加工とタックスヘイブン課税事案 …………………………… 192
Ⅹ	コーポレート・インバージョン税制 ……………………………… 193
		1	立 法 趣 旨 ………………………………………………… 193
		2	制度の前提 ………………………………………………… 195
		3	外国子会社合算税制との関係 …………………………… 200

移転価格税制の論点 ……………………………… 成道　秀雄・203

は じ め に …………………………………………………………………… 203
　Ⅰ　独立企業間価格の算定方法 ……………………………………… 203
　　　1　取引をもとに算定する方法 ……………………………… 203
　　　2　グループ利益をもとに算定する方法 …………………… 205
　　　3　営業利益をもとに算定する方法 ………………………… 207
　　　4　独立企業間価格算定方法の選択 ………………………… 210
　　　5　問題点の検討 ……………………………………………… 212
　Ⅱ　ベストメソッド・ルール ………………………………………… 213
　　　1　ベストメソッド・ルールの導入 ………………………… 213
　　　2　ベストメソッド・ルールのための検討要素 …………… 215
　　　3　ベストメソッド・ルールと立証責任 …………………… 215
　　　4　ベストメソッド・ルールの選択過程 …………………… 216
　　　5　問題点の検討 ……………………………………………… 217
　Ⅲ　独立企業間価格「幅（レンジ）」……………………………………… 217

		1	幅の採用 ………………………………………………………	217
		2	移転価格が独立企業間価格レンジから外れる場合 …………	219
		3	問題点の検討 ……………………………………………………	220
	Ⅳ	シークレット・コンパラブル ………………………………………		220
		1	シークレット・コンパラブルの必要性 ………………………	220
		2	OECD移転価格ガイドラインの見解 ………………………	221
		3	問題点の検討 ……………………………………………………	222
	Ⅴ	移転価格文書化 …………………………………………………………		222
		1	移転価格文書化の成立 …………………………………………	222
		2	移転価格文書の内容 ……………………………………………	223
		3	問題点の検討 ……………………………………………………	223
	Ⅵ	移転価格課税と寄附金課税 …………………………………………		224
		1	移転価格課税と寄附金課税の相違 ……………………………	224
		2	事務運営指針の具体的事例 ……………………………………	225
		3	問題点の検討 ……………………………………………………	225
	Ⅶ	事前確認制度 ……………………………………………………………		227
		1	沿　　革 …………………………………………………………	227
		2	事前確認と相互協議 ……………………………………………	227
		3	問題点の検討 ……………………………………………………	228
	Ⅷ	納税猶予制度 ……………………………………………………………		228
		1	相互協議と納税猶予制度 ………………………………………	228
		2	問題点の検討 ……………………………………………………	229
	Ⅸ	無形資産課税 ……………………………………………………………		230
		1	無形資産の独立企業間価格の算定の困難性 …………………	230
		2	事 例 検 討 ………………………………………………………	231
		3	問題点の検討 ……………………………………………………	232
お わ り に ……………………………………………………………………… 234

国際取引の事例研究 ………………… 千田　裕・江口　久展・237

- Ⅰ　シンガポールへ本社機能を移転する場合の留意点 ………237
  - 1　現物出資により外国法人を設立する際の本邦法人税法上の取扱い……………………………………………………………239
  - 2　タックスヘイブン対策税制上の取扱い ………………242
- Ⅱ　海外子会社の組織再編成………………………………………246
  - 1　法人税法における適格合併の要件 ……………………248
  - 2　会社法における合併の性格 ……………………………249
  - 3　クロスボーダー合併と会社法における合併の類似性の検証 ……………………………………………………………249
- Ⅲ　タックスヘイブン対策税制における特定外国子会社等の範囲 ………………………………………………………………252
- Ⅳ　日本インド租税条約における技術上の役務に対する料金………256
  - 1　国内法に基づく取扱い …………………………………257
  - 2　日本インド租税条約に基づく取扱い…………………258
  - 3　租税条約の優先適用……………………………………259
  - 4　法人税の納税義務 ………………………………………259

研究にあたって

成蹊大学名誉教授　武田　昌輔

　最近においては，海外取引は大企業や商事会社に限らず，中小企業であるメーカー等においても拡大されている。しかも，単に，海外取引を行うというだけではなくて，諸外国の現地に支店あるいは子会社を設立して，事業の効率化等が図られている。この場合に，現地における経済状況に基づく事業の採算等が最優先な事項であることはいうまでもないが，事業経営に伴う各種の規則等についても十分な配慮が必要である。特に，租税問題については，世界的に税率が低めになったとはいえ，企業の所得金額の20％程度の負担は覚悟しなければならない。

　以上のような状況を踏まえて，わが国の「内国法人」が海外において稼得した海外所得（国外源泉所得）は，どのようなものであり，どのように課税されているかの問題を取り上げることとした。この場合に，単純に，海外で稼得した所得といっても，これに伴う税制はかなり複雑であって，海外で法人税等が課税されると二重課税問題が生ずることになる。これを排除するための「外国税額控除制度」が認められている。その前に，海外所得は当該国の通貨等で取引されているので，これをわが国に取り込むためには「為替換算」の問題が生ずる。各取引が行われた為替換算が必要となる場合，あるいは，期末に一括して換算をするかなどの問題がある。これも取り上げている。

　なお，平成21年度税制改正において，海外所得について大きな改正があった。特定外国子会社から内国法人が配当を受けた場合には，その配当の源泉は国外所得であるから，いわゆる全世界主義の立場から，この受取配当については課税が行われていた。

　これに対して，その受取配当に対しては益金の額に算入しないこととした。つまり，課税しないこととした。この点は，この免税措置により海外の子会社に溜まっている利益の国内への流入を促進しようというのである（「改正税

法のすべて」平成21年度版)。

　次に，海外取引に関しての租税回避を防止しようとする措置についてである。これには二つあって，その一つは，移転価格税制であり，今一つは，外国子会社合算税制（タックスヘイブン対策税制）である。

　前者は，たとえば，海外の子会社等に対して商品等を不当に高い価額で譲渡した場合においては，その海外の国で子会社の利益は減少することになる。このことは逆にいえば，著しく低い価額で内国法人が海外子会社に商品を販売した場合には，当該海外子会社の所得を増加せしめることになる。そこで，いわば独立企業の原則に立って，適正な価額で商品を譲渡したものとして取り扱うこととされている。

　外国子会社合算税制においては，内国法人が，税金のない国又はきわめて低い国に海外子会社を設立して事業を行った場合において，それが，いわばペーパーカンパニーと認められるような場合においては，その海外子会社の所得金額を親会社の所得金額とみなして，前期分の所得金額を親会社の当期所得に合算するという制度である。

　以上の各項目についての執筆分担者は，次のとおりである。

研　究　項　目	担当研究員
Ⅰ　総説	武田昌輔　名誉教授
Ⅱ　内国法人の国際取引	武田昌輔　名誉教授
Ⅲ　為替換算	原　一郎　税理士
Ⅳ　外国税額控除	野田秀三　教　授
Ⅴ　外国子会社からの受取配当の益金不算入制度	上松公雄　税理士
Ⅵ　外国子会社合算税制 　　（コーポレート・インバージョン税制含む）	大江晋也　税理士
Ⅶ　移転価格税制の論点	成道秀雄　教　授
Ⅷ　国際取引の事例研究	千田　裕　税理士 江口久展　税理士

　なお，海外所得の税制については，かなり複雑であるため，実務に少しでも役立てるために，事例の研究につき，千田裕税理士，江口久展税理士のご協力を得た。特に感謝したい。

内国法人の国際取引に係る法人税

総　　説

成蹊大学名誉教授　武田　昌輔

I　内国法人に対する海外所得

　今回の共同研究は、「内国法人の国際取引に係る法人税」とした。往年においては国際取引といえば、大企業や特に商品等の輸入・輸出に関係のある企業について関係があった。しかし、最近においては、中小企業においても、事業の一部を外国において製造販売するなどは珍しくない状況となっている。その事業形態としては様々なものがあるが、たとえば支店、子会社、あるいは、匿名組合、さらには人格のない社団等としているものも存する。したがって、課税問題も事業形態によって原則として課税されることになる。

　ところで、国内法人が外国法人等から原材料等をドル等で仕入れた場合、あるいは、商品等を外国の法人等に販売した場合においては、原則としては、国内で仕入又は販売を行ったと同様であって、単に通貨が外貨であったに過ぎない。つまり、ドルであれば、これを換算する問題が生ずるだけである。たとえば、その仕入等が在庫となっている場合には円換算をすべきことになるから、在庫算定の時点で行うか、それとも仕入があった時点において円換算をするかの問題があろう。これは、いずれの時点でなければならないということでもないから、その選択に任されていると解される。

　しかし、国外における子会社等はその所在国において取引がなされ、当該

外国における通貨で取引が行われているので，支店であれば，わが国の本店の諸勘定と合算する際に円換算を行うことになる。これに対して，子会社の形態で事業を営んでいる場合には，要は，その子会社が配当を親会社に行った場合にその配当について円換算を行うべきこととなる。

ところで，以上の点はともかくとして，わが国における法人税の課税は，どのようになっているかの基本問題を明確にしておく必要があると考える。これは，次のとおりである。

① 内国法人　国内所得，国外所得……法人税法第22条による所得金額
② 外国法人　日本で稼得した所得についてのみ課税対象となる（国内源泉所得課税）。いわゆる制限納税義務を負うことになっている。

1　外国法人に対する課税

外国法人に対する課税は取り扱わないが，ごく簡単に，国内源泉所得についてその概要を述べることとする。

「外国法人」とは，内国法人以外の法人とされている（法2Ⅳ）。

法人税法第138条に，この編において「国内源泉所得」とは，次に掲げるものをいうとされている。すなわち，第11号までにわたって掲げられている。たとえば，第1号及び第2号は，次のように定めている。

「一　国内において行う事業から生じ，又は国内にある資産の運用，保有若しくは譲渡により生ずる所得（次号から第11号までに該当するものを除く。）その他その源泉が国内にある所得として政令で定めるもの

二　国内において人的役務の提供を主たる内容とする事業で政令で定めるものを行う法人が受ける当該人的役務の提供に係る対価」

すなわち，第1号では，国内において行う事業から生じ又は国内にある資産の運用，保有若しくは譲渡により生ずる所得その他その源泉が国内にある所得として政令で定めるものである。細かい点はともかくとして国内におけ

る事業あるいは国内にある資産運用，保有，譲渡から生ずる所得であるから，サービスを除き，まず事業活動等からの稼得所得が国内源泉とされる。

　第2号は，国内において人的役務の提供を主たる内容とする事業で，政令で定めるものを行う法人が受ける当該人的役務の提供に対する対価である。この点も細かい点は別として，サービス等から稼得した所得に対しては課税されることになる。

　第3号は不動産，第4号は利子，第5号は配当と続く。上述したように，この共同研究会では，外国法人を取り扱わないので，第138条は，この程度とする。

　ただ，注意を要するのは国内源泉所得を得た場合には例外なく課税対象となるわけではなく，その外国法人が日本の税法上，どのような地位に区分されるかで課税対象となる範囲が決まる。また，納税の仕方も法人税の申告納税によったり，源泉所得税の源泉分離課税とされているものもある。総括的にいえば，日本に支店等の事業拠点をもって事業活動を行っている外国法人は日本の内国法人と同様，国内源泉所得のすべてについて申告による納税（法人税課税）を基本とされる。日本に事業拠点がない外国法人については，源泉徴収に馴染む所得，たとえば，利子，配当，ロイヤルティは，所得税の源泉分離課税，また，源泉徴収による課税が無理でも内国法人並みの課税が必要な所得，たとえば，国内不動産から得た所得については法人税の申告納税となっている。それ以外の所得，つまり，一般の有価証券譲渡益は課税なし，としている。

2　内国法人に対する課税

　「内国法人」とは，国内に本店又は主たる事務所を有する法人をいい（法2Ⅲ），これには外資系の在日子会社・孫会社等も含まれる。

　内国法人（外資系も含まれる。）に対する課税は今更いうまでもないところであるが，国内外を問わず，稼得した所得はすべて課税対象となり（全世界所得課税），無制限納税義務を負うことになる（法5）。海外での事業活動から

得た所得も当然に課税対象となる。ただ海外の子会社が得た利益は，原則として日本で課税されることはなく，また，海外の子会社から配当を受け取っても，所定の要件を満たせば，非課税（95％益金不算入）とされている。

平成 21 年以後，海外でも，多くの国は，自国の内国法人課税については日本と同様の制度となっているが，欧州では，海外にある支店等の事業拠点が稼得した海外子会社からの配当についても課税しないとしている国が少なくない。

なお，内国法人に対する課税所得は，法人税法第 22 条が基本的規定となっている。この規定は国内から生ずる所得はもちろんのこと，国外で生じた所得についても同様である。たとえば，ある国において，固定資産等に対してキャピタルゲインの課税のない制度があったとしては，それは顧慮されることなく，いわば，わが国の第 22 条の規定によって算定することになる。

また，特別規定についても，その海外所得に対して適用されることになる。たとえば，当該国外においては，交際費等課税がない場合においても，交際費等を支出していれば，交際費等課税があるものとして算定されることになる。

要するに，諸外国で，どのような課税所得に基づいて課税されているかどうかにかかわらず，わが国税法の下での所得計算が行われることとなっている点に留意を要する。この点では総額主義でのわが国の内国法人との合算が必要である。換言すれば，わが国での売上高に，その海外での活動による売上高を加算することになる。諸経費について同様であって，諸給与には海外での諸給与を，上述の交際費等については，海外の交際費等をそれぞれ加算することとなる。

II　国外源泉所得

内国法人が海外において所得を稼得する場合に，大きく分けて三つに区分される。

その一つは，内国法人が，製品を海外へ販売するとか，あるいは，外国の不動産を賃貸するとか，外国法人の株式を取得して配当を得るという場合である。

その二は，海外に支店，事務所を設けて所得を稼得する場合である。

その三は，海外に子会社を設立して事業を行い，それによって所得を稼得する場合である。

1　内国法人が拠点を有しないで所得を稼得する場合

(1)　製品等の単純な輸出

内国法人が海外の企業に対して製品等を直接輸出したとしても，単なる輸出であるから，その売上収益に対して海外で課税されることはまずない（国際的な課税慣行）。輸出先が租税条約の相手国である場合には，租税条約の「恒久的施設（PE）がなければ課税せず」の原則規定が働くので，租税条約でも免税が保証されている。

(2)　技術の輸出

内国法人が海外の企業に対して，特許権，ノウハウ，商標権等の知的財産の使用を許諾し対価を得た場合，その対価に対しては相手国で課税（源泉徴収による。）されるのが通例である。これは，その特許権等が現実に相手国において利益を稼得しているからである。

(3)　役務の提供

内国法人が海外の企業に対して，各種コンサルタント，技術指導等のいわゆる人的役務を提供し対価を得た場合，その役務提供が日本国内で行われたものであるときは，原則として，海外では課税されない。また，役務提供が海外で行われた場合においても，内国法人の海外事務所が行ったものでない限り，その国（外国）の国内税法がそもそも課税することとしていない。ただ，内国法人が芸能人や職業運動家を海外に派遣して役務提供を行うような場合には，租税条約によっても免税とされない場合が多い。租税条約によっては，日中租税条約のように，文化交流促進の観点から，一定の芸能活動に

限って免税としているものもある。

(4) 不動産投資

内国法人が海外の不動産を取得し，これを賃貸して賃料を得た場合，その賃貸事業から得た所得に対しては海外でも課税され，その国（外国）に申告する必要がある。不動産を売却した場合の利益についても同様であるが，例外的にキャピタル・ゲインそのものを課税対象としていない国もある。

最近，個人又は中小企業者などが香港の不動産（ビル）等を取得する傾向がみられるようである。この場合には，その不動産が生ずる家賃収入に対して課税される外，わが国の所得税又は法人税が課税される。もちろん，この点について外国法人税等の二重課税の排除のための外国税額控除が認められる。

(5) 航空機・船舶の貸付け

内国法人が海外で航空機・船舶を貸し付けた場合，その賃貸料に対しては，その内国法人が国際運輸業者であるかどうか，定期用船（機）契約か裸用船（機）契約かなどにより海外での課税関係が異なることとなるが，相手国の国内税法あるいはわが国との租税条約によって免税とされる場合が多い。

(6) 証券投資

内国法人が資産運用として海外の株式，債券等の有価証券に投資し，配当・利子を得た場合，配当・利子については海外で課税（源泉徴収）される。なお，キャピタル・ゲインについては課税されないのが通例である。ただし，債権利子や預金利子については，国内税法で外国投資家を免税としている国も少なくない。わが国との租税条約では，配当・利子は課税を軽減（軽減税率10〜15％程度），キャピタル・ゲインは免税としているものがほとんどである。

(7) 融　　資

内国法人が海外に融資をして利子収入を得た場合，その利子収入に対しては，海外で課税（源泉徴収）されるのが通例である。わが国との租税条約の適用がある場合には，課税が軽減（軽減税率10％程度が多い。）される。

⑻ 組合出資

内国法人が海外の組合に対して出資をした場合，その組合が法人税法上の外国法人に該当しないときは，その組合を導管体とみて，その組合の収支のうち出資持分相当を日本における法人税の益金又は損金として処理する必要がある。組合が外国法人に該当する場合には，利益の分配があるまでは，タックス・ヘイブン税制の適用がある場合を除き，わが国の法人税は課されない。

⑼ 信託出資

内国法人が海外の信託に財産を信託した場合，その信託がまず海外でどのような課税上の取扱いを受けるか，次に，日本でどのような課税となるかについて，検討を要する。この点については，特に，「内国法人の国際取引 V 信託を通じた国外投資における課税問題」において詳細に検討しているので，そちらを参照されたい。

2 海外に事業拠点を持って稼得する場合

内国法人が PE（Permanent Establishment）を有している場合に，事業所得が課税される。PE なければ課税なしといわれているところである。これは，一般的に，わが国の居住者や内国法人が諸外国において事業を行っている場合に，PE なければ課税なしの原則が存在する。

ところで，この PE というのは，その名の示すように恒久的施設であるが，駐在員事務所と称していても，実際に行っている活動がセールス活動であるような場合には恒久的施設と称されるが，事務所と称していても，それが情報収集，商品の展示等のいわゆる準備的・補助的な業務を行っているに過ぎないのであれば恒久的施設とはされない。

ただ，最近では，この PE の解釈が拡大されつつ問題となっている。

3 海外に子会社を設けて海外で事業活動を行う場合

内国法人が海外に子会社を設立し，その子会社が現地で事業活動を行って

所得を得た場合，通常，その所得に対しては，現地で法人税が課される。わが国では，従来，支店形態で海外進出する場合と子会社形態で海外進出する場合との課税上のバランスを図るために，海外子会社の利益が配当としてわが国の親会社に送金された場合に，これを法人の所得として課税するとともに間接外国税額控除制度により二重課税の調整をしてきた。これが，平成21年度税制改正により，海外の子会社が得た所得については現地における課税をもって終結し，海外子会社からの配当については，原則としてわが国では課税しないこととする「外国子会社からの受取配当の益金不算入制度」（法23の2）が措置された。この点については，「外国子会社からの受取配当の益金不算入制度」で取り扱っている。

以上，国外源泉所得に関する概要について述べた。特に，法人税基本通達20－1－1から20－1－25までにおいては，国内源泉所得について，具体的に定められているところであって，具体的な問題について検討すべきである。

また，このような国外源泉所得に関しては，租税条約において種々定めの存するところであって，具体的検討に当たってはこれを忘れることはできない。

「内国法人の国際取引」においては，国外源泉所得に関する特殊問題として，(1)信託を通じた国外投資における課税問題，(2)法人税率，(3)組織再編税制と国外源泉所得を取り上げている。

(1)は，最近，内国法人に限らず個人においても海外信託を行う者が増加していることに鑑み，（特に，専門家の助力を得て）取り扱うこととした。

(2)の法人税率は，本来，国外源泉所得とは直接関係はないが，課税ベースと税率という観点からは結果として関係するので，この点から取り上げることとした。

最後の(3)の組織再編税制と国外源泉所得も関係するところはそれほど多くないが，たとえば，内国法人が適格現物出資をして国内にある資産をその帳簿価額で海外に移転して，これを海外で無税譲渡で譲渡することによって，

いわば租税回避を図る例などがみられ，これに対する予防規定などが設けられている。これらについても検討を加えることとした。

III 為替換算

1 必要性と沿革

　内国法人が，国内においてのみ事業を営んでいる場合には，一般的にいって，外貨建債権・債務は生じないから為替換算の問題は生じない。しかし，内国法人が外国から製品を輸入した場合，あるいは，製品を輸出した場合においては，そこに，外貨建債権・債務が生ずるので円換算の問題が生ずる。そして，単に，この程度の外国との取引があった場合には，それなりのいわば会計慣行によって実務上行われてきており，税法上も，これを認めてきたものと思われる。しかし，だんだん国際取引も盛んとなり，為替換算それ自体の金額も大きくなってきた以上，税務上の取扱いを明らかにすべきことが要請されつつあった。

　昭和37年は，国内源泉所得を整備し，また，外国税額控除を精密に整備したところであったが，通貨交換についての整備は間に合わず，残されたのであった。植松守雄氏は，この点について，次のように述べている。

　「これに付け加えて非常に大きな問題で，時間が足りなくて検討までできなかったものがあります。それは外国法人税の場合，当然外国法人税ですから，現地通貨で払うわけでありますが，その現地通貨で払う場合に現地通貨を日本通貨に換算して計算しなければいけない。そういたしますと，この場合いったい通貨交換のレートをいつのレートでやるかという問題があります。いまのように，時間がずれて来るとその場合一体配当のもとになったときのレートで行くのか，法人税が加算されたときで行くのか，現実に法人税を納めたときのレートで行くのか，どこでやるかという問題です。これは非常にむずかしい問題で，ケースを分けて相当くわしくやる必要がありますし，直接税額控除についても同じような問題があります。それらはまだ十分な成案

が出ておりませんので一応そこはオミットしてあります。もう少し取り扱いである程度考えていって，うまい案が出れば政令に盛り込むというようなことで一応の考え方を決めればいいわけですが，これはわれわれ自体が具体的な成案に苦しんでおる問題であります。」

その後においても，この問題は解決すべき問題として検討されたところであった。たとえば，昭和38年税法整備小委員会答申においても，種々の検討が加えられているが，結局は，その時点における会計慣行を認めることとされたのであった。つまり，基準レートを用いることも，また実勢レートによることも，継続的に会計処理が行われる以上は，損益に及ぼす影響もさしたることもないので，企業の採用している方法が実際上税法においても認められていたといえる。

次に，参考までに昭和38年税法整備小委員会答申を掲げることとする。

「為替関係の評価については，現行税法上特別の規定がなく，次のような諸点につき整備を図る必要があると認められるが，おおむね，外貨については期末における市場レート，外貨建債権及び固定資産については債権発生時ないし取得時のレートで評価（債権については評価減を認めるべきかどうか別途検討する。）する方向で，なお，為替実務界の意見等を充分検討のうえ，整備を図ることとする。

(1) 外貨建債権又は外貨の評価については，基準レート（例えば1ドル360円），期末における市場レート又は債権等発生時のレートのいずれかによって評価されている実情にかんがみ，法令上よるべき評価方法を明らかにすること。

　なお，この場合生ずる評価増については，これを一般の資産の評価増とは別に，金銭債権計上の際のレートの問題と考える意見があり，特に税法上この点については商法との関連を考慮する必要はないものと認められる。

(2) 外貨建債務についても，その評価方法を法令上明らかにすること。

(3) 海外支店等における固定資産又はたな卸資産等の帳簿価額，償却額等の計算につき必要な事項を明らかにすること。

(4) 為替売買予約については，これを単なる予約として期末損益に関連させない経理方法と例えば買予約の附随している外貨債務を予約レートによって評価する等予約売買外貨を評価して損益を計上する立場に立つ経理方法と二通りあると認められるが，その評価方法を明らかにすること。」

　ただ，以上のことは，基準レートが前提となっていたので，比較的早急の問題とはならず，結局は法令における整備は見送られたのであった。

　ところが，昭和46年8月においてニクソン声明による米ドルの交換停止及び各国通貨のフロート化を契機として，外国為替の換算の問題が急速にクローズ・アップされてきた。

　このいわゆるニクソン・ショックに端を発した，その後の国際通貨情勢の変化に伴い，わが国企業が有する多額の外貨建資産負債の換算の問題が，企業会計にかなり大きな影響を及ぼすこととなってきたからである。

　それ以前に，昭和42年11月のポンドの平価切下げが行われた。すなわち，当時1,008円が864円に切下げられたのである。これはショックであった（私はその日は福岡のホテルの朝刊で知ったのであるが，今でもよく覚えている）。

　その後，これを契機として為替差損益が会計上大きく採り上げられたのは，昭和43年5月2日，企業会計審議会特別部会第三小委員会中間報告「外国通貨の平価切下げに伴う会計処理に関する意見第一」（以下「意見第一」という。）である。これは，ポンド切下げに伴いその会計処理の指針として公表されたものである。

　もっとも，この点については，税務上の取扱いは別に公表されなかった。しかし，税務の取扱いとしては，基本的には，「一般に公正妥当と認められる会計処理の基準」に従って処理することが建前であったから，この意見第一に示されているところに従って処理することを認めていたといってよい。この意見第一の内容は省略するが，後に企業会計審議会から公表された意見書，つまり意見第三，意見第四，意見第五及び意見第六は，多かれ少なかれこの意見第一が基礎にあるのである。

2 税法における為替換算

　為替差損益に関する税務の問題は，為替変動の発生に伴って大きくクローズ・アップされたが，本質的には古い問題である。ただ，実際問題としては，戦後においては基準相場制が採られていたので，特に問題とされなかったに過ぎない。すなわち，わが国は，戦後長い間にわたって，いわゆる IMF 体制の下に固定相場制を維持してきたため，外貨建資産等の会計処理なかんずく為替相場の変動をめぐる問題については，その間，旧商法，会計，税法のいずれにしても，ほとんど論じられておらず，したがって，それぞれの立場もあまりはっきりしていなかった。

　この意見第三において税務上，重要な点は，意見第三の注5であって，ここでは，「金銭債権債務の換算にあたっては，長期短期のいずれを問わず金銭債権について決算日の為替相場による円換算額を付した場合には，金銭債務についても決算日の為替相場による円換算額を付する等同一の換算方法によるものとする。」としていた。つまり，金銭債権について期末為替相場によった以上は，金銭債務についても為替差益を計上しなければならないとしたのである。換言すれば，為替差損のみを計上して，為替差益を計上しないことは認めないこととされている。この考え方は，主として，課税官庁側の立場を考慮したものといわれており，意見第四，同第五及び第六においても同様の定めがある。

　ところで，昭和48年に意見第六が出される頃から国会等で，税務上の外貨建債権債務の換算の取扱いについて，結果的に意見第六と異ならない取扱いとなるとしても，税法においても課税公平の見地から，独自に規定を設け，その立場を明確にすべきだとの意見が生じた。大蔵省では規定の必要性及び可能性について検討を続けてきたが，特に外貨建債権債務の換算，その中でも短期についての意見第六の「相当と認められるとき」の解釈などを通じて，その期末換算によって利益操作が行われている事例等もあることから，この部分について昭和50年度の改正に間に合うよう検討を進め，政令（施行令）に6条にわたる規定が設けられた。

これが平成12年度改正において法人税法第61条から第61条の10となった。

以上の状況をみると為替の問題は，事柄の性格上，企業会計による基準が先行して，税法上は追随して今日に至っているといえる。

3　為替換算に関する規定

法人税法における外貨建取引の換算に関する規定の内容は，次のとおりである。

(1)　法人税法第61条の8（外貨建取引の換算）

本条は，法人が外貨建取引を行った場合に，その外貨建取引を行った時の外国為替の売買相場により円換算する旨を定めたものである。

ただし，先物外国為替契約等により外貨建資産・負債の円換算額を確定させ，その先物外国為替契約等の締結の日にその旨を帳簿書類に記載したときは，その確定させた円換算額により換算することとされている。

(2)　法人税法第61条の9（外貨建資産等の期末換算差益又は期末換算差損の益金又は損金算入等）

本条は，外貨建資産等の期末換算方法等について定めたものである。

外貨建資産等の期末換算は，次のように行うこととされている。

① 外貨建債権及び外貨建債務……発生時換算法又は期末時換算法
② 外貨建有価証券
　イ　売買目的有価証券……期末時換算法
　ロ　売買目的外有価証券（償還期限及び償還金額の定めのあるもの）……発生時換算法又は期末時換算法
　ハ　イ及びロ以外の有価証券……発生時換算法
③ 外貨預金……発生時換算法又は期末時換算法
④ 外国通貨……期末時換算法

また，事業年度終了の時において期末時換算法の適用対象となる外貨建資産等を有する場合には，当該外貨建資産等を期末時換算法により換算した金

額と帳簿価額との差額に相当する金額を，益金の額又は損金の額に算入する旨を定めている。

(3) 法人税法第61条の10（為替予約差額の配分）

本条は，法人が事業年度終了の時に有する外貨建資産等につき先物外国為替契約等により確定させた円換算額で発生時の円換算をしていたときは，先物外国為替契約等の締結の日（その日が外貨建資産等の取得又は発生の基因となった外貨建取引を行った日前である場合には，外貨建取引を行った日）の属する事業年度から外貨建資産等の決済による本邦通貨の受取又は支払をする日の属する事業年度までの各事業年度に為替予約差額を配分する旨を定めたものである。

なお，短期外貨建資産等の為替予約差額については，期間配分せず，一括計上することもできることとしている。

Ⅳ 外国税額控除

1 外国税額控除

以上述べたように，内国法人が海外でいわゆる国際取引を行って所得を稼得することは，数は少ないにしても戦前においても存したところである。これに対して，国外の国によってわが国の法人のその支店に対して課税が行われた場合に，当時においても，いわば国際二重課税の問題は生じたものと思われる。

ただ，当時としては，その課税された税額は，損金算入とされていた。しかし，段々と国際課税が多くなるにしたがって，税額控除をすべきであるとされて，昭和27年改正において外国法人税額の控除が認められた。参考までに，当時における法人税法第10条の3を掲げると次のとおりである。簡潔で明快である。

また，外国法人の所得の計算について規定しているがこれが簡明である。

「外国法人税額の控除

第十条の三 この法律の施行地外にある資産又は事業を有する内国法人が，当該資産又は事業から生じた所得（以下外国から生じた所得という。）についてその所在地国の法令により課せられる法人税に相当する税（以下「外国の法人税」という。）を納付することとなる場合においては，命令の定めるところにより，当該外国から生じた所得についての外国の法人税の課税上の計算期間内に生じた当該法人の所得のうち，当該外国から生じた所得に対応するものとして命令の定めるところにより計算した部分の金額に対し，当該法人の区分に応じ第十七条第一項第一号の税率を乗じて算出した金額を限度として，当該外国法人税の額を当該計算期間の末日を含む事業年度の所得に対する法人税額から控除する。

② 前項に規定する外国法人税の額は，法人の各事業年度の所得の計算上，これを損金に算入しない。

外国法人の所得の計算

第十一条 外国法人の各事業年度の所得は，この法律の施行地にある資産又は事業について，第九条乃至第九条の九の規定に準じて計算した金額による。」

外国税額の控除制度は，昭和28年に導入された。それ以前は外国法人税を損金に算入するというにとどまった。この制度は，外国に納付した租税の全額を無条件にわが国での納付税額から控除するというものではなく，一定の限度額の範囲内で控除を認めるものであり，この場合における一定の限度額の計算はいわゆる国別限度額計算方式によることになっていた。

国別限度額方式というのは，所得の生じた当該外国ごとに次の方式により控除すべき限度額を国別に計算する方式である。

$$\text{わが国の法人税額} \times \frac{\text{国別の国外所得金額}}{\text{全世界所得金額}}$$

国別限度額による場合には，ある外国につきその実効税率がわが国の実効税率よりも高いときには控除し切れない外国税額が生ずる反面，他の外国につきその実効税率がわが国のそれよりも低いときには控除限度額に余裕が生

ずることになる。

　昭和37年の改正で，この控除限度額につき，従来の国別限度額計算方式に加えて，国外所得全体として一括して限度額の計算をする全世界一括限度額計算方式が認められることになった。この一括限度額計算方式は，内国法人の全世界所得についてのわが国の法人税額を，全世界所得に対する国外所得（外国の所得をすべて合算する。）の割合で按分して控除限度額を計算する。換言すれば，国外で取得した所得に対しわが国の法人税の実効税率を乗ずる方式で，算式で示すと次のようになる。

［算式］

$$\text{全世界一括控除限度額} = \text{わが国での法人税額} \times \frac{\text{国外所得額}}{\text{全世界所得額}} = \text{国外所得額} \times \frac{\text{わが国での法人税額}}{\text{全世界所得額}}$$

　全世界一括限度額計算方式による場合には，それぞれ所得が生じた外国に係る限度額を流用できることとなり，一般的に納税者にとり有利であり，かつ，計算も簡便であるといえる。

　ただ，国外所得の生じた外国のうち，ある国に赤字があり，他の国では所得を生じたような場合には，従来の国別限度額により限度額を計算した方が有利となるのが通例であるので，このような場合のために，なお，従来の国別限度額によることを選択することが認められた。

　（注）実際，インドの法人税率は60％程度で他方，東南アジアでは25％程度の国があったから，一括限度額計算方式を採用すれば，これが平均された結果となる。

　なお，昭和37年度税制改正では外国税額控除に関して大きな改正が行われた。すなわち，次のとおりである。

①　国別限度額計算方式に加えて全世界一括限度額計算方式が認められたこと。

②　国税だけでなく地方税を通じて外国税額控除の対象としたこと。
　　ただし，事業税は，海外所得については課税されないことになっているので，引かれないことになる。

③　外国税額の範囲を明確にしたこと。

④　外国税額を控除する時期の問題がある。外国の所得金額の算定はその発生した事業年度ということになるが，現実に外国法人税として納付するのは外国で遅れている傾向がある。要は，その外国税の納付義務が確定した時点において外国税額控除を行うこと。

　この外国税額控除に関して，当時においてその任にあった植松守雄氏の解説（「国税庁「非居住者・外国法人及び外国税額控除に関する改正税法の解説」昭和37年5月1日　73頁）がいわば生々しく述べられているので，若干長いが，これを引用する。

　「外国税額控除は法人と所得税とほとんど同じ書き方になっておりますから，便宜所得税の方をもとにしますが，所得税法では十五条の九の改正であります。十五条の九の改正で，従来は居住者がこの法律の施行地外にその源泉がある所得につき，その所在地国の法令により所得税に相当する税を課せられた時はという書き方になっておりまして，当該外国にその源泉がある所得に対応するものとして，命令の定めるところにより計算した金額を限度として，当該外国の法令により課せられた税額を控除するという仕組みで書いてあります。これはこの書き方自体はサラッと読めば別にどこが変わったのかという感じが法律の上でされるかも知れませんが，これは非常に大きな改正を加えている訳です。それで大部分が命令で，氷山の一角が法律に出ているだけのことでありますが，法律的に変わった問題は，従来は要するに国別限度額方式という形でやられていた訳です。外国税額控除の限度額を出す場合の計算が国別でやられる方式になっていたのを，こんどは外国所得総体としてグローバルに計算しようというやり方を大きな柱として打ち立てている訳です。そこでその制約を排除する意味で，所在地国というところの文句を外国一般という式の表現に法律を直しているという，これだけのことを法律でやってあとの埋もれた氷山の大部分は政令に出てくる訳であります。個人の方は十三条の二です。」

2 外国法人税の範囲の問題

　いわゆる二重課税の排除を図るために外国で課税された外国法人税とは、そもそも何かということになるが、まずは、そこの範囲について法人税法施行令第141条は、次のように規定されている。

「**（外国法人税の範囲）**

第141条　法第69条第1項（外国税額の控除）に規定する外国の法令により課される法人税に相当する税で政令で定めるものは、外国の法令に基づき外国又はその地方公共団体により法人の所得を課税標準として課される税（以下この款において「外国法人税」という。）とする。

2　外国又はその地方公共団体により課される次に掲げる税は、外国法人税に含まれるものとする。

　一　超過利潤税その他法人の所得の特定の部分を課税標準として課される税

　二　法人の所得又はその特定の部分を課税標準として課される税の附加税

　三　法人の所得を課税標準として課される税と同一の税目に属する税で、法人の特定の所得につき、徴税上の便宜のため、所得に代えて収入金額その他これに準ずるものを課税標準として課されるもの

　四　法人の特定の所得につき、所得を課税標準とする税に代え、法人の収入金額その他これに準ずるものを課税標準として課される税

3　外国又はその地方公共団体により課される次に掲げる税は、外国法人税に含まれないものとする。

　一　税を納付する者が、当該税の納付後、任意にその金額の全部又は一部の還付を請求することができる税

　二　税の納付が猶予される期間を、その税の納付をすることとなる者が任意に定めることができる税

　三　複数の税率の中から税の納付をすることとなる者と外国若しくはその地方公共団体又はこれらの者により税率の合意をする権限を付与された者との合意により税率が決定された税（当該複数の税率のうち最も低い税

率（当該最も低い税率が当該合意がないものとした場合に適用されるべき税率を上回る場合には当該適用されるべき税率）を上回る部分に限る。）

　四　外国法人税に附帯して課される附帯税に相当する税その他これに類する税」

　ここでは，この条文の内容について検討するということではなく，われわれが問題にしている二重課税となる外国法人税とは何かという視点から若干の検討を行うこととする。

　第1項では，この外国の法令により課される法人税に相当する税というのは，「外国の法令に基づき外国又はその地方公共団体により法人の所得を課税標準として課される税（以下この款において「外国法人税」という。）とする」とされている。

　つまり，諸外国もわが国と同様の税制となっていれば，問題はないが，国によっては「法人税」といっても種々の課税標準によって課税されている。

　そこで，もっとも重要なことはわが国の法人税を中心とし，わが国の法人税と同様と認められるもの，それがその国において国税となっているか，地方税に属するものとなっているかを問わず，法人の所得を課税標準として課税される税をいうものとされている。この点については，当時（昭和37年）において種々に問題とされたところである。

　すなわち，植松氏は，「……そもそも外国税とは何ぞやという問題から始まる訳です。これは実にバラエティがありまして，いったいこれは外国税額になるのか，どうかということについて，疑問を持たれるものが非常にある訳です。それについての一応の頭の上での考え方で，必ずしも全部うまくあてはまるかどうかはわかりませんが，外国税額について一応の基準というものを明らかに致しております。」（前掲書79頁）

　なお，船舶について広く東南アジア，南アメリカ，オーストラリア，ニュージーランドといったところで，一種の外形標準の課税があるものの，年間の実績所得を調整して税を還付する制度があるが，これは，法人税法施行令第141条第2項第3号に該当するとしている。

また，たとえば，フィリピンでは，パーセンテージタックスというのが課税される。つまり，船舶の所得に対する課税のほかに，パーセンテージタックスが課されるが，これは外国法人税に含まれない。しかし，事業税であるビジネスタックスは外国法人税に含めることとなる。いずれにしても，ある国の課税項目が外国法人税となるかどうかの基準が設けられているところであって，慎重に検討することが必要となる。

なお，興味がある問題として，イギリスでは，いわゆる自家家賃に対して所得課税が行われている。いわゆるみなし家賃とされるものである。そうするとわが国においては，このみなし家賃課税がないので，これに相当する外国法人税が控除できるのかどうかという問題が生ずるが，結論として，要は，外国において所得に対して課される外国税は控除することができることとされている。

3　間接税額控除

外国税額控除に関して間接外国税額控除というのがあった。これは，昭和37年の税制改正で行われたものである。その創設の理由としては，わが国の親会社が外国に子会社を有している場合に，その外国子会社が当該外国へ外国法人税を納付したときには，その外国に納付した法人税は一定の要件の下で親会社であるわが国の会社が納付したものとみなして，これを控除する。つまり，わが国の親会社が納付したものとするので，これを間接外国税額控除というのである。

ところで，わが国の親会社が，外国に支店形態で事業を営んだ場合には，その国に納付した外国法人税額は直接の形で控除される。ところが，子会社方式で事業を営んだ場合には，その子会社の納付した外国法人税額は，親会社からは控除されない。東南アジアなどでは現地法人を設立しなければ，事業を認めないという国もあったようである。そこで，この外国子会社をあたかも支店とみなして外国税額控除を親会社において認めることとしたのが，この間接外国税額控除の創設の理由ということになる。

このような問題について，税の立場からいえば，支店形態をとるか子会社形態をとるかは企業自体の判断であり，それには税法のメリット，デメリットがあるわけであって，どの形態によるかは，まさに企業の判断である。それを子会社という形態でのメリットを受けながら外国税額控除については，支店並みという点には，本来問題が存するものと思われる。

ただ，当時においては輸出振興策の問題があり，経済政策としてまた，世界的にみてこれを認めるべき環境にあったといえる。

4　みなし外国税額控除（タックス・スペアリング・クレジット）

いわゆるタックス・スペアリング・クレジットである。

開発途上国においては，一定の要件を備えた外資系企業からの投資について，税制上の優遇措置を設けて法人税を減免している場合がある。この場合に，外国税額控除制度は，外国で納付した外国法人税を税額控除の対象としているため，優遇措置により納付しないこととなった外国法人税は控除の対象とならない。しかし，そうすると，当該国の優遇措置の代償として，これに対して，わが国の法人税を課したことになる。つまり，開発途上国において優遇措置を講じた効果がなくなってしまうことから，わが国は，一定の租税条約において，このような優遇措置において減免された法人税について，本来の課税がなされたものとみなして外国税額控除を認めることとしている。これを「みなし外国税額控除」といっている。

(注)　ただ，この制度は，次第に減少し，現在，わが国がこの制度を認めているのは10国程度である。

5　制度の概要

(1)　外国税額控除の範囲

外国税額控除の対象となる外国法人税には，①超過利潤税その他法人の所得の特定の部分を課税標準として課される税（現在は，インド，ブラジル等で適用），②法人の所得又はその特定部分を課税標準として課税される税（アメ

リカ，ドイツ，インド，パキスタン，スイス，イタリア等），③法人の収入金額その他に課される税（源泉徴収される源泉税等），④法人の収入金額等に課される税がある。

わが国の外国税額控除の対象となる外国税額は，外国で課された外国法人税の額が対象となるが，外国税額控除の対象とならない外国法人税の額としては，①高率の負担部分の外国税額，②内国法人の通常行われる取引と認められない所得に対する外国法人税，③内国法人の所得に対して法人税が課されない所得にして課される外国法人税の額が該当する。

(2) 外国税額控除の対象とならない外国法人税等

外国税額控除の対象から除外される外国税には，次のものがある（法令141③）。

① 税を納付する者が，当該税の納付後，任意にその金額の全部又は一部の還付を請求することができる税
② 税の納付が猶予される期間を，その税の納付をすることとなる者が任意に定めることができる税
③ 外国法人税に附帯して課される附帯税に相当する税その他これに類する税

これらは，わが国の法人税に相当しない税に該当するものであることから外国税額控除の対象から除外されている。

(3) 外国法人税が課されない国外源泉所得

外国法人税が課されない国外源泉所得とは，次の源泉所得に応じた要件を満たすものである（法令142⑤）。

① 非課税の国外源泉所得（みなし給付外国法人税の額がある場合を除く。）
② 内国法人の国外事業所等を通じて行う事業に帰せられる国外源泉所得で当該国外源泉所得を生じた国又は地域及び当該国外事業所等の所在する国又は地域が当該国外源泉所得について外国法人税を課さないこととしている所得

(4) 租税条約により外国税額控除の対象となるもの

平成23年度税制改正では，租税条約により条約締結国又は締約者に課税を認めた所得について，国外源泉所得に該当するものとして外国税額控除の対象とすることとなった（法令142④Ⅲ）。

(5) 外国税額控除の仕組み

外国税額控除には，①直接外国税額控除，②みなし外国税額控除，③外国子会社合算税制（タックス・ヘイブン税制）の特定外国子会社等に係る合算課税に伴う外国税額控除，④コーポレート・インバージョン対策合算税制の外国税額控除がある。

外国税額控除の限度額の計算をするにあたっては，わが国の外国税額控除の計算方式は，該当する外国税額を一括して控除する一括税額控除方式を採用している。

外国税額控除の課税額の計算の順序は，第一に外国税額控除の対象となる外国税額を確定させる。第二に外国税額から控除対象外となる高率負担部分等の税額を除外する。第三に控除対象となる外国法人税の合計額を確定し，控除限度額の計算を行う。第四に当期控除限度額以内の場合の当期外国税額控除額の確定と控除限度余裕額の3年繰越を利用する。当期控除限度額超過の場合は，当期外国税額控除額を確定し控除限度額超過額は3年繰越を利用する。

なお，外国税額控除の控除枠について彼此流用の問題が存する。

V 外国子会社からの受取配当の益金不算入制度

1 立法趣旨

平成21年度の税制改正において，外国子会社からの受取配当に対して益金不算入制度が創設された。この点の事情については，「平成21年度の税制改正に関する答申（平成20年11月　税制調査会）」においては，次のように述べている。

「我が国経済の活性化の観点から，我が国企業が海外市場で獲得する利益の国内還流に向けた環境整備が求められる中，企業が必要な時期に必要な金額だけ戻すことができることが重要である。外国税額控除制度については，こうした企業の配当政策の決定に対する中立性の観点に加え，適切な二重課税の排除を維持しつつ，制度を簡素化する観点も踏まえ，間接外国税額控除制度に代えて，外国子会社からの配当について親会社の益金不算入とする制度を導入することが適当である。本制度を導入することにより，国内に還流する利益が，設備投資，研究開発，雇用等幅広く多様な分野で我が国経済の活力向上のために用いられることが期待される。」

また，「改正税法のすべて（平成21年度版）」においては，本制度が必要とされる理由や背景について詳述した上で，次のとおり，上記答申と同様の創設の趣旨が明らかされている。

「わが国企業はグローバルに事業を展開し，海外市場で獲得した利益の多くは国内に還流させることなく海外に留保する傾向がみられます。経済産業省の「海外事業活動基本調査（2008年5月）」によれば，海外での内部留保額は，毎年2－3兆円を超える額で増加し，2006年度末には約17兆円もの利益が内部留保されていると報告されています。

このような状況に対しては，わが国経済の活性化の観点から，海外市場で獲得する利益をわが国に還流させる「好循環」の確立が，わが国経済の持続的発展のために重要であり，この点について，経済成長戦略大綱2008（平成20年6月27日閣議決定）において「わが国企業が強みをいかして海外市場で獲得する利益が過度に海外に留保され，競争力の源泉である研究開発や雇用等が国外流出しないよう，当該利益の国内還流に資する環境整備に取り組む。」とされています。わが国企業が外国子会社の利益を必要な時期に必要な金額だけ戻すことができることが重要であると考えられ，外国子会社利益の国内還流に向けた環境整備が求められています。

このため，外国子会社から受ける配当に係る二重課税排除の方式として，こうした企業の配当政策の決定に対する税制の中立性の観点に加え，適切な

二重課税の排除を維持しつつ，制度を簡素化する観点も踏まえ，今般の税制改正において，間接外国税額控除制度に代えて（後述「二　外国税額控除制度の見直し」参照），内国法人が一定の外国子会社から受ける配当等を益金不算入とするいわゆる外国子会社配当益金不算入制度が導入されました。」（425頁）

　要するに，制度創設に至る背景としては，わが国企業が海外で稼得した利益が，海外に滞留したまま莫大な金額（2006（平成18）年度末で約17兆円）となっている点が挙げられる。

　そして，わが国経済を活性化するために，この莫大な利益を国内に還流させることが必要とされ，そのための環境整備として本制度が創設されたのである。

　すなわち，従前においては外国子会社から配当を受けた場合には，いわゆる全世界所得課税主義の立場から外国において稼得したものについても，配当という形か所得か分配された場合には，それに対して課税するのは当然であるとされた。これに対して，国内における法人からその株主が配当を受けたときには，個人株主については配当控除，法人株主に対しては，受取配当益金不算入（最近においては一部圧縮されて上場株式については50％益金不算入などの措置が採られている。）とされている。

　要するに，法人を株主集合体とみて，法人自体に対する法人税は，経済的実質としては株主が負担したものとし，株主段階において負担調整を図ろうとするものである。

　これに対して，外国子会社が海外で所得を稼得して配当が行われた場合においては，当然に益金に算入するものとし，ただ，海外子会社において負担した法人税については，その配当の限度内において外国法人税の控除が認めるものとされていた。

　これに対して，今回の改正は，受取配当の95％相当額は益金不算入とし，その5％相当額はその配当を取得するための費用として取り扱うのである。この結果，その受取配当の額について負担した法人税は当然であるから，こ

の法人税相当額の控除はしないものとされる。また，5%の費用も当該受取配当を受けた者においては控除は認めないこととされたものである。

　要は，海外子会社に負担した法人税は当国における負担とし，残りの所得を仮に配当をした場合は，それは益金不算入とするのである（5%相当の費用は，ここでは考慮外）。

　ところで，この海外子会社からの益金不算入の制度は，法人にとっては，メリットが生じ，まことに有難い措置ではあるが，形式論的には妥当ではないように思われる。すなわち，所得税においては，全世界所得課税主義を原則としているとしているところであり，たとえば，支店形態によって海外で事業を営んだ場合には，すべての海外所得に対して課税されることになる。この点のバランスを欠くことになる。

　諸外国において採られているように海外所得に対しては課税しないとする原則を採るのであれともかく，このような海外子会社からの受取配当だけに特例を認めることには問題があると考える。

2　制度の概要

　本制度は，内国法人が，外国子会社から受ける剰余金の配当等がある場合には，その剰余金の配当等の95%相当額は益金不算入とする制度であるが（法23の2），ここで，本制度の対象となる外国子会社とは，①外国会社の発行済株式等のうち内国法人が保有している株式等の数又は金額の占める割合等が25%以上であって，②この保有割合要件を充足する状態が本制度の適用を受ける剰余金の配当等の額の支払義務確定日以前6月以上継続している場合の当該外国子会社をいうものとされている。

　この保有割合要件において，特に留意すべき点は，租税条約に二重課税排除条項がある場合における外国子会社に対する保有割合についてである。

　すなわち，わが国が締結した租税条約において，二重課税排除条項により保有割合として25%未満の割合が定められている場合は，本制度における判定の対象となる外国法人が二重課税排除条項の定められている租税条約の

締約相手国の居住者たる法人であるときは，保有割合の判定は25%以上ではなく，その租税条約の二重課税排除条項に定める割合によることとされている（法基通3－3－3）。

次に，益金不算入とされる剰余金の配当等の範囲については，法人税法第23条第1項第1号に掲げる金額とされている（みなし配当を含む。）（法23の2①）。したがって，所在地国の法令等において剰余金の配当等とされるものであっても，法人税法第23条第1項第1号に掲げるものに該当しない場合には，本制度の適用には含まれない。

なお，自己株式の取得が予定されている株式等に係る剰余金の配当等についても本制度の適用対象から除外されている。

また，本制度において益金不算入とされる額は，上述のとおり，外国子会社からの剰余金の配当等の全額ではなく，剰余金の配当等の額に係る費用の額に相当する金額を控除した額とされている。

そして，この剰余金の配当等を獲得するために要した費用については，当該剰余金の配当等の額の5%相当額と擬制されている。

ところで，本制度の適用に関する実務上の問題点としては，他の制度との調整，適用関係が，どのようになるのかである。

まず，外国子会社からの剰余金の配当等について，所在地国において外国源泉税が課されている場合の外国源泉税についての取扱いの問題が存する。この場合の外国源泉税は損金に算入されず，かつまた，外国税額控除も適用しないものとされている。これも，費用収益の対応からの措置であると説明されている。

他の制度との調整，適用関係が問題となる事項のいま一つとしては，外国子会社合算税制（措法66の6）の関連規定としての租税特別措置法第66条の8による益金不算入制度との適用関係である。

すなわち，上述したとおり，本制度においては，保有割合として25%以上の外国子会社からの剰余金の配当等が適用対象とされ，一方の租税特別措置法第66条の8においては，外国法人からの剰余金の配当等について問題

としているので，保有割合が 25% 以上の外国法人からの剰余金の配当等について，いずれの制度の適用となるかの問題がある。ここで，本制度が適用される場合の益金不算入となる額は，当該剰余金の配当等の 95% 相当額であり，租税特別措置法第 66 条の 8 が適用される場合には 100% 益金不算入となる。

この点については，剰余金の配当等を行う外国法人に係る「特定課税対象金額」（措法 66 の 8④）が存するかどうかによって適用される制度が定まることとなる。すなわち，「特定課税対象金額」が存する場合には，租税特別措置法第 66 条の 8 が適用され，これが存しない場合には，本制度の適用となる。

VI 外国子会社合算税制（タックスヘイブン対策税制）

1 制度の沿革

かつて，昭和 40 年代に，船舶会社が東アフリカのリベリアに船籍を登録し，一船一会社を設立し，すべて当該船舶に係る所得は当該法人に帰属するものとして，わが国においては，全く所得はないとしたのであった。もっとも，これは租税回避そのものが目的ではなく，船員等に関して外国籍であるものについては，わが国の法規制がなくなるためこれを狙いとしたものであった。しかし，税法として，このような事実を無視することができず，当時としては，いわゆる実質課税の原則の適用があるものとして課税上取り扱っていたところであった。

このような状況は，船舶会社に限らず，また世界的にも，このようなタックスヘイブン国が出てきて，ペーパーカンパニーを招へいする事態が生じた。

そこで，1978（昭和 53）年に，いわゆるタックスヘイブン対策税制が創設されたのである。

この税制は，要するに，タックスヘイブン国に外国子会社を設立して，本来，親会社において営む事業を，その外国子会社に行わせることによって，

税制の面から租税回避を行うことになるので，当該外国子会社の前事業年度の所得金額を親会社の当該事業年度の所得に加算しようという制度である。

ただ，いわゆる除外基準が設けられており，たとえば，現地で工場を建設し，あるいは，店舗を有して事業を行っている場合等は，適用されないことになる。これは，実質的に当該地区において事業を行っているからである。

外国子会社合算税制の創設の趣旨などについては，かなり出版物も多く，またそのなかに記述されている。しかし，本制度が創設された経緯については，海運会社の問題を除いては，これを解明することができない。

まず，その発端としては船舶会社が，いわゆる「便宜置籍国」にペーパーカンパニーを設立したことから始まったといってよい。ところで，日本船主協会では海運税制研究会が昭和44年に発足したのであったが，たまたま私が一応の指導格として参加する機会を得た。海運税制研究会の内容は多岐にわたっているが，本制度に関連を持つものとしては，「便宜置籍国の税制」（発刊番号12号，昭和48年8月），「海外子会社と実質課税」（発刊番号17号，昭和53年3月），「タックス・ヘイブン対策税制」（発刊番号20号，昭和56年3月）である。最後の「タックス・ヘイブン対策税制」は，当初の本制度の解説であるが，前二者は，いわば本制度ができ上がる状況を示しているものとして，きわめて興味がある。特に，当局においては，実質課税の下で，いわゆる「指導」が行われたことは，行政のあり方として興味のある問題である。同時に，このような資料は容易に手に入れられないものと思われるので，若干長いが，これを次に掲げる。特に，本制度の研究者にとっては，貴重なものと思われる。

「一定の基準に該当する海外子会社の損益は親会社の損益とみなして，本邦で課税する旨の「指導」を行い，すでに一部において「指導」どうりの課税が執行されているが，今後の本問題に関する当局とのトラブルを避けるためにも，海外子会社に対する現行の日本税法の解釈適用等につき正しく認識する必要がある。そこで，この「指導」における問題点を中心に「実質課税」について検討した。」

ここでは、上掲の各論文を引用して、当時における事情を明らかにし、次いでいわゆる当局における「指導」について述べることとする。

(1) **便宜置籍国の税制**

当該論文においては、便宜置籍国の歴史と現状について述べ、各論としては、リベリアの租税制度及びパナマの制度について述べられており、最後に、便宜置籍と日本税法との関係を論じている。その一つは外国法人の所得に対する日本税法の課税の原則であり、いま一つは外国法人から配当を受けた場合の課税の原則についてである。

前者については、次のように述べている。

「いづれにせよ「国内源泉所得」は、当該外国法人の事業形態により、個々の事情に照らし判定される問題であるが、海外法人の設立に際し、特に、その運用面において上述した日本税法の外国法人に対する課税の原則を充分に認識するとともに、当然のことながら、他の諸外国においてもそれぞれ自国の課税権の確保のために他国法人に対して適用すべき規定を設けていることに留意すべきであろう。

最後に、便宜置籍国を含め、一般的に海外に投資した子会社の利益が、配当等によって国内に還元された場合の日本税法の関連規定について若干ふれることにする。」

第二の外国法人からの配当を受けた場合の問題であるが、今日性のないものであるのでここでは省略する。

(2) **海外子会社と実質課税**

海外子会社と、実質課税については、まず、いわゆる当局の「指導」の内容を明らかにして、これに基づいての課税の根拠はいわゆる実質課税の原則であるとし、法人税法第11条と法人税法第132条（同族会社の行為又は計算の否認）を掲げており、これについて論述が行われている。興味深い内容を示しているが、ここでは省略する。

(3) **「指導」の内容**

以下は「指導」の内容の要約である。

「「指導」の内容
（昭和 51 年 3 月，東京で開催された「海運申告指導会」において行われた「便宜置籍船に対する税務上の取扱い」と題する国税当局の口頭説明を要約。）
(1) 目的
　内国法人の子会社として外国に設立したもののうち，いわゆる「ペーパー・カンパニー」といわれるものは架空の会社にすぎず，実質的に親会社が直接その事業を行っていると認められ，「ペーパー・カンパニー」を利用しない他の内国法人と比較した場合，課税の面において公平を欠いているので，このような子会社の損益は内国法人たる当該親会社の損益とみなして課税する。
(2) 根拠とする法令等
　① 法人税法第 11 条（実質所得者課税の原則）。
　② 法人税法第 132 条（同族会社の行為又は計算の否認）。
(3) 「ペーパー・カンパニー」の定義
　① 本店所在地に恒久的施設（単なる連絡のために駐在する場合を除く）がない場合。
　② 業務の運営がすべて親会社の指図に基づいて行われ，かつ，その業務が親会社の事務所において行われている場合（親会社が業務委託を受けるという形をとる場合を含む。）。
　③ 代表者が親会社の役員，従業員又は親会社と同族関係にある会社の役員，従業員である場合。
　④ 本店所在地国において，その事業に係る租税負担がないか又は著しく低い場合。
　以上，4 項目すべてに該当する場合のほか，一部該当しない項目があった場合においても，その業務の運営，資産の取得等その状況により総合的に検討したうえで判定する。
(4) 申告
　① 「ペーパー・カンパニー」の損益は親会社の決算に計上するか，また

は，申告調整により親会社の所得に合算すること。
② ①の方法によることが会計監査その他において不都合を生じる場合は，次の事項を条件として「ペーパー・カンパニー」を独立した「外国法人」として個別申告することを認める。
　イ　①の方法によることを原則とするが当該親会社の申出により便宜的に認めるものであること。
　ロ　納税管理人を定めること。
　ハ　「ペーパー・カンパニー」のすべての事業に係る収益が法人税法上の国内源泉所得となるように当該事業に係る契約等を改めること。
　ニ　ハが困難な場合は今後継続して「外国法人」として申告すること，およびその理由，ならびにそのすべての収益を国内源泉所得とする旨の書類を国税当局へ提出すること。
　ホ　「ペーパー・カンパニー」が2以上ある場合は，これらを合算せずに各「ペーパー・カンパニー」ごとに申告すること。
③　①の方法により申告する場合において，「ペーパー・カンパニー」が2以上ある場合は各「ペーパー・カンパニー」ごとに算出された損益をすべて合算することができる。
④　「ペーパー・カンパニー」の損益算出にあたって，親会社と事業年度を異にする場合は原則として親会社の期間を基礎とするが，その差異が3カ月以内である場合は当該「ペーパー・カンパニー」の事業年度の期間を基礎とすることができる。
(5)　損益計算上の主要項目の取扱い
　①　減価償却費
　　　日本税法の規定により算出される限度額の範囲内において「ペーパー・カンパニー」の決算に計上された額を認める。ただし，親会社から取得した資産の償却方法および耐用年数については親会社において採用していた方法および年数とし，また取得価額については取得直前における親会社の帳簿価額又はその場合の取得価額のいずれでもよい。

② 特別償却

立法の趣旨，損金経理の建前等により「ペーパー・カンパニー」には認められない。

③ 特別修繕引当金

「ペーパー・カンパニー」の所有する船舶は「船舶安全法の規定による定期検査を受けなければならない船舶」に該当しないため認められない。

④ 圧縮記帳

イ　法人税法に規定する「保険金等で取得した固定資産」「交換により取得した固定資産」等については規定通り適用を認める。

ロ　租税特別措置法に規定する「船舶の買替えの場合の圧縮記帳」は，船舶が同規定の「日本船舶」に該当しないため認められない。

⑤ 交際費・寄附金

損金算入限度額の計算は，親会社におけるこれらの経費と合算のうえ行い，「ペーパー・カンパニー」においては損金計上のままその利益を算出する。

⑥ 外国税額控除

「ペーパー・カンパニー」が支払った外国税額を親会社が支払った外国税額と合算のうえ税額控除を行った場合，または「ペーパー・カンパニー」の外国税額のみを損金算入とする場合のいずれも認める。

⑦ 過年度分の取扱い

当期（51年3月期）より申告することを条件として「ペーパー・カンパニー」の過年度分の損益をすべて通算して親会社へ合算することを認める。この結果，当該親会社において「欠損金の繰戻し」が生じる場合もあり得るが，特に制限はしない。

⑧ 共同出資の「ペーパー・カンパニー」

共同出資により設立された「ペーパー・カンパニー」については，その損益のうち親会社の所得に合算すべき金額はその出資の割合に対応す

る金額とする。ただし，その出資割合が少ない場合（当該親会社と他の出資者が同族関係である場合を除く）は損益の合算をしないことができる。
(6) 更正
「ペーパー・カンパニー」の損益を申告しない場合において，当該「ペーパー・カンパニー」の各事業年度の損益を通算した結果，利益があった場合は，その親会社の所得を更正する。この場合の「ペーパー・カンパニー」の損益は減価償却費の損金算入および親会社から固定資産を取得した場合の帳簿価額の引継ぎは認めないものとして計算する。」

(4) 「指導」の問題点

上記「指導」については，種々の問題点が述べられているが，これを紹介することは煩に堪えないだけでなく，必ずしも多くの人に興味を与えないものと思われる。ただ，この「指導」は，明確な文書によらずに口頭で行われたことに，行政上問題が存在すると思われる。ただ，このような「指導」は事実上大きな意味を有するのであって，原則的には承認があったものとして取り扱われることになる。

また，注意すべき点として，外国子会社の各事業年度の所得が，本国の親会社の各事業年度の所得に合算されたという点である。つまり，当期分は親会社の当期分の所得に含めることとしたことである。

ただ，本「指導」が，昭和53年のタックスヘイブン対策税制の立法化に寄与したことは間違いはない。その意味で，本「指導」が外国子会社合算税制の研究者にとっては貴重なものであり，研究資料としての価値は十分に存するものと思われる。

2 制度の概要

外国子会社合算税制は，いわばタックスヘイブン国に造られたペーパーカンパニーに帰属する所得について課税を免れることを防止する制度といえる。

つまり，本制度は，外国子会社を通じて行われる租税回避に対処するため，居住者及び内国法人並びに特殊関係非居住者によりその発行済株式又は出資

の総数又は総額の 50% 超を直接及び間接に保有されている外国子会社で，その所得に対して課される税の負担がわが国における税の負担に比して著しく低い国（又は地域）に所在する一定の外国子会社（特定外国子会社等）の所得のうち，その特定外国子会社等の 10% 以上の株式又は出資を直接及び間接に保有する内国法人の当該保有する持分に対応する部分を，その内国法人の所得に合算して課税するという規定である。

① 特定外国子会社等の適用対象金額（基準所得金額に所要の調整を加えた金額）
② ①に対し，持株割合（直接及び間接所有の株式等の持分割合）を乗じて，課税対象金額を求める。
③ ②によって算出された課税対象金額が，内国法人の益金算入される額となる。

なお，この制度がわが国企業の正常な海外投資活動を阻害することがあってはならないので，特定外国子会社等が独立企業としての実体を備え，かつ，その所在地国で事業活動を行うことにつき十分な経済合理性があると認められる等一定の要件に該当する場合には，利子・配当等の資産運用的な所得の金額（特定所得の金額）を有するときを除き，その特定外国子会社等の適用対象金額は適用除外となる。

また，適用除外基準を満たす特定外国子会社等であっても，一定の剰余金の配当等，利子，償還差益，譲渡対価，使用料又は貸付けによる対価に係る特定所得の金額を有する場合には，その特定所得の金額の合計額（部分適用対象金額）のうち，内国法人等のその有する株式等に対応する部分として計算した金額を収益の額とみなして，その内国法人等の所得の金額の計算上，益金の額に算入する。

なお，特定外国子会社等の部分適用対象金額に係る収入金額が 1,000 万円以下である場合又は特定外国子会社等の決算に基づく所得の金額に相当する金額のうちに部分適用対象金額の占める割合が 5% 以下である場合には，この措置は適用されない。

Ⅶ　移転価格税制

1　制度の沿革

　移転価格税制は，昭和61年に創設された。これは，国内による事情によるものではなく諸外国の税制との関連において設けられたのである。その趣旨について，「税制改正のすべて」（昭和61年度版）は，「移転価格税制の趣旨と制度導入の背景」として，①移転価格税制の趣旨，②OECDにおける議論，③諸外国における規定の整備（アメリカ，イギリス，西ドイツ，フランス），④わが国における制度導入の背景として，イ）わが国経済の国際化の進展，ロ）国会における議論，ハ）現行法における対応の限界，としている。これらの項目をみただけでも，要は，国際経済において税制上の摩擦が生じているところであって，これらについては到底，当時の現行法においては対応できないことがわかる。上記本制度の導入の趣旨について，重要なことが述べられているので，若干長いがこれを引用する。

　「1　移転価格税制の趣旨

　移転価格税制（Transfer pricing taxation legislation）とは，各国の制度において若干の違いはありますが，一般的には，企業が国外にある親会社，子会社といった関連企業との間の取引を通じて所得を国際的に移転させることに対処するための税制であると言えます。

　こうした税制が諸外国の共通の関心事となってきた背景をみてみますと，企業活動の国際化が進展する中，いわゆる多国籍企業（通常，国境を越えて活動する関連企業グループをいいます。）が，かなりの程度共通した戦略の下に国際的な企業活動を展開する強力な国際経済主体として発展してきたという事実があります。

　こうした多国籍企業は，ある程度集権化された経営の下でグループとして活動する一方，個々のメンバー企業はそれぞれ異なった国の国内法の枠組みの中で活動を行うという状況にありますが，それが各国における法人所得課

税に際し難しい問題を提起します。即ち，多国籍企業においては，通常，グループ内で，商品の販売，役務の提供，特許の使用許諾，ノウハウの提供，資金の貸付け等の取引が頻繁かつ大量に行われますが，これらのグループ内移転（transfer）に付される価格は，必ずしも自由市場価格ではなく，様々な理由により，その取引が自由競争市場において非関連者間で行われた場合の価格から乖離する場合が出てきます。こうした乖離が起こるのは各国間の税率格差を利用し，税率の低い国に所得を集中させることによってグループとしての税負担を最小化しようという税の面の配慮によることも多いと思われますが，為替統制，価格規制等税以外の要因が主要な原因になっている場合もあるとみられます。

　さて，グループ内取引が非関連者間取引において成立する価格と異なる価格によって行われた場合，その結果として所得が一方の法人から他方の法人に移転（shift）し，課税の面から見ますと，最終的には，関連企業の租税債務が歪められることとなります。特に各国の税務当局はその管轄外の関連企業と取引を行う企業に対し適切な水準の課税所得を決定する必要がありますので，このようにグループ内取引の価格づけの結果，所得が国外に移転されているとみられる場合には，その取引を正常な状態にひき直して課税所得を算定することによって租税債務の歪みをとり除く必要があります。

　こうした役目を果たすのが移転価格税制です。その場合の歪みの是正の基準となるものが，独立企業間価格（Arm's length price）と言われるものです。これは，後ほど我が国の税制の説明の中で触れたいと思いますが，基本的には，問題となった関連企業間取引が，同様の状況の下で非関連者間で行われた場合に成立すると認められる価格をさすもので，後述のOECD報告書，米国の内国歳入法482条に関する財務省規則，OECDモデル条約第9条（特殊関連企業条項）等において採用されるなど本問題についての課税原則として国際的に認められてきている基準と言えるでしょう。」

　この移転価格税制の内容そのものは単純なものであって，要するに，親会社が外国子会社に対する取引において，不当に低く又は高い価格で製品等を

譲渡したような場合には，その対象となる製品の妥当な価格によって決定をするというものである。この意味では，きわめて当然のことであって，異をはさむ要は存しないと思われる。

ただ，問題となるのは，その妥当な価格の算定方法である。これは，基本的には，独立企業間価格であって，当該親会社及び外国子会社が全く独立した関係にあるとした場合に，成立する価格ということになる。しかし，実際問題としては，この価格を算定することが困難であるために，これに代わるものとして種々の方式が掲げられている。すなわち，棚卸資産の売買取引に係る算定方法としては，①独立価格比準法，②再販売価格基準法，③原価基準法，④その他の方法が存する。この問題については，下記「3」において述べることとする。

2　移転価格税制の特色

移転価格税制の目的は，内国法人と外国子会社との製品等の取引について独立企業間価格に基づいて適正な所得を算定することにある。これは，租税特別措置法第66条の4第1項において規定しているところである。しかし，第8項においては，質問検査権の規定があり，さらに第12項においては罰則の規定がある。この意味では，法人税法の特別法的性格を有する。この点，他の特別措置法における特別措置は，法人税の特例として，法人税法の課税所得に関する規定として存在し，質問検査権や罰則等は法人税法自体の規定を適用することになっている（もっとも，質問検査権については，各税法の質問検査の規定は，平成23年度12月の改正で国税通則法に集中的に規定された。）。

要するに，移転価格税制は，国外との取引が中心となるのであって，その特殊性の下に規定されている特別立法たる性格を有するといえる。

また，本制度のいま一つの特色としては，「対応的調整」である。対応的調整というのは，その移転価格税制に基づいて相手国において1,000の所得が帰属することとなった場合においては，そのままとしておいたのでは，わが国においても，その1,000が親会社の所得となって二重課税となる。そこ

で，外国子会社に1,000の所得の帰属が正当に認められた以上は，親会社の1,000の所得は減額すべきことになる。これが対応的調整といわれるものである。国内問題として考える場合には，親子会社間の二重課税が生ずれば，当然にそれは排除されることとなる。

3　独立企業間価格の算定方法

すでに触れたところであるが，移転価格制度における最も重要な点は独立企業間価格の算定方法である。これは，次のとおりである。

① 　独立価格比準法
② 　再販売価格基準法
③ 　原価基準法
④ 　その他の方法

以上の方法については，親子法人間の移転価格の算定について不満を持つものが少なくない。

一般に，このような方法については他にも類似のものが存する。たとえば，減価償却の方法（たとえば，定率法，定額法，生産高比例法等）がある。また，棚卸資産の評価方法（たとえば，原価法として，先入先出法，総平均法，移動平均法等）がある。これらについての企業からの不満の声は聞かれない。

前者については，まず，減価償却資産の取得があり，この取得価額を何年にわたっていかなる方法で償却すべきかということである。また，棚卸資産の評価方法も，期末棚卸という在庫は確定しているのであり，売上原価との関係上いかなる評価方法によるかの問題である。これに対して，独立企業間価格の算定方法は，極めて不適格な売上収益の価額を算定するものであり，その取引はいわば千差万別であって，これを確立すること自体至難のわざというべきである。

これらの方法は，それなりに合理性を有しているものの，親子間の製品等の売買についてはデリケートな事情もあり，単にこれらの方法を機械的にはめ込むことは実情にそぐわない点が存していた。

この点については，平成23年度6月改正において弾力的に取り扱われることとなった。

　上述したように，移転価格税制の直接対象となるのは，棚卸資産の価格であるが，たとえばこの価格の算定方法として原価基準を採用したとしても別途親会社から，金銭の貸付け，役務の提供，技術の供与等があった場合にこれをそのまま放置していたのでは，移転価格が自由に結果的には操作することができることになる。そこで，これらについても規制を加えている。

4　外国子会社合算税制との関連

　いわゆる軽課税国に対する特定外国子会社を有している内国法人が，当該外国法人との取引について移転価格税制は，どのようになるかの問題がある。考え方によれば，その軽課税国が無税国であるような場合，その外国子会社の所得はいずれは内国法人の所得金額に含められるのであるが，当該外国子会社との移転価格税制には無関係ではないかとする疑問が生ずる。

　結論を先にいえば，国外関連者が外国子会社合算税制における特定外国子会社等に該当する場合には，移転価格税制と外国子会社合算税制の適用関係が問題となるが，これについては移転価格税制が優先適用され，それによる修正を行った上で外国子会社合算税制が適用されることとなる。要は，外国子会社合算税制は両当事者会社が適正な会計処理が行われていることが前提となっているのである。極端なことをいえば，特定外国子会社の売上でないものを計上することはできない。

　要するに，特定外国子会社等との取引につき移転価格税制を適用して，当該特定外国子会社等に係る所得の金額又は欠損の金額（未処分所得の金額）の計算において，当該取引が独立企業間価格で行われたものとして計算することにより，移転価格税制と外国子会社合算税制による二重課税が排除されることになる。

内国法人の国際取引に係る法人税

内国法人の国際取引

成蹊大学名誉教授　武田　昌輔

I　総　　論

　内国法人がすべての取引をいわゆる国内取引として行っている場合には，外貨換算の問題もなく，また，諸外国との税制の問題は生じない。
　しかし，内国法人が外国に支店を設けるとか，あるいは子会社を設立したような場合には，その外国における経済活動から生ずる損益についてもわが国の課税の問題が生ずることになる。つまり，わが国では全世界において生じた所得に対して課税することとしているからである。すなわち，わが国では，全世界所得課税主義を採用している。したがって，支店を海外に設けて所得を得た場合には，その所得に対して直接課税されることになる。また，海外に子会社を設立して所得を得た場合には，原則として，所在地国で課税されることになるが，その外国子会社から親会社が配当を受けた場合には，その受取配当に対して課税される。もっとも一定の要件を満たす場合には，当該受取配当は益金の額に算入しないこととされている（平成21年度税制改正による改正）。
　以上が基本原則であるが，外国に設立した子会社であっても，いわゆるタックスヘイブン国に子会社を設立した場合には，その子会社において生じた所得金額は，一定の条件の下で課税所得に算入することとしている。いわゆ

るタックスヘイブン対策税制である（近年，これは「外国子会社合算税制」と呼んでいる。）。

　以上述べたことは，外国に支店あるいは子会社を設立した場合において生じた損益についての課税の方式についてであるが，内国法人が国際取引を行った場合についても特例が認められている。その一つは，いわゆる移転価格税制である。移転価格税制は，たとえば，親会社が海外子会社に対して高い価額で売却したような場合には，国内所得が多額に生じ，子会社段階では少額の所得が生ずることになる。これは親会社としては在外子会社における利益を収納する傾向にあるからである。この場合には，所在国としては適正な所得金額に対しては，当該国において課税すべきこととなるから，その移転価額が高すぎることを指摘して，適正な価額の下での所得金額に対して課税するという問題が生ずる。この点は，特別の意図の下に低い価額による売却を行った場合も同様である。

　ただ，この問題は，適正な価額での売却取引とすべきであるとする問題であって，この点は何人も異論のないところである。問題は適正な価額をいかに算定するかという，いわば実務的な問題となる。もちろん，この実務的な問題こそ重要な問題とされているのである。

　この問題は主として売上高に関するものであるだけに，その金額も多額なものとなり，金額がそのまま課税所得に影響を及ぼすことになるので，その会社規模が大きいだけに問題となるところである。この移転価格税制は，いわば関係国との税収の分配ということになるので，そこに対応的調整の問題が生ずることになる。つまり，当該親会社及び外国子会社の合計金額は一定であるとすれば，結果として，当該関係国の課税金額は，その一定額を超えることになるので，これを当国においては，減額修正する必要が生ずる。極端にいえば，当該法人側においては，法人税をどの国にいくら納付するかの問題であって，当該関係国の交渉の結果により納付することになるので，この問題は当該関係国自身の問題であるとする見解も存するところである。しかし，実際問題としては，法人自身が関係国に二重課税を避けることについ

次に，海外における法人等に対する取引，つまり売上，仕入れ，その他諸経費の支払いに関する事項である。同様に，仕入れ，その他の諸経費を受ける取引に関する事項である。これらについては，特別問題となる点は少ないものと思われる。ただ，為替換算の問題が生ずる。為替換算については，その取引ごとに換算を行うことが原則である。しかし，期末において，支店等の諸勘定を親会社勘定に統合する場合に生ずることになる。

　次に，法人の海外において生じた所得金額に対して課税が行われている場合に，全世界所得課税の立場から，わが国の所得金額に海外の所得金額を含めて課税すると，いわゆる二重課税の問題が生ずる。そこで，当初は，その法人税を事業上の経費として損金算入することとしていたのであるが，昭和28年の税制改正において外国税額控除制度が採用された。すなわち，海外において海外所得に対して課された外国税額をわが国の税額から控除することとされたのである。

　つまり，改正前の方式では，海外の所得金額を100とし，これに海外の法人税が30課された場合に，この30をコストとして100からこれを差し引いた70に課税することとされていた方式であったが，外国税額控除の場合には，わが国の法人税，たとえば，40%とすると40の税額から海外法人税額の30を差し引くのである。そうすると，仮に，わが国の法人税率が30%であるとすると，全額控除できることになる。このことは，海外支店には，わが国では課税しないのと同様のこととなる。

　また，海外の法人税が，たとえば，50%という場合には，わが国の40%相当分を控除することになるから，その超過分の10%が課されることになる。

　内国法人の国際取引に関連する制度としては，おおむね以上のとおりであるが，以下においては，国際取引に関連する留意すべき事項及び特殊問題について整理するものとする。

Ⅱ　内国法人

　本研究においては，内国法人の国際取引に関する課税を取り扱っているので，まず，内国法人とは，いかなるものかを明らかにする必要がある。
　内国法人について，法人税法に定義の存するところであって，これは「国内に本店又は主たる事務所を有する法人をいう。」(法2Ⅲ) としている。ここに，国内とは「この法律の施行地をいう。」のである。
　（注）この場合の施行地とは，わが国の主権が及ぶ地域をいうものとされる。
　本店については，会社法においては，定款に「本店の所在地」を記載しなければならないとされている（会社法27）。
　主たる事務所とは，会社以外の公益法人等について適用されている。たとえば，一般社団法人及び一般財団法人に関する法律においては，「一般社団法人及び一般財団法人の住所は，その主たる事務所の所在地にあるものとする。」(第4条) と規定され，主たる事務所の所在地を定款に記載すべきものとされている（第11条）。
　これに対応するのは，外国法人であるが，法人税法では，「内国法人以外の法人をいう。」としている (法2Ⅳ)。したがって，外国法人は，国内に本店又は主たる事務所を有しない法人ということになる。
　次に，人格のない社団等とは，「法人でない社団又は財団で代表者又は管理人の定めがあるものをいう。」のである (法2Ⅷ)。この定義は「人格のない社団等」であって，これが法人であるか否かについては明らかでない。そこで，法人税法第3条においては，「人格のない社団等は，法人とみなして，この法律（別表第二を除く。）の規定を適用する。」と定めている。この法律というのは，法人税法である。
　法人とみなしたのであるから，国内に本店又は主たる事務所があれば内国法人となり，国外に本店又は主たる事務所があれば，外国法人となる（これを法人とみなす規定は，所得税法では第4条，消費税法では第3条に定められている）。

これに対して，相続税法においては，第66条において，人格のない社団等を個人とみなすものと定められている。）。

内国法人には，いわゆる普通法人，公共法人（別表第一に掲げる法人），公益法人等（別表第二に掲げる法人），協同組合等（別表第三に掲げる法人），非営利型法人（法2ⅨのⅡ）などの類型が存する。

これらの法人が国際取引を行えば，原則として，国際取引に係る規定が適用されることになる。たとえば，人格のない社団等が，外国子会社を有していれば，移転価格税制，外国子会社合算税制等の適用があることになる。

Ⅲ 国際取引に対する課税の原則（PE に関する問題）

国内において課税される非居住者又は外国法人は，わが国にPE（Permanent Establishment）を有している場合に，事業所得が課税される。PE なければ課税なしといわれているところである。

これは，わが国の居住者や内国法人が外国において事業を行っている場合も同様に取り扱われるところである。すなわち，一般的に，PE なければ課税なしの原則が存する。

ところで，このPE というのは，恒久的施設を意味するが，これは，租税条約において定義されている。すなわち，日米租税条約においては，「「恒久的施設」とは，事業を行う一定の場所であって企業がその事業の全部又は一部を行っている場所をいう。」ものとされている（日米租税条約5①）。そして，「恒久的施設」には，特に，①事業の管理の場所，②支店，③事務所，④工場，⑤作業場，⑥鉱山，石油又は天然ガスの坑井，採石場その他天然資源を採取する場所を含むものとされ（日米租税条約5②），さらに，建築工事現場，建設若しくは据付けの工事又は天然資源の探査のために使用される設備，掘削機器若しくは掘削船については，これらの工事現場，工事又は探査が12ヶ月を超える期間存続する場合には，恒久的施設を構成するものとされている（日米租税条約5③）。なお，「恒久的施設」に含まれないものについても掲

げられているが，ここでは割愛する。

ところで，PE なければ課税なしというのは事業所得についてのことであって，資産を有している場合においては，当該資産から生ずる果実等については課税されることになる。したがって，居住者又は法人が PE は有していないが，預貯金，株式から生ずる利子，配当あるいは固定資産から生ずる家賃等については，わが国において課税されることになる。

これを裏返してみると，わが国の居住者あるいは法人が，諸外国に資産を有している場合には，当該資産から生ずる利子，配当，家賃収入等については課税の対象とされる。また，当該資産の譲渡についても，その譲渡益に対して課税されることになる。

IV 国際取引によって生ずる所得に関する諸問題

内国法人が国際取引を行う態様としては，海外支店等によって行う場合の他，現地に子会社を設立して，これによって行う場合とが存するが，ここでは，海外支店等における所得を主として問題とする。

(1) 海外支店等における所得の種類，範囲

全世界所得課税主義の下では，内国法人の所得は，国内，国外を問わず課税対象とされる。それゆえ，内国法人の課税所得の計算上は，国内所得と国外所得とに区分する必要性は，あまりないものと解される。

ただし，外国税額控除を適用する場合においては，国外所得金額が何程となるかが重要であるため，国外所得金額の計算について規定されている。

ここでまず，国外所得金額とは，国内源泉所得以外の所得（国外源泉所得）に係る所得のみについて法人税を課するものとした場合に課税標準となるべき当該事業年度の所得金額相当額をいうものとされている（法令142③）。すなわち，国外所得金額とは，法人の全所得のうち国内源泉所得以外の所得（国外源泉所得）であるとされており，国内源泉所得の内容から把握すべきものとされている。

しかし，実際問題としては，わが国の国内源泉所得の規定は，いわば諸外国との税制との妥協によってでき上がっているものであるから，この裏返しの国外源泉所得に関しては，種々の問題の生ずるところである。それはそれとして，国外源泉所得については，すでに，「総説」において述べたところであるので，以下においては，それらの具体的問題等についてコメントを加えることとする。

　この場合の全体を通じての基本的な考え方は，相手方国において全く課税がない場合には，その相手方国において有する資産はあたかもわが国の資産を有していると同様の課税をするということである。

　つまり，全世界所得課税主義というのは，すべての外国から稼得した所得についてわが国の税制の下で課税することになる。たとえば，資産の評価益に課税する国があっても，わが国では評価益に対して課税しないことになっていれば，全世界所得課税主義を採っていても，これには入らない。ただ，外国でそれに課税されていれば，二重課税の排除の問題が生ずる。

① 事業所得

　内国法人が製品等を外国に販売した場合には，その販売に係る売買契約がいかなる国において行われたか等について問題となる。この点については法人税法施行令第176条第4項において規定されている。つまり，次に該当するいずれかの事実がある場合には国内において譲渡があったものとするのである。これを簡潔に述べれば，次のとおりである。

　イ　譲受人に対する引渡しの直前において，その棚卸資産が国内にあり，または，譲渡人の国内において行う事業を通じて管理されていること。

　ロ　譲渡に関する契約が国内において締結されたこと。

　ハ　譲渡に関する契約を締結するための注文の取得・協議その他の行為のうちの重要主要な部分が国内においてされたこと。

　たとえば，イの事実があれば，ロ及びハの事実に関係なく国内において当該棚卸資産の譲渡があったものとされるのであるから，たとえば，外国法人の国外にある事業所等が国外において注文・協議等を行った場合においても，

当該国内にある事業所等から当該棚卸資産を国内において購入し，これを直接国外の譲受人に送付したようなときは，当該譲渡に係る所得は，その全部が国内源泉所得となる（法基通20−1−6）。

② 技術の提供

工業所有権の使用料は，その使用料のなかに国内において稼得した所得が含まれていると解されるから，いわゆる国内源泉所得となる（裏返せば国外源泉所得となる。）。したがって，この工業所有権には，ノーハウはもちろん，機械，設備等の設計及び図面等に化体された生産方式，デザインもこれに含まれるが，海外における技術の動向，製品の販路，特定の品目の生産高等の情報又は機械，装置，原材料等の材質等の鑑定若しくは性能の調査，検査等は，これに該当しない（法基通20−1−21）。

③ 役務の提供

人的役務の提供においてしばしば問題となるのは，芸能人等の提供に係る対価の範囲に関するものである。この対価には，国内において当該事業を行う外国法人が当該芸能人又は職業運動家の実演又は実技，当該実演又は実技の録音，録画につき放送，放映その他これらに類するものの対価として支払を受けるもので，当該実演又は実技に係る役務の提供に対する対価とともに支払を受けるものも含まれる（法基通20−1−13）。

(2) **国外所得金額の計算上の問題**

国外所得金額の計算に関しては，諸経費の割当ての問題が存する。たとえば，広告宣伝費について親会社が全額負担したような場合である。つまり，外国子会社の所在する海外の現地において広告宣伝を親会社が行った場合において，現地子会社も応分の額を負担すべきではないかとする問題である。このことは，逆に現地子会社において大々的に広告宣伝を行った場合に，それは，子会社だけが負担すべきではなくて，親会社においても応分の負担をなすべきではないかとする問題である。いずれにおいても，その個別事情によることはいうまでもないが，一般論としては，それぞれ応分の広告宣伝費を負担すべきことになろう。

このことは，広告宣伝費に限らず，たとえば，交際費，会議費等，さらには，役員の報酬等の問題にも波及する。

V 信託を通じた国外投資における課税問題

1 信託所得課税の基本的考え方と内外判定

　信託から生ずる所得に対する原則的取扱いは，後述する集団投資信託と法人課税信託以外の信託について，受益者等課税信託として，信託の受益者が当該信託の信託財産に属する資産及び負債を有するものとみなし，かつ，当該信託財産に帰せられる収益及び費用は当該受益者の収益及び費用とみなされる（法12①本文）。投資信託や合同運用信託は集団投資信託としてカテゴライズされ，その収益の分配時に源泉所得税及び受益者レベルで課税され，法人課税信託は法人とみなされて受託者に対して法人税が課税されることとされている。したがって，法人課税信託においては税務上信託は法人として取り扱われることから，内国法人が信託を通じて国外へ投資をする場合，法人課税信託の要件を充足するような信託契約とし，敢えて法人課税の類型を選択することは一般的ではないと考えられる。

　「信託」の利用パターンとしては，わが国の信託法及びその関連法令を準拠法とするものと，外国法を準拠法とするTrustが考えられる。したがって，通常は「国内の信託」と「国外の信託」は当該信託の設定準拠法国の所在地により内外判定することになる。なお，法人課税信託については，信託された営業所が国内にある場合には法人課税信託に係る受託法人は内国法人とされ，国内にない場合には外国法人とされる（法4の7Ⅰ，Ⅱ）。

　わが国の税法は，国外の信託について特別なルールを置いていないが，基本的には国内の信託と取扱いを区別していないことから，実態としてわが国の信託と同等のものである限り[1]，国内の信託と同様に受益者等課税信託，集団投資信託及び法人課税信託のいずれかに区分された上で各区分に応じた取扱いを受けることになる。

2　国内の信託を通じて行われる国外投資

　国内の信託を通じて，海外へ投資するケースとしては，国内の信託銀行との間で，いわゆる特金（特定金銭信託）やファンド・トラスト（指定金外信託）に基づき，海外の株式や公社債を購入するケースや，外国有価証券へ投資を行う日本籍投資信託の受益証券を購入することが一般的に行われているケースと考えられる。これに加えて，国内の信託を用いた国外資産の資産流動化スキーム（例えば，海外のローンを受益権又は信託内借入として保有する等）のようなケースについても信託の特徴的な利用例といえる。

(1)　国内の受益者等課税信託を通じた国外有価証券への投資

　受益者等課税信託においては，内国法人が保有する国外株式や国外公社債から生ずる配当・利子は，原則としてあたかも受益者である内国法人が当該株式又は公社債を保有しているものとみなし，その生じたタイミングで当該内国法人の法人税の課税所得金額の計算上益金に算入される。

　受益者等課税信託において，受託者から受益者に対する収益の分配は，原則として課税関係が生じないことになるが，外国から生じた利子・配当を受益者等課税信託を通じて交付される場合には，信託の受託者が国外公社債と国外株式の利子配当に係る国内の支払取扱者として，受託者において源泉徴収義務が課せられている（措法3の3，9の2，措通3の3-8，9の2-5）。当該利子配当につき国外において課された外国税額については，源泉徴収の際に控除するとともに受益者である法人の課税所得の金額の計算上，所得税額控除及び外国税額控除の対象とされる。

(2)　国内の投資信託を通じた場合の課税問題

① 　国内投資信託からの収益の分配に係る源泉所得税の取扱い

　内国法人が国内の投資信託に投資をするケースとしては販売会社である国内証券会社から受益証券を購入することになるものと思われる。そのような投資信託の多くは，信託財産が国外株式や国外公社債によって構成される証券投資信託である。そのような商品においては，国外の有価証券から生ずる利子・配当といった所得は，国内投資信託を通じて投資家である内国法人へ

分配されることとなる。

税法上，投資信託は，集団投資信託に該当すれば，受益者等課税信託及び法人課税信託に該当することはない（法2XXIXロ，XXIXのⅡ）。そして，集団投資信託においては当該信託からの収益分配のタイミングで課税関係が生じるのが原則であり，その収益分配の時点で投資家である内国法人の課税所得金額の計算上益金に算入される。

国内投資信託からの収益の分配については，公社債投資信託については利子所得，公社債投資信託以外の投資信託については配当所得として，それぞれ源泉徴収が行われることになる（所法23，24，181）。また，国外において外国所得税が課された場合には，国内投資信託からの収益の分配に係る所得税の額から当該外国所得税額を控除することとされている（所法176③）。

② 国内の投資信託を経由した場合の外国子会社合算税制の適用について

イ 問題の所在

外国子会社合算税制の基本的仕組みは，居住者及び内国法人（その特殊関係非居住者を含む。）により，その発行済株式等の50％を超える株式等を直接及び間接に保有されている外国法人（外国関係会社）で，その所得に対する税の負担がわが国での負担に比して著しく低い国又は地域に本店を有するもの（特定外国子会社等）の適用対象金額のうち，当該外国法人の発行済株式等の10％以上を直接及び間接に保有する内国法人の当該保有する株式等に対応する金額をその内国法人の所得に合算して課税するというものである（措法66の6）。

ここで，国内投資信託が外国法人株式を保有するような場合には，外国法人が発行する株式等の内国法人等における保有割合について，外国子会社合算税制における「居住者及び内国法人並びに特殊関係非居住者」（傍点筆者）が直接及び間接に当該外国法人の株式の50％超を保有するものとする定義における「内国法人」が当該株式等を保有するものとして解し得るかどうかが問題となる。

ロ 保有割合算定上の考え方について

外国子会社合算税制においては，国内投資信託が外国法人の持分を保有するケースについて直接の明文規定は存在しない。ただし，信託に対する法人税法上の原則的な取扱いに鑑みれば，受益者等課税信託または法人課税信託のいずれにも該当しない投資信託や合同運用信託等の集団投資信託においては，実質的な株主としての利益を享受するのは受益者であるとしても，税務上，信託財産を直接保有するものとみなす取扱いから除外されていることから，当該投資信託の受益者である内国法人を当該外国法人の株主として取り扱うことはできないし，当該投資信託を法人とみなして当該外国法人の株主として取り扱うこともできない。したがって，文理解釈上は外国子会社合算税制における外国法人の持分割合の判定においては，集団投資信託は考慮しないものと解すべきであろう。

また，本来は外国子会社合算税制の適用を受けるべき内国法人が，例えば，私募投資信託を特定外国子会社との間に介在させることで，その適用を回避するような極端なケースはともかく，公募型の国内投資信託が軽課税国に設定された外国籍のファンドの持分を取得し，不特定多数の投資家がこれに投資をするような場合においては，実態として当該投資信託の受益者は当該外国会社を支配しているとはいえないから，外国子会社合算税制の持分割合の計算上，国内投資信託の保有株式数を考慮した結果，仮にこれを考慮しなければ外国子会社合算税制の適用を受けない他の内国法人についても合算課税の対象とされてしまうとすれば，そのような取扱いは当該制度の趣旨からするとやや行き過ぎであるように思われる。

(3) **信託内借入を通じた国外資産の取得**

資産流動化のために信託を利用するケースとして，オリジネーターが自己の資産（例えば，不良債権など）について自益信託を設定し，取得した受益権を優先劣後に分割した上で，優先受益権の部分を他の投資家へ譲渡する取引が従来より行われている。当該優先受益権を取得する投資家にとって，これと同様の経済効果が見込める手法として，信託内借入スキームによる信託への貸付人として投資するということが実務上行われている。

信託内借入とは，一般には，資産（不動産や金銭債権）を保有する者が，委託者兼受益者となって当該保有資産を信託し，信託の受託者がその受託者の地位において対象資産を責任財産として借入を行うものであり，信託受益権への投資よりもローン形態での投資を望む投資家のニーズにより行われているものと理解されている。また，オリジネーターである受益者にとっては，信託内借入により信託で借り入れた資金は受益権元本の一部償還に充てられることから，資金調達の手段ともなり得る。当該スキームにおいては比較的運営コストを抑えることが可能であること，また，新信託法下においてスキームの安定性が増したことなどから，近年導入事例が散見されている[2]。

このような信託内借入における税務上の取扱いについては，信託内借入スキームの法律関係及び経済実態を踏まえ課税関係を個別具体的に検討する必要があることはいうまでもないが，当該信託内借入が真正な信託である限りは[3]，税務上もそれを信託契約として捉え，受益者等課税信託として，信託の受益者が，受益者としての権利を現に有する受益者が信託資産及び信託借入，そしてそこから生ずる収益，費用につき，当該受益者に直接帰属するものとして取り扱われるものとするのが基本的な考え方であろう。なお，信託契約において定められた受益者の他，受益者とみなされる者の存否についても確認を要する点に留意すべきである（法12②）。

このような信託内借入における信託財産が，例えば，外国法人を債務者とするローン債権や外国の不動産であるようなケースも想定し得るところである。このような信託においても上述したとおり，原則として受益者等課税信託として，当初委託者兼受益者が，外国の金銭債権や不動産を有し，かつ負債（借入）を負っているものとして取り扱われることになるものと考えられる。通常のスキームでは受益者は信託の利益を享受せず，投資家たる内国法人は貸付人として信託内借入における信託財産から生ずるキャッシュフローを金利収入として収受することになる。この結果，当該内国法人は，形式上は内国法人（国内の信託銀行）への貸付人であるが，実質的には国外のローンや不動産などへ投資したものと同じ経済効果を得ることになろう。

3 国外の信託を通じて行われる国外投資

　一般的には，外国の信託を利用して外国投資を行う場合には，外国投資信託の形をとることが多いものと考えられる。税務上の観点からは，外国の信託が受益者等課税信託に該当する場合には，導管として取り扱われ，日本における受益者は国外にある信託財産に所得が生じた段階でタイムリーに所得を取り込まなければならないという点で実務上容易でないケースもあるからである。したがって，主として外国投資信託における課税問題について取り上げることとする。

(1) 外国投資信託の税務上の分類と課税方法

　外国投資信託とは，法人税法上，投資信託及び投資法人に関する法律（以下，「投資信託法」という。）第2条第22項に規定する外国投資信託をいう旨定義されており（法2XXIXかっこ書），投資信託法の定義に依拠している。一方で，投資信託法においては，「外国において外国の法令に基づいて設定された信託で，投資信託に類するものをいう。」とされているにとどまり，その範囲は必ずしも明確とはいえない[4]。

　外国投資信託は，税務上集団投資信託に該当するため，受益者等課税信託及び法人課税信託に該当することはない（法2XXIXロ，XXIXのⅡ）[5]。そして，外国投資信託においても当該収益分配のタイミングで課税関係が生じるのは国内の集団投資信託と同様である。ただし，外国投資信託の収益の分配について，国内の支払取扱者を経由してこれを交付する場合には，当該国内の支払取扱者によって源泉徴収が行われることになる（措法3の3，8の3）。また，当該国内で源泉徴収が行われた場合や外国投資信託の収益分配について外国で課税が行われた場合には，内国法人において所得税額控除及び外国税額控除の規定の適用がある。

　なお，外国投資信託の場合においては，以下に述べるように，外国子会社合算税制の適用があり得る。

(2) 外国投資信託に対する外国子会社合算税制の適用

　外国籍の信託が外国子会社合算税制の適用を受けるケースとしては，同税

制の定める所在地国における一定の税負担水準及び受益権保有割合の基準に抵触することを前提とした場合，①法人課税信託として法人税法上外国法人とみなされるケースか（措法66の6①），若しくは，②当該外国信託が投資信託及び投資法人に関する法律（以下「投資信託法」）における外国投資信託のうち特定投資信託に類するものに該当するケースがある（措法66の6⑦）。

　後者については，内国法人が外国信託（投資信託法上の外国投資信託のうち租税特別措置法第68条の3の3第1項の特定投資信託に類するもの）の受益権の一定割合を直接又は間接に保有する場合には，その外国信託の受託者はその外国信託の信託資産等及び固有資産等ごとにそれぞれ別の者とみなして，外国子会社合算税制を適用することとされている（措法66の6⑧）。「特定投資信託に類するもの」の範囲は必ずしも明確ではないが，要するに法人課税信託に該当する投資信託[6]に類似するものをいうこととされている（措法68の3の3①）。そして，外国子会社合算税制上の適用除外規定が適用されない点を除き，外国子会社合算税制の適用上は法人課税信託の規定を準用することにより外国法人として外国子会社合算税制の各規定が適用される建付けになっており（措法66の6⑨），外国投資信託を法人課税信託に分類し，外国法人として同制度を適用させるものではないという点に留意されたい。

　外国信託が外国子会社合算税制の適用対象となれば，申告に必要な数値をタイムリーに入手し得るかといった実務上の問題は別途存するとしても，当然，発生ベースでの当該外国信託の所得を受益者の所得に取り込む必要が生じる。ただ，実際には，一般的な外国投資信託の商品タイプとしては，概ね本件のように所得を留保せずに，例えば四半期ベースなどで分配されるものも多いものと推測され，その場合には収益認識の期ずれに留意すれば，外国子会社合算税制の適用の有無によるインパクトは必ずしも大きなものではないと思われる。

(3) 外国信託の導管性と外国子会社合算税制上の税負担割合の考え方

　外国子会社合算税制においては，外国関係会社のうち，本店又は主たる事務所の所在する国又は地域におけるその所得に対して課される税の負担が本

邦における法人の所得に対して課される税の負担に比して著しく低いものとして政令で定める外国関係会社に該当するものを特定外国子会社等としている（措法66の6①）。

この外国関係会社は，その所得に対して課される税が存在しない国又は地域に本店又は主たる事務所を有する外国関係会社，及びその各事業年度の所得に対して課される租税の額が当該所得の金額の20%（いわゆる「トリガー税率」）以下である外国関係会社をいうこととしている（措令39の14）。

例えば，米国LLCのように，米国でパス・スルー課税を選択する一方で，わが国の税務執行上法人として取り扱われる事業体に関しては，当該規定の適用上，LLCが租税を負担していない外国法人としてトリガー税率に抵触していると考えるべきかどうか議論があるところであるが[7]，この点は信託についても同様であり，外国投資信託は法律上法人ではなく契約であるから，信託設定地国の税法上，原則として導管として取り扱われることになるものと考えられ，そのような取扱いが外国子会社合算税制におけるトリガー税率に抵触するか否かが問題となろう。そして，当該外国投資信託につき，その導管性をもって当該国での税負担なしと解した場合には，例えば，ケイマン，バミューダなどのいわゆるタックスヘイブンとされる国や地域のみならず，それ以外の国における税負担についてはもはや検討するまでもなく，信託の内容と保有割合のみによって外国子会社合算税制の適用の有無が判定されることになる。

(4) 外国投資信託と外国子会社配当益金不算入制度の適用の有無

次に，外国投資信託における外国子会社配当益金不算入制度（Foreign Dividend Exemption.）（法23の2）の適用に関しては，結論からすれば，外国投資信託からの収益の分配は益金不算入の対象とはならないものと考えられる。すなわち，同規定においては，内国法人が外国子会社（持株割合が25%以上，かつ，保有期間が当該剰余金の配当等の支払義務確定日以前6カ月以上である外国法人）から受ける剰余金の配当等の額がある場合に，その剰余金の配当等の額からその剰余金等の額に係る費用の額に相当する額（剰余金の配当等の額の5

％相当額）を控除した金額を益金不算入とするものであるが，ここでいう剰余金の配当等とは，受取配当等の益金不算入（法23①Ｉ）に掲げる金額であるから，法的に法人とは異なる投資信託からの収益の分配は，当該規定における剰余金の分配等とは明確に区別されるべきものと考えられる。

　仮に，外国子会社合算税制の対象となった外国投資信託から実際に収益分配が行われた際には，外国子会社合算税制の対象とされ内国法人の益金に算入された金額につき，特定課税対象金額までの金額は減算され，これを超える金額が分配された場合は，内国法人の課税所得金額の計算上益金に算入されることになる。

　なお，海外において設定した信託が法人課税信託として取り扱われるケースについては，実際の事例としては決して多くない。その理由としては，先に述べたとおり法人課税が行われる法人課税信託は回避されるのが通常だからである。ただし，例えば，受益権を表示する証券を発行する旨の定めのある信託（法２XXIXのⅡイ）に該当するケースが想定し得る。法人課税信託として外国法人とみなされる場合には，外国投資信託の場合と異なり，形式的な持分要件に加え，保存書類等の手続要件を充足することにより文理解釈上外国子会社配当益金不算入制度の適用対象となり得ると考えられる。一方で，国内で設定された法人課税信託からの配当についても，受取配当益金不算入規定の適用について特段制限される規定はなく，適用可と解すべきであり，執行上もそのように解釈されている（法基通12の６−２−３）。

4　信託における租税条約の適用について

　内国法人が国外投資を行う場合，当該投資先国とわが国との間で租税条約が締結されている場合には，租税条約の適用により当該投資先の国における課税が減免される可能性があるが，内国法人が信託を経由して国外からの所得を収受する場合においては，信託について条約上どのように取り扱うべきかという点が問題となる。

　たとえば日米租税条約の場合，日米租税条約の一般的定義においては，

「者 (person)」については，個人，法人及び法人以外の団体を含むこととされており（第3条第1項(e)），信託もこれに含まれることと解されているが，「一方の締約国の居住者 (resident of a Contracting State)」については，「当該一方の締約国の法令の下において，住所，居所，市民権，本店又は主たる事務所の所在地，法人の設立場所その他これらに類する基準により当該一方の締約国において課税を受けるべきものとされる者」をいうこととされている（第4条第1項）。さらに，上述した居住者であったとしても，特典制限条項 (Limitation of Benefit) が存在し，当該条項に規定する条件を充足しなければ課税の減免という恩恵は受けられないことは周知のとおりである。なお，わが国が締結した租税条約においては，日米租税条約（2004年3月30日発効）のような比較的新しい条約では，以下に述べるように，LLCや信託などのハイブリッド・エンティティを経由する場合の規定が存在し，源泉地国における取扱いに関わらず，当該信託が所得の支払を受ける側の居住地国において，課税上エンティティの構成員に対して課税（構成員課税）されるのか，エンティティ自体に課税（団体課税）されるのかによって条約上の取扱いが異なる。なお，投資信託などの集団投資ビークルについては，これを構成員課税として取り扱うべきか否かは，わが国が締結している条約においては必ずしも明らかではなく，その実態に応じて慎重に検討すべきであろう[8]。

① 国内の信託を経由する場合

米国において取得される所得であって，日本において組織された団体を通じて取得され，かつ，日本の税法に基づき当該受益者，構成員又は参加者（受益者等）の所得として取り扱われるものに対しては，日本の居住者である当該受益者等の所得として取り扱われる部分についてのみ，条約の特典が与えられることとされる（日米租税条約4(6)(a)）。つまり，わが国で設定された信託が受益者等課税信託に該当する場合においては，わが国で構成員課税（パス・スルー）として取り扱われるから，構成員である信託の受益者において特典が与えられることになる。

一方で，このケースで日本の税法に基づき当該団体の所得として取り扱わ

れるものについては，当該団体について条約の特典が与えられることになるから（日米租税条約4(6)(b)），国内信託が法人課税信託に該当する場合には，国内法において法人として取り扱われ，団体課税となるため，法人課税信託自体に条約上特典が与えられるものと考えられる。

② 国外の信託（第三国に所在）を経由する場合

米国において取得される所得であって，両締約国（すなわち米国又は日本）以外の第三国において組織された団体を通じて取得され，かつ，日本の税法上当該団体の受益者，構成員又は参加者の所得として取り扱われるものに対しては，当該第三国における取扱いに関わらず，日本の居住者である当該受益者等の所得として取り扱われる部分についてのみ特典が与えられる（日米租税条約4(6)(c)）。したがって，第三国に所在する信託がわが国の税法上受益者等課税信託に該当する場合には，信託の受益者である内国法人において条約上の特典が与えられる。

なお，第三国において設定された信託がわが国において法人課税信託に該当する場合には，内国法人を受益者とする日米租税条約は適用されない（日米租税条約4(6)(d)）。

③ 国外の信託（投資先国に所在）を経由する場合

米国源泉所得について，米国において組織された団体を通じて取得されたもので，わが国において団体課税とされるものについては，日米租税条約の適用はない（日米租税条約4(6)(e)）。これは純粋に米国内の取引と考えられるからである。

当該米国における信託がわが国の税法上受益者等課税信託又は集団投資信託に該当する場合の日米租税条約上の取扱いは示されていないが，当該信託からの支払が，源泉地である米国の税法上，たとえば利子や配当のように条約上減免の対象となる所得に該当する限りにおいて，内国法人が収受する当該所得については，日米租税条約の適用があると考えられる。

④ 法人課税信託における実施特例法の規定

最後に，法人課税信託に関しては，租税条約適用に係るわが国の国内法と

の調整及び手続きを定める「租税条約の実施に伴う所得税法，法人税法及び地方税法の特例等に関する法律」(以下，「実施特例法」という。)において，租税条約の適用における取扱いを定めた規定が存在している点に留意されたい。

具体的には，実施特例法第2条の2において，法人課税信託の受託者は，各法人課税信託の信託資産等及び固有資産等ごとに，それぞれ別の者とみなして，同法の規定を適用することとされ，また，所得税法第6条の2第2項の規定及び所得税法第6条の3の規定をそれぞれ準用することとされている。すなわち，当該規定は，各法人課税信託の信託資産等及び固有資産等は，それぞれ別の者とみなされた各別の者にそれぞれ帰属するものとされ，法人課税信託の受託者である法人又は法人課税信託の委託者もしくは受益者についてこの法律の規定を適用する場合には，①法人課税信託の信託された営業所等が国内にある場合には内国法人，国外にある場合には外国法人とされること，②法人課税信託の受益権は株式又は出資とみなし，法人課税信託の受益者は株主等に含まれ，この場合，当該法人課税信託の受託者である法人の株式又は出資は，当該法人課税信託に係る受託法人の株式又は出資でないものとみなし，当該受託者である法人の株主等は当該受託法人の株主等でないものとされることを定めており，租税条約を適用する上でも当該規定を準用するというものである。したがって，租税条約の適用上も外国の法人課税信託を外国法人として取り扱い，当該法人課税信託の受益者をして当該外国法人の株主として取り扱うことがこの実施特例法の規定によって明らかにされている。

Ⅵ 法人税率

法人税率は，課税標準額が決定されると，その課税標準額に対して何程の割合で，法人税額を決定する場合の率である。この意味では，極めて技術的なものであって，その税率の決定方法には税の要素が考えられるが，いずれにしても単純であるように思われる。

しかし，現実の税率の決定には，極めて複雑な問題が存するのであって，まず第一は，課税標準額との関係である。たとえば，税率を低くする代わりに課税標準額を拡大するとか，あるいは，その逆として法人税率を引き上げる代償として課税標準額を狭くするというような場合である。過去における実際の例を上げると，昭和15年の法人税法の創設（第一種所得税からの独立）において，法人の納付した第一種所得税額は，その納付した翌事業年度において損金の額に算入していた。

　ところが，この第一種所得税額（法人税法独立以後は法人税額）を損金の額に算入しないこととする大きな改正が行われた。

　この理由については，様々なものを挙げているところであるが，その決定的（？）なものとしては，これを従前どおり認めるのであれば，その法人税相当額の税率を引き上げざるを得ないというものであった（時の桜井大蔵大臣の国会答弁）。

　税率を引き上げた場合の課税標準額の縮小の例としては，昭和27年の法人税率をアップ（税率35％を7％引き上げて42％）し，これに対して，課税標準額について退職給与引当金を設定することを認めたことである。この減収額は，かなりのものと見込まれたところであった。その後，これらの退職給与引当金は法人税増収を狙って結局は廃止された（平成14年度改正）。

　次の事例として，ごく最近の平成23年12月の法人税率の引下げである。いかなる理由によって，このような財政状況の厳しい時期に法人税を引き下げるのかは理解に苦しむところであるが，要は，諸外国の大方の国は法人税率の引下げが行われているところで，これをわが国で放置していたのでは，いわゆる企業における空洞化の問題が生じ，事業の本拠を諸外国に置くということになるのではないかということにあるようだ。果たして，そうであるかについては，疑問を持つ者も少なくないようだ。

　この点はともかくとして，法人税率を4.5％引き下げることの見合いとして，繰越欠損金の損金算入について，これを制限して80％限度を設けたことである。たとえば，欠損金を1,000有しているとして，当事業年度700の

所得が生じた場合には，その繰越欠損金のうち700を使用できることとなっていたが，その80%相当額560だけを使用できることとされた。その結果，140の課税所得が生ずることになる。もちろん，その控除が認められなかった140（＝700－560）は，繰越控除として，将来，9年間使用できることになる。この制度が果たして妥当なものかどうかは問題である。繰越欠損金は，本来，全額控除することが前提であって，これを控除することは特典ではない。

　この点については，検討の余地はあると考えるものの，いずれにしても，税率引上げに対する一種の見返りたる性格を有する。

　海外に子会社を設立する場合に，一つのメリットとしては，法人税率が低いということが挙げられる。もちろん，これだけではなく，安価な労働力を確保できるかどうかも重要な要素である。

　法人税率を論ずる前提として，諸外国では，どのようになっているかをまずみることにしよう。

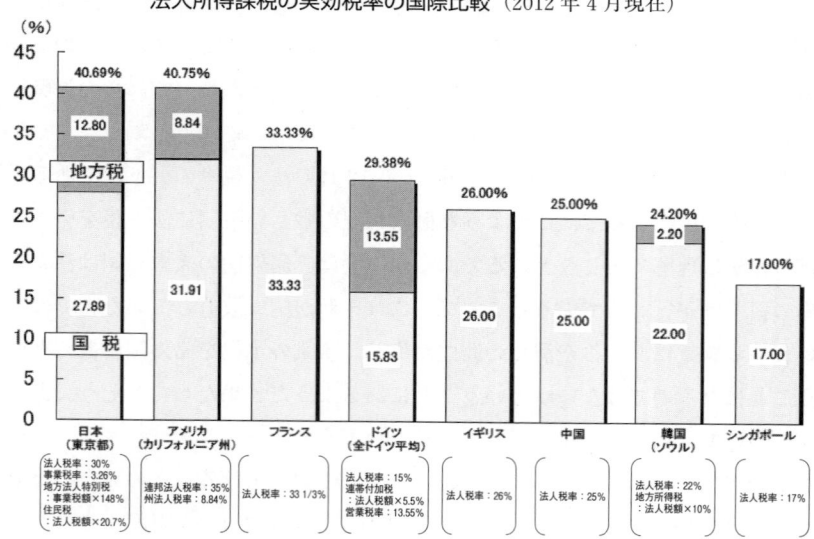

法人所得課税の実効税率の国際比較（2012年4月現在）

国	実効税率	国税	地方税	内訳
日本（東京都）	40.69%	27.89	12.80	法人税率:30%／事業税率:3.26%／地方法人特別税・事業税額×148%／住民税・法人税額×20.7%
アメリカ（カリフォルニア州）	40.75%	31.91	8.84	連邦法人税率:35%／州法人税率:8.84%
フランス	33.33%	33.33	—	法人税率:33 1/3%
ドイツ（全ドイツ平均）	29.38%	15.83	13.55	法人税率:15%／連帯付加税：法人税額×5.5%／営業税率:13.55%
イギリス	26.00%	26.00	—	法人税率:26%
中国	25.00%	25.00	—	法人税率:25%
韓国（ソウル）	24.20%	22.00	2.20	法人税率:22%／地方所得税：法人税額×10%
シンガポール	17.00%	17.00	—	法人税率:17%

(注) 1. 上記の実効税率は，法人所得に対する租税負担の一部が損金算入されることを調整した上で，それぞれの税率を合計したものである。
2. 日本の地方税には，地方法人特別税（都道府県により国税として徴収され，一旦国庫に払い込まれた後に，地方法人特別譲与税として都道府県に譲与される。）を含む。また，法人事業税及び地方法人特別税については，外形標準課税の対象となる資本金1億円超の法人に適用される税率を用いている。なお，このほか，付加価値割及び資本割が課される。
3. アメリカでは，州税に加えて，一部の市で市法人税が課される場合があり，例えばニューヨーク市では連邦税・州税（7.1％，付加税［税額の17％］）・市税（8.85％）を合わせた実効税率は45.67％となる。また，一部の州では，法人所得課税が課されない場合もあり，例えばネバダ州では実効税率は連邦法人税率の35％となる。
4. フランスでは，別途法人利益社会税（法人税額の3.3％）が課され，法人利益社会税を含めた実効税率は34.43％となる（ただし，法人利益社会税の算定においては，法人税額から76.3万ユーロの控除が行われるが，前記実効税率の計算にあたり当該控除は勘案されていない）。なお，法人所得課税のほか，法人概算課税及び国土経済税（地方税）等が課される。
5. ドイツの法人税は連邦と州の共有税（50：50），連帯付加税は連邦税である。なお，営業税は市町村税であり，営業収益の3.5％に対し，市町村ごとに異なる賦課率を乗じて税額が算出される。本資料では，連邦統計庁の発表内容に従い，賦課率387％（2009年の全ドイツ平均値）に基づいた場合の計数を表示している。
6. 中国の法人税は中央政府と地方政府の共有税（原則として60：40）である。
7. 韓国の地方税においては，上記の地方所得税のほかに資本金額及び従業員数に応じた住民税（均等割）等が課される。

（出典：財務省HP 税制＞わが国の税制の概要＞法人税など（法人課税））

以上によると，アメリカが40.75％でわが国と同水準にあるが，フランスが33.33％のほかは，ドイツ，イギリス，中国，韓国は，いずれも20％台であり，シンガポールは17.0％となっている。

わが国も法人税の引下げが求められる状況にあることは理解できるものの，法人税率を引き下げるかどうかについては，本来，法人税は，いかにあるべ

きかについて検討する必要があろう。

シャウプ税制勧告書において述べているように，法人が所得金額の全額を配当するのであれば，法人に課税する必要はないとしているところである。このことは，仮に，法人税を株主に対する所得の前払いとみるのであれば，これらの株主の平均所得税率をもって法人税率とすべきである。他の国が低い税率であるからというのは理由にならない。他の国が高いからとって，その税率によるべき根拠とはならないのと同様である。

次に，これは必ずしも理論的な問題ではないが，その国の法人税の税収が，どの程度の規模となっているかということである。本来的に，法人税収入の少ない国においては，法人税率を引き下げても大きな影響を持たない。

なお，繰返しになるが，平成23年12月改正において，法人税率（普通法人：本則）は30％から25.5％に引き下げられ，これにより実効税率（注）も，40.69％から35.64％へ5.05％下がることとなった。

また，法人税率に関しては，「東日本大震災からの復興のための施策を実施するために必要な財源の確保に関する特別措置法」（以下，「復興財源法」という。）が制定され（平成23年12月14日公布），平成24年4月1日から平成27年3月31日までの期間内の各事業年度について復興特別法人税を課することとされた（復興財源法42～68）。復興特別法人税は，課税標準法人税額に対して10％の税率で課税されることとされているので，これを含めた実効税率としては，38.01％となる。

（注）東京都23区の外形標準課税適用法人の場合

次の統計によると「法人所得課税」の税収規模を比較することができる。直接的に「法人税」の税収を比較するものではないが，これによっても，法人税率を引き下げてもあまり影響のない国とそうでない国が存することがわかる。

わが国における法人所得課税の税収の税収全体（国税＋地方税）に対する割合は，16.2％となっている。他の国では，アメリカ，イギリスが10％前後，ドイツ，フランスは6％弱に過ぎない。

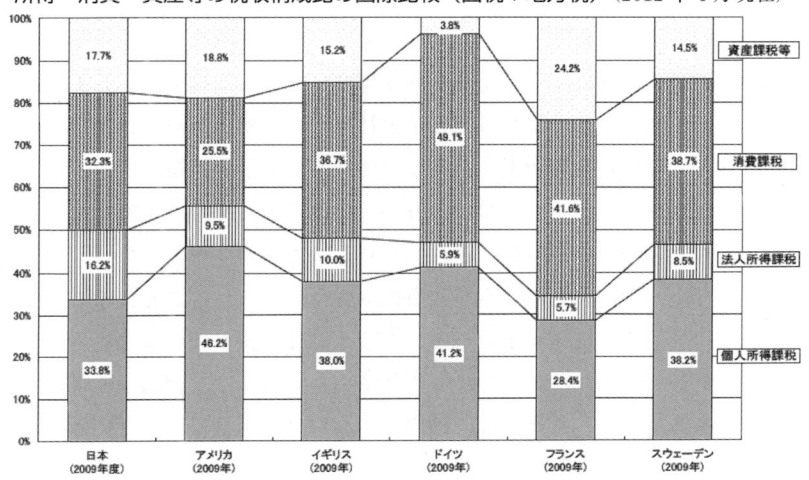

所得・消費・資産等の税収構成比の国際比較（国税＋地方税）（2012年4月現在）

(注) 1. 日本は平成21年度（2009年度）実績，諸外国は，OECD "Revenue Statistics 1965-2010" 及び同 "National Accounts 2003-2010" による。なお，日本の平成24年度（2012年度）予算における税収構成比は，個人所得課税：32.0％，法人所得課税：20.3％，消費課税：31.5％，資産課税等：16.2％となっている。
2. 所得課税には資産性所得に対する課税を含む。
3. 四捨五入の関係上，各項目の計数の和が合計値と一致しないことがある。
（出典：財務省HP 税制＞わが国の税制の概要＞わが国税制・財政の現状全般）

　すなわち，わが国の法人税は，諸外国に比べて比較的大きな構造的割合を持っており，このような場合には，当然ながら，法人税率の引下げは，税収全体に対して大きな影響となる。諸外国の法人税率をみる場合においては，このような立場も考慮に入れたところで，検討する必要があると考える。

Ⅶ　組織再編税制と国外源泉所得

　海外所得と組織再編税制との関係はないようにみえる。すなわち，組織再編税制は国内における所得に関する特例であって，海外所得の生ずる余地は

ないからである。

　ただ，内国法人が組織再編を行って，国外に法人を設立したような場合に，まず，組織再編行為による資産等の移転に関して国内での所得が生ずるかどうかの問題がある。第二は，外国の子会社等からの配当あるいは残余財産の分配，さらには寄附金等があった場合の国外源泉所得の問題がある。

　まず，組織再編税制というのは，合併，分割，現物出資，現物分配，株式交換及び株式移転をいうものとされており，一定の要件を備えれば，適格組織再編となって資産移転に伴う譲渡所得は繰り延べられることになる。これに対して，非適格組織再編となると，その譲渡益の繰り延べは認められず，譲渡益（損を含む。）課税が行われることになる。これは，国内の所得に関する問題である。ただ，たとえば，国内の資産が外国子会社に帳簿価額で引き継がれて，その資産の譲渡が非課税である場合には，その海外所得が減少する点に問題が存するように思われる。

(1) 合　　併

　合併については外国法人との合併は認められていないと解されているから，これは除かれることになる。

　なお，国際的租税回避を防止するため，その行われる合併が特定グループ内合併（合併に伴い，特定軽課税外国親法人株式が交付される等一定の要件に該当する合併）である場合には，適格合併の範囲から除かれる（措法68の2の3①）。また，株主における譲渡損益の計算上，譲渡対価を旧株の帳簿価額とする規定等も適用しないものとされている（措法68の3①）。

(2) 会社分割

　会社分割をして国外に分割会社を設立することは認められる。

　なお，国際的租税回避を防止するため，その行われる分割が特定グループ内分割（分割に伴い，特定軽課税外国親法人株式が交付される等一定の要件に該当する分割）である場合には，適格分割の範囲から除かれる（措法68の2の3②）。また，分割型分割の場合の株主における譲渡損益の計算上，譲渡対価を旧株の帳簿価額とする規定等も適用しないものとされている（措法68の3

②)。

(3) 現物出資

現物出資についても，組織再編税制の一つとされている。

現物出資には，これにより会社を設立する場合と増資を行う場合があるが，いずれの場合も一定の条件の下で適格現物出資が認められる。適格現物出資の場合には，現物出資法人においては，譲渡損益が繰り延べられることになる。また，税法では現物出資法人及び被現物出資法人について定義がある。

適格現物出資の定義は次のとおりである（法２Ⅶの XIV）。

「次のいずれかに該当する現物出資（外国法人に国内にある資産又は負債として政令で定める資産又は負債の移転を行うもの及び外国法人が内国法人に国外にある資産又は負債として政令で定める資産又は負債の移転を行うもの並びに新株予約権付社債に付された新株予約権の行使に伴う当該新株予約権付社債についての社債の給付を除き，現物出資法人に被現物出資法人の株式のみが交付されるものに限る。）をいう。」

すなわち，適格現物出資とは，（企業グループ内の現物資産等）所定の要件に該当する現物出資で，現物出資法人に被現物出資法人の株式のみが交付されるものに限られる。ただし，外国法人に対して国内にある不動産，国内にある不動産の上に存する権利，鉱業法の規定による鉱業権及び採石法の規定による採石権その他国内にある事業所に属する資産（外国法人の発行済株式等の 25％ 以上の株式を有する場合のその外国法人の株式を除く。）又は負債を現物出資するもの及び外国法人が内国法人に対して国外にある事業所に属する資産（国内にある不動産，国内にある不動産の上に存する権利，鉱業法の規定による鉱業権及び採石法の規定による採石権を除く。）又は負債を現物出資するものは除かれる（法２ⅩⅡの XIV，令４の３⑨）。この点に留意すべきである。

これは，国外に資産を移転して，租税を回避することを防止するための措置である。つまり，国内の株式を海外の国の新設会社に現物出資して，これを当該国で譲渡すれば，当該国がキャピタル・ゲインのない国であれば課税がないことになる。

なお，この外国法人に対する一定の資産または負債を現物出資することを適格現物出資の範囲から除外する措置は，1998（平成10）年度改正において導入されたものである。組織再編税制が整備されたのは平成13年度改正においてであるが，この外国法人に対する現物出資における資産の範囲の制限は，旧法人税法第51条（特定の現物出資により取得した有価証券の圧縮記帳）における要件が，そのまま平成13年度改正における適格現物出資の要件においても維持された。

(4) 現物分配

現物分配とは，法人が，その株主等に対して，次の事由により金銭以外の資産の交付をすることをいう（法2ⅫのⅥ）。

① 剰余金の配当若しくは利益の配当又は剰余金の分配
② 法人税法第24条第1項第3号から第6号まで（配当等の額とみなす金額）に掲げる事由

　この②に係る具体的事由としては，次のものが該当する。

　イ　資本の払戻し及び解散による残余財産の分配
　ロ　自己の株式又は出資の取得（金融商品取引所の開設する市場における購入による取得等一定のものを除く。）
　ハ　出資の消却（取得した出資について行うものを除く。），出資の払戻し，社員その他法人の出資者の退社又は脱退による持分の払戻しその他株式又は出資をその発行した法人が取得することなく消滅させること。
　ニ　組織変更

現物分配については，平成22年度改正において，組織再編の一形態として位置づけられ，他の適格組織再編と同様に取り扱うこととされた。つまり，現物分配をする法人においては，その資産につき譲渡損益が生ずることになるので，適格現物分配の場合には，その損益は繰り延べられることになる。他方，非適格現物分配の場合には，その譲渡損益は実現したものとして取り扱われる。

ここで，適格現物分配とは，次のものをいうのである。

内国法人を現物分配法人とする現物分配のうち，その現物分配により資産の移転を受ける者がその現物分配の直前においてその内国法人との間に完全支配関係がある内国法人（普通法人又は協同組合等に限る。）のみであるものをいう（法2XIIのXV）。

現物分配は，外国法人に対して行うこともできるが，適格現物分配により課税が繰り延べられた資産が国外に流出すると課税の機会が失われるおそれがあるため，適格現物分配は内国法人から内国法人への資産の移転に限定されている。また，被現物分配法人が公益法人等や人格のない社団等のような制限納税義務者である場合にも，同様に課税の機会が失われるおそれがあるため，適格現物分配は普通法人又は協同組合等を被現物分配法人とするものに限定されている。

(5) 株式交換・株式移転

ここでは，株式交換・株式移転の詳細については割愛するが，国際的租税回避を防止するため，株式交換について，その行われる株式交換が特定グループ内株式交換（株式交換に伴い，特定軽課税外国親法人株式が交付される等一定の要件に該当する株式交換）である場合には，適格株式交換の範囲から除かれる（措法68の2の3③）。また，株主における譲渡損益の計算上，譲渡対価を旧株の帳簿価額とする規定等も適用しないものとされている（措法68の3③）。

Ⅷ 国際取引に関連する特別な取扱い等

国際取引に関連する税制上の措置については，上述したとおりであるが，その他の主な国外取引に関連する特別措置としては，次のものが存する。

① 海外投資等損失準備金（措法55）
② 探鉱準備金又は海外探鉱準備金（措法58）
③ 新鉱床探鉱費又は海外新鉱床探鉱費の特別控除（措法59）
④ 対外船舶運航事業を営む法人の日本船舶による収入金額の課税の特例（措法59の2）

⑤ 国際戦略総合特別区域における指定特定事業法人の課税の特例（措法60の2）
⑥ 認定研究開発事業法人等の課税の特例（措法60の3）

注(1) わが国の信託制度は，大正11年に英米法を母法に創設されたものであり，基本的な仕組みとしては他の国の信託制度と比較した場合に大きく異なるものではないといえる。特に，平成19年改正後の新信託法においては，海外における信託法の国際化も考慮したといわれている（寺本昌広『逐条解説・新しい信託法』商事法務7頁）。
(2) 信託内借入をいわゆるJ-REITの資金調達に利用するケースを紹介したものとして，土屋年彦他「J-REITの資金調達の多様化に関する若干の考察」『NBL』(2012年3月1日)。
(3) 金融法委員会「信託法に関する中間論点整理」（平成13年6月12日）。
(4) 実務上一般に知られているケイマン籍のユニット・トラストは，わが国では投資信託法上の外国投資信託として取り扱われるケースが多いように思われる。
(5) 一方で，国内投資信託については，集団投資信託に該当しないものは法人課税信託になり得る（法2ⅩⅩⅨのⅡニ）。特定投資信託（措法68の3の3）のケースがこれに当たる。
(6) 投資信託法第2条第3項の投資信託は法人課税信託とされるが（法2ⅩⅩⅨのⅡニ），このうち証券投資信託及び公募・国内投資信託は「集団投資信託」に該当するため法人課税信託には該当しない（法2ⅩⅩⅨロ）。
(7) 秋元秀仁「米国LLCと国際課税」『租税研究』（2010年6月）335頁，品川克己「タックスヘイブン対策税制」『T & A Master』（2012年3月）25頁。
(8) 信託を含む集団投資ビークルにおける条約上の取扱いについては，OECDモデル租税条約の2010年改正において，租税条約上の特典を享受し得るかという点について議論されている（川田剛・徳永匡子「OECDモデル租税条約コメンタリー2010年の主な改正点（第1回）」『国際税務』（2010年11月）。

内国法人の国際取引に係る法人税

為 替 換 算

税理士　原　一郎

I　外貨建取引の意義

　税法上,「外貨建取引」とは,外国通貨で支払が行われる資産の販売及び購入,役務の提供,金銭の貸付け及び借入れ,剰余金の配当その他の取引をいう(法61の8①)。
　すなわち,その取引に係る支払が外国通貨で行われるべきこととされている取引をいうのであるから,取引金額が外国通貨で表示されていても,その支払が本邦通貨で行われるもの(いわゆる「外貨建て円払いの取引」)は,ここでいう外貨建取引には該当しないことになる(法基通13の2-1-1)。
　なお,外貨建取引等会計処理基準では,外貨建取引とは売買価額その他取引価額が外国通貨で表示されている取引をいうこととし,国内の製造業者等が商社等を通じて輸出入取引を行う場合であっても,その輸出入取引によって商社等に生ずる為替差損益を製造業者等が負担する等のため実質的に取引価額が外国通貨で表示されている取引と同等とみられるものは,外貨建取引に該当するとしている(基準注解注1)。
　税法上は,このような外貨建て円払いの取引による取引金額の算定は,本来の意味における外貨建取引の換算の問題ではなく,取引金額を為替レートの変動にリンクされた場合の不確定な取引金額の見積計算の問題であると理

解されているが，別途，外貨建て円払いの取引の円換算額については外貨建取引の円換算額の例に準じて見積もるものとする取扱い（法基通13の2－1－2（注）6）やメーカーズリスクに関する取扱い（法基通13の2－1－11）を定めて，実質的に企業会計と税法との間に差異が生じないように配慮されている[1]。

II　外貨建取引の換算

　法人が外貨建取引を行った場合には，その外貨建取引の金額の円換算額（外国通貨で表示された金額を本邦通貨表示の金額に換算した金額）は，その外貨建取引を行った時における外国為替の売買相場により換算した金額とされている（法61の8①）。

1　取引時の円換算

　この円換算における外国為替の売買相場については，その取引日における対顧客直物電信売相場（電信売相場・TTS）と対顧客直物電信買相場（電信買相場・TTB）の仲値（TTM）によることを原則としている。ただし，継続適用を条件として，売上その他の収益又は資産については取引日の電信買相場（TTB），仕入れその他の費用（原価及び損失を含む。）又は負債については取引日の電信売相場（TTS）によることができる（法基通13の2－1－2）。

　また，継続適用を条件として，その外貨建取引の内容に応じてそれぞれ合理的と認められる次のような為替相場も使用することができる（同上通達（注2））。

　① 取引日の属する月若しくは週の前月若しくは前週の末日又は当月若しくは当週の初日の電信買相場（TTB）若しくは電信売相場（TTS），又は，これらの日における電信買相場の仲値（TTM）

　② 取引日の属する月の前月又は前週の平均相場のように1月以内の一定期間における電信売買相場の仲値（TTM），電信買相場（TTB）又は電

信売相場（TTS）の平均値

2　先物外国為替契約により発生時の外国通貨の円換算額を確定させた外貨建資産・負債の換算

　法人が先物外国為替契約により外貨建資産・負債（外貨建取引により取得し，又は，発生する資産又は負債をいい，法人税法第61条の8第2項の規定の適用を受ける資産又は負債を除く。）の取得又は発生の基因となる外貨建取引に伴って支払い，又は，受け取る外国通貨の円換算額を確定させ，かつ，その先物外国為替契約の締結の日においてその旨を帳簿書類に記載した場合には，その外貨建資産・負債については，その円換算額をもって，取引時の換算金額（法人税法第61条の8第1項の規定により換算した金額）とする旨が定められている（法令122①）。

(1)　先物外国為替契約の意義

　この「先物外国為替契約」とは，外貨建取引（法61の8①）に伴って受け取り，又は，支払う外国通貨の金額の円換算額を確定させる先物外国為替取引（法規27の7①Ⅵ）に係る契約をいう（法令122①，法規27の10①）。

(2)　帳簿書類への記載要件

　この規定の適用を受ける場合には，その先物外国為替契約の締結の日において，その先物外国為替契約の締結等に関する帳簿書類にその先物外国為替契約により外貨建取引に伴って受け取り，又は，支払う外国通貨の円換算額を確定させた旨，その外貨建資産・負債の取得又は発生の基因となる外貨建取引の種類，金額その他参考となるべき事項を記載することが要件となる（法規27の10②）。

(3)　法人税法第61条の8第2項との関係

　この規定は，たとえば，円建ての資金が必要であるが，海外で調達したドル建ての資金を円転する方法が有利である状況のため，ドル建て資金の借り入れを行うこととし，先物外国為替契約により，その外貨建負債の発生に伴って受け取るドル通貨の円換算額を確定させた場合には，その確定させた為

替レートによりその外貨建負債の発生時（取引時）の換算を行うことができるということである。

このケースでは，その先物外国為替契約によりその外貨建負債自体の返済時の円換算額を確定させたことにはならないから，法人税法第61条の8第2項の規定の適用はない。しかし，先物外国為替契約によりその外貨建負債自体の返済時の円換算額についても確定させた場合には法人税法第61条の8第2項の適用があり，その適用を受ける外貨建資産・負債については，法人税法施行令第122条の適用対象から除く旨が規定されている（法令122①）。

以上を整理すると，外貨建取引を行った場合の取引発生時の円換算額は，原則として，法人税法第61条の8第1項により，その取引発生時の為替相場（発生時レート）による換算となり，

① 先物外国為替契約により外貨建資産・負債の取得又は発生に伴って支払い，又は，受け取る外国通貨の円換算額を確定させた場合には，法人税法施行令第122条により換算し

② 先物外国為替契約等により外貨建資産・負債自体の決済によって受け取り，又は，支払う外国通貨の円換算額を確定させた場合には法人税法第61条の8第2項により，その予約レートにより換算するということである。

3　先物外国為替契約等により円換算額を確定させた外貨建資産・負債の換算

法人が先物外国為替契約等により外貨建取引（短期売買商品（法61①）又は売買目的有価証券（法61の3①Ⅰ）の取得及び譲渡を除く。）によって取得し，又は，発生する外貨建資産又は外貨建負債の円換算額を確定させた場合において，その先物外国為替契約等の締結の日においてその旨を帳簿書類に記載したときは，その外貨建資産又は外貨建負債については，その確定させた円換算額をもって，取引時の換算金額（法人税法第61条の8第1項の規定により換

算した金額）とする旨が定められている（法61の8②）。

(1) 先物外国為替契約等の意義

この「先物外国為替契約等」とは，外貨建資産又は外貨建負債の決済によって受け取り若しくは支払う外国通貨の円換算額を確定させる先物外国為替取引に係る契約又は当事者が元本及び利息として定めた外国通貨の金額について当事者間で取り決めた外国為替の売買相場に基づき金銭の支払いを相互に約するスワップ取引の契約で，次のいずれかの要件を満たすものである（法規27の11①）。

① スワップ取引の契約の締結に伴って支払い，または，受け取ることとなる外貨元本額の円換算額が満了時円換算額（期間の満了に伴って受け取り，または，支払うこととなる外貨元本額の円換算額）と同額となっていること（直先フラット型の通貨スワップ取引）。

② スワップ取引の契約満了時円換算額が，その期間の満了の日を外国為替の売買の日とする先物外国為替契約に係る外国為替の売買相場により外貨元本額を円換算額に換算した金額に相当する金額となっていること（為替予約型の通貨スワップ取引）。

(2) 帳簿書類への記載要件

この規定の適用を受ける場合には，その先物外国為替契約等の締結の日において，外貨建資産若しくは外貨建負債の取得若しくは発生に関する帳簿書類に先物外国為替契約等により外貨建資産又は外貨建負債の円換算額を確定された旨，先物外国為替契約等の契約金額，締結の日，履行の日その他参考となるべき事項を記載し，または，先物外国為替契約等の締結等に関する帳簿書類にその旨，その外貨建取引の種類，金額その他参考となるべき事項を記載することが要件となる（法規27の11②）。

4　外貨建資産等の評価換えをした場合のみなし取得による換算

法人がその有する外貨建資産等（法61の9①）について，法人税法第25条第2項（資産の評価益の益金不算入等）に規定する評価換え，法人税法第33条

第2項若しくは第3項（資産の評価損の損金不算入等）の規定の適用を受ける評価換え，民事再生法等評価換え（法令119の3②）又は時価評価（法令119の3③）若しくは非適格株式交換等時価評価（法令119の3④）をした場合には，その外貨建資産等の取得又は発生の基因となった外貨建取引は，その評価換え等に係る評価の時（民事再生等評価換えの場合には，法人税法第25条第3項又は法人税法第33条第4項に規定する事実が生じた時）に行ったものとみなして円換算をすることとされている。ただし，この外貨建資産等には，為替リスクがヘッジされている次の資産又は負債は含まれない（法令122の2）。

① 先物外国為替契約等により円換算額を確定させた外貨建取引の換算（法61の8②）の適用を受けた資産又は負債
② 繰延ヘッジ処理による利益額又は損失額の繰延べ（法61の6①）の適用を受けている資産又は負債
③ 時価ヘッジ処理による評価益又は評価損の計上（法61の7①）の適用を受けている売買目的外有価証券

5　先物外国為替契約等がある場合の収益，費用の換算等

　外貨建取引に係わる売上その他の収益又は仕入れその他の費用について円換算を行う場合において，その計上を行うべき日までにその収益又は費用の額に係る本邦通貨の額を先物外国為替契約等（法61の8②）により確定させているときは，上記1の法人税基本通達13の2－1－2にかかわらず，その確定させている本邦通貨の額をもってその円換算額とすることができる。

　なお，この取扱いは，その先物外国為替契約の締結の日において，帳簿書類に所定の記載事項（法規27の11②）に準ずる事項の記載があるときに限られる。また，その確定しているかどうかの判定は，原則として，個々の取引ごとに行うのであるが，包括的に先物外国為替契約等を締結している場合であっても，外貨建取引の決済約定の状況等に応じ，その予約額の全部又は一部を個々の取引に比例配分するなど合理的に振り当てているときは，これを認めることとされている（法基通13の2－1－4）。

先物外国為替契約等がある場合の外貨建資産・負債の換算については上記2の法人税法施行令第122条，上記3の法人税法第61条の8第2項の法令の規定による定めがあるが，これらの資産・負債と裏腹の関係にある売上その他の収益又は仕入れその他の費用について先物外国為替契約等がある場合の発生時の換算について定めた取扱いがこの通達である。外貨建取引等会計処理基準が，外貨建取引の発生時の処理について，金融商品会計基準のヘッジ会計の要件を満たしている場合にはヘッジ会計を適用できるとしているところから（基準1），税務上も同様の円換算を認めたものである。なお，この取扱いに関連して，次のような留意事項が定められている（法基通13の2-1-4（注）1，2）。

① この取扱いの適用を受けた外貨建取引に係る外貨建資産等の決済時の円換算額を確定させたものを有する場合には，その外貨建資産等に係る為替予約差額の配分（法61の10①～③）を要する。この場合，その予約差額に相当する金額の計上は，課税上弊害がない限り，為替差損益の調整勘定として処理することができる（すなわち，売上，仕入れ等の勘定科目の訂正を行うのではないということである。）。

② 繰延ヘッジ処理（法61の6）又は時価ヘッジ処理（法61の7）を行う場合には，上記3の(2)の帳簿書類の記載（法規27の11②）を行うのではなく，繰延ヘッジ処理の記載（法規27の8②）又は時価ヘッジ処理の記載（法規27の9②）を行うことになる。

6　適格合併等により先物外国為替契約等が移転した場合の外貨建取引の換算の引継ぎ

　適格合併等（適格合併，適格分割又は適格現物出資をいう（法61の6③）。）により被合併法人等（被合併法人，分割法人又は現物出資法人をいう（法61の6③）。）から先物外国為替契約等が移転した場合の換算については，次のように措置されている。

(1) 外貨建取引によって取得又は発生する資産又は負債の換算の引継ぎ

適格合併等により被合併法人等から外貨建取引によって取得し，または，発生する資産又は負債の金額の円換算額を確定させるために当該被合併法人等が行った先物外国為替契約等の移転を受け，かつ，その適格合併等によりその外貨建取引（その先物外国為替契約等により円換算額を確定させようとする資産又は負債の取得又は発生の基因となるもの）を行うこととなった場合には，その移転を受けた法人（合併法人等）がその資産又は負債の円換算額を確定させるためにその先物外国為替契約等を締結していたものとみなされる（法61の8③）。つまり，その換算は，その確定させた円換算額により行うことになる。

(2) 外貨建取引に伴い支払い，または，受け取る外国通貨の換算の引継ぎ

適格合併等により被合併法人等から外貨建資産・負債の取得又は発生の基因となる外貨建取引に伴って支払い，または，受け取る外国通貨の金額の円換算額を確定するために当該被合併法人等が行った先物外国為替契約（法令122①）の移転を受け，かつ，その適格合併等により，その外貨建取引を行うこととなった場合には，上記(1)と同様に，その移転を受けた法人がその外国通貨の円換算額を確定させるためにその先物外国為替契約を締結していたものとみなされる（法令122②）。

7　製造業者が負担する為替損失相当額等

製造業者等が商社等を通じて行った輸出入等の取引に関して生ずる為替差損益の全部又は一部を製造業者等に負担させ又は帰属させる契約を締結している場合（いわゆるメーカーズリスクの転嫁）には，次のように取り扱われる（法基通13の2−1−11）。

① 商社等については，外貨建債権債務について期末時換算法を選定している場合（発生時換算法を選定している外貨建債権債務につき外国為替の売買相場が著しく変動した場合の期末時換算（法令122の3）の適用を受けた場合を含む。）において，当該契約に係る外貨建債権債務につき当該事業年

度終了の時に決済が行われたものと仮定した場合に製造業者等に負担させ又は帰属させることとなる金額（当該外貨建債権債務に係る換算差額又は為替予約差額の期間配分額（法61の10①～③）のうち，負担させ又は帰属させることとなる金額に限る。）を当該事業年度の益金又は損金に算入し，実質的に商社等においてはその分の換算損益は計上されないようにする。

② 相手方の製造業者等については，すべての商社等に対する当該契約に係る金銭債権及び金銭債務につき当該事業年度終了の時に決済が行われたものと仮定した場合に負担し，または，帰属することとなる金額（当該金銭債権及び金銭債務につき外貨建債権債務を自ら有するとした場合にこれに係る換算差額又は為替予約差額の期間配分額のうち，負担し，または，帰属することとなる金額に限る。）を当該事業年度の益金又は損金に算入しているときは，継続適用を条件として，これを認めることとする。すなわち，実質的に負担し又は帰属する製造業者等において計上することを認めるのである。

Ⅲ　外貨建資産等の期末換算

　法人が事業年度終了の時において外貨建資産等を有する場合には，その時におけるその外貨建資産等の円換算額は，外貨建資産等の種類の区分に応じて定められた方法により換算することとされている（法61の9①）。

1　外貨建資産等の意義

　「外貨建資産等」とは，外貨建債権及び外貨建債務，外貨建有価証券，外貨預金並びに外国通貨をいう（法61の9①）。

(1)　外貨建債権及び外貨建債務

　「外貨建債権」とは，外国通貨で支払を受けるべきこととされている金銭債権をいい，「外貨建債務」とは，外国通貨で支払を行うべきこととされている金銭債務をいう。

(2) 外貨建有価証券

「外貨建有価証券」とは，その償還が外国通貨で行われる債券，残余財産の分配が外国通貨で行われる株式及びこれらに準ずる有価証券をいう（法61の9①Ⅱ，法規27の12）。

(3) 前渡金，未収収益等の取扱い

まず，外貨建取引に関して支払った前渡金又は収受した前受金で資産の売買代金に充てられるものについては，外貨建債権債務に含まれない。これらは，すでに本邦通貨を支払いあるいは受け取って，その円建ての金額は確定しており，それを将来資産勘定又は売上勘定に振り替えれば足りるのであって，これから外国通貨を支払い，あるいは，受け取るものではないからである。

これに対して，外貨建取引に係る未収収益又は未払費用は，外貨建債権債務に該当するものとして取り扱われる。これらは，いずれも法人が一定の契約に基づき継続的に行う役務の授受に伴って発生する収益又は費用につき計算期間の経過に伴って発生する収益又は費用につき計算期間の経過に応じて各期に収益又は費用を配分するために設けられた経過勘定であり，期日が到来した時点で外貨建金銭債権又は外貨建金銭債務となり，その決済期日には外国通貨の授受があるからである（法基通13の2-2-1）[2]。

2 期末換算の方法

具体的には，次のように，期末換算を行うこととしている（法61の9①）。

① 外貨建債権及び外貨建債務……発生時換算法又は期末時換算法
② 外貨建有価証券……次の区分に応じそれぞれに掲げる方法
　イ 売買目的有価証券（法61の3①Ⅰ）……期末時換算法
　ロ 売買目的外有価証券（法61の3①Ⅱ）で，償還期限及び償還金額の定めのあるもの……発生時換算法又は期末時換算法
　ハ イ及びロ以外の有価証券……発生時換算法
③ 外貨預金……発生時換算法又は期末時換算法

④ 外国通貨……期末時換算法

(1) 発生時換算法

「発生時換算法」とは，期末時において有する外貨建資産等について，その取得又は発生の基因となった外貨建取引の金額の円換算に用いた外国為替の売買相場により換算した金額（その取得又は発生の基因となった外貨建取引の金額の円換算に当たって，先物外国為替契約等により円換算額を確定させたものについては，その確定させた円換算額）をもって期末時の円換算額とする方法をいう（法61の9①Ⅰイ）。

すなわち，外貨建資産等の取得又は発生時の円換算額を据置き，期末において円換算のやり直しは行わないということである。

(2) 期末時換算法

期末時換算法とは，期末時において有する外貨建資産等について，その期末時の外国為替の売買相場により換算した金額（その取得又は発生の基因となった外貨建取引の金額の円換算に当たって，先物外国為替契約等により円換算額を確定させたものについては，その確定させた円換算額）をもって期末時における円換算額とする方法をいう（法61の9①Ⅰロ）。

この方法により換算した金額と，その外貨建資産等のその時の帳簿価額との差額相当額（為替換算差額）は，益金算入又は損金算入されるが（法61の9②），翌期に損金又は益金に戻入れし（法令122の8①），洗替処理される。

① 期末時の為替相場

期末時換算法により円換算を行う場合の為替相場は，原則的には，期末時（事業年度終了の日）の電信売買相場の仲値によることとされるが，継続適用を条件として，外国通貨の種類の異なるごとに当該外国通貨に係る外貨建資産等のすべてについて，外貨建ての資産については電信買相場により，外貨建ての負債については電信売相場によることもできる（法基通13の2－2－5）。

なお，期末時の電信売買相場の仲値，電信買相場又は電信売相場は，継続適用を条件として，期末時を含む1月以内の一定期間におけるそれぞれの平均値によることができるし，また，期末時の電信買相場又は電信売相場が異

常に高騰し，又は，下落して，期末時の相場やその仲値によることが適当でないと認められる場合も，上述の一定期間の平均値を使用することができる（同上通達（注1，2））。

② 換算差額を純資産の部に計上している場合

期末時に有する外貨建ての売買目的外有価証券について，期末時における為替相場により換算した金額をもって期末時における円換算額とする場合においても，その換算によって生じた換算差額の金額の全額を洗替方式により純資産の部に計上しているときは，その換算の方法は，発生時換算法として取り扱われる（法基通13の2-2-4）。

要するに，全部純資産直入法を採用した場合には，為替換算差額が損益として計上されず，税務上の発生時換算法を採った場合と同様となるところから，文理解釈上疑義がないわけではないが，課税上の弊害もないことや洗替方式により処理されることも勘案して，税務上，発生時換算法として取り扱っても差し支えないと考えたものである[3]。

> (注) なお，これに関連して，次のような取扱いが明らかにされている（同上通達（注））。
> イ 受取配当等の益金不算入の負債利子控除の計算における総資産の帳簿価額及び株式等の帳簿価額（法令22①Ⅰ，Ⅱ）は，期末時の換算前の金額となる。
> ロ 純資産の部に計上した換算差額相当額は，税務上の資本金等の額のうち資本金又は出資金以外の金額（法2ⅩⅥ）及び利益積立金額（法2ⅩⅧ）のいずれにも該当しない。
> ハ 税効果会計を採用している場合には，換算差額の全額が純資産の部に計上されるのではなく，一部だけが繰延税金資産又は繰延税金負債として計上されるときにおいても，法人税法基本通達13の2-2-4が適用される。

3 換算方法の選定及び変更

外貨建資産等の期末換算について，発生時換算法又は期末時換算法のいずれかを選択できるものは，そのいずれの換算方法によることとするのかを選定しなければならない。すなわち，外国通貨の種類ごとに，かつ，次に掲げ

る外貨建資産等の区分ごとに選定することになるが，2以上の事業所を有する場合には，事業所ごとに選定することができる（法令122の4）。
　① 短期外貨建債権（決済により外国通貨を受け取る期限が当該事業年度終了の日の翌日から1年を経過した日の前日までに到来する外貨建債権）及び短期外貨建債務（決済により外国通貨を支払う期限が当該事業年度終了の日の翌日から1年を経過した日の前日までに到来する外貨建債務）
　② 外貨建債権のうち短期外貨建債権以外のもの（長期外貨建債権）及び外貨建債務のうち短期外貨建債務以外のもの（長期外貨建債務）
　③ 売買目的外有価証券で償還期限及び償還金額の定めのあるもの（法61の9①Ⅱロ）のうち，満期保有目的等有価証券（法令119の2②Ⅰ）に該当するもの
　④ 売買目的外有価証券で償還期限及び償還金額の定めのあるもののうち，上記③以外のもの
　⑤ 外貨預金のうちその満期日が当該事業年度終了の日の翌日から1年を経過した日の前日までに到来するもの
　⑥ 外貨預金のうち上記⑤以外のもの

(1) 選定の手続

　法人は，外貨建資産等の取得（適格合併又は適格分割型分割による被合併法人又は分割法人からの引継ぎを含む。）をした場合には，その取得をした日の属する事業年度に係る確定申告書の提出期限（仮決算による中間申告書を提出する場合には，その中間申告書の提出期限）までに，そのよるべき方法を書面により納税地の所轄税務署長に届け出なければならない（法令122の5）。その届出を行わなかった場合（換算の方法を選定しなかった場合）には，次のようなそれぞれの法定換算方法により換算することになる（法令122の7）。
　① 短期外貨建債権，短期外貨建債務及び短期外貨預金……期末時換算法
　② その他の外貨建資産等……発生時換算法
　なお，その取得をした日の属する事業年度前の事業年度において，その外貨建資産等と外国通貨の種類及び区分を同じくする外貨建資産等につき届出

をすべき場合には，すでに届出をした方法（届出をしなかった場合には，法定換算方法）を継続適用することになるので，この届出は不要である（法令122の5ただし書）。

(2) 変更の手続

外貨建資産等につき選定した方法（届出をしなかったため，よるべきこととされている法定換算方法を含む。）を変更しようとするときは，納税地の所轄税務署長の承認を受けることが必要であり，変更の承認を受けようとする場合には，新たな換算の方法を採用しようとする事業年度開始の日の前日までに，所定の事項を記載した申請書を所轄税務署長に提出しなければならない。

なお，その事業年度終了の日（中間申告書を提出すべき法人については，当該事業年度開始の日以後6月を経過した日の前日）までに承認又は却下の処分がなかったときは，その日において承認があったものとみなされる（法令122の6）。

4 適格合併等により移転する外貨建資産等に係る為替換算差額

(1) 外貨建資産等を移転する法人の換算

法人が適格分割等（適格分割，適格現物出資又は適格現物分配（適格現物分配にあっては，残余財産の全部の分配を除く。）をいう。）により分割承継法人，被現物出資法人又は被現物分配法人に外貨建資産等（その適格分割等の日の前日を事業年度終了の日とした場合に期末時換算法により円換算額への換算をすることとなるものに限る。）を移転する場合には，その適格分割等の日の前日を事業年度終了の日とした場合に計算されるその外貨建資産等に係る為替換算差額に相当する金額は，その適格分割等の日の属する事業年度の所得の金額の計算上，益金算入又は損金算入され（法61の9③），移転する外貨建資産等の適格分割等の直前の帳簿価額は，その分割法人等において計算される為替換算後の金額とされる（法令122の8②）。

要するに，これは期中換算差損益の計上を行うということである。適格合併や残余財産の全部の分配である適格現物分配については，被合併法人の最

後事業年度や清算法人の残余財産確定年度の期末換算を行う（法61の9②）。

(2) 外貨建資産等の移転を受けた法人の洗替処理

　法人が適格合併，適格現物分配（残余財産の全部の分配に限る。）又は適格分割等により外貨建資産等の移転を受けたときは，その適格合併に係る被合併法人の最後事業年度（法62②），その適格現物分配に係る現物分配法人の残余財産の確定の日の属する事業年度又はその適格分割等に係る分割法人，現物出資法人若しくは現物分配法人のその適格分割等の日の属する事業年度において，その移転を受けた外貨建資産等につき為替換算差額の益金算入又は損金算入された金額（法61の9②③）に相当する金額は，その移転を受けた法人（合併法人等）のその適格合併の日の属する事業年度，残余財産の確定の日の翌日の属する事業年度又はその適格分割等の日の属する事業年度の所得の金額の計算上，損金算入又は益金算入（洗替処理）され（法令122の8③），移転を受けた外貨建資産等の移転を受けた時における帳簿価額は，その被合併法人等又は分割法人等において為替換算を行った後の帳簿価額から洗替処理による損金算入額に相当する金額を減算し，又は，為替換算を行った後の帳簿価額に洗替処理による益金算入額に相当する金額を加算した金額とされている（法令122の8⑤）。

5　外国為替の売買相場が著しく変動した場合の外貨建資産等の期末時換算

　法人が事業年度終了の時において有する外貨建資産等につき，当該事業年度において，その外貨建資産等に係る外国為替の売買相場が著しく変動した場合には，その外貨建資産等と通貨の種類を同じくする外貨建資産等のうち外国為替の売買相場が著しく変動したもののすべてにつき，これらの取得又は発生の基因となった外貨建取引を当該事業年度終了の時において行ったものとみなして，法人税法第61条の8第1項（外貨建取引の換算）及び第61条の9第1項（外貨建資産等の期末換算）の規定を適用することとし（法61の9④，法令122の3①），期末の為替相場による換算のやり直しを認めている。

そして，その外貨建資産等の取得又は発生の基因となった外貨建取引は期末に行ったものとみなしての換算であるから，洗替処理は必要なく，いわゆる「切放し」である。

(1) **対象となる外貨建資産等**

この期末時換算の対象となる外貨建資産等について，法人税法施行令第122条の3第1項では，当該事業年度において評価換えをした場合のみなし取得による換算（法令122の2）の規定を適用したもの及び企業支配株式等（法令119の2②Ⅱ）に該当するものを除く旨を定めているが，先物外国為替契約等が締結されているもの及びヘッジ処理が適用されているものも除かれる（法令122の2）。

(2) **為替相場の著しい変動があった場合**

個々の外貨建資産等につき次の算式により計算した割合がおおむね15％に相当する割合以上となるものがあるときは，その外貨建資産等は，為替相場の著しい変動があった場合に該当するものとして，この期末時換算を行うことができる（法基通13の2-2-10）。

$$\frac{\text{当該事業年度終了の日の為替相場により換算した本邦通貨の額} - \text{当該事業年度終了の日における換算前の帳簿価額}}{\text{当該事業年度終了の日の為替相場により換算した本邦通貨の額}}$$

なお，多数の外貨建資産等を有するため，個々の外貨建資産等ごとに計算が困難である場合には，外国通貨の種類を同じくする外貨建債権，外貨建債務，外貨建有価証券，外貨預金又は外国通貨のそれぞれの合計額を基礎として計算を行うことができる（上記通達（注）2）。

他方，外国通貨の種類を同じくする外貨建資産等につき上記の算式により計算した割合がおおむね15％に相当する割合以上となるものが2以上ある場合には，その一部についてのみこの期末換算を行うことはできない（上記通達（注）3）。

(3) **適格分割等により外貨建資産等を移転する場合**

この期末時換算の規定（法令122の3①）は，法人が適格分割等（適格分割,

適格現物出資又は適格現物分配(適格現物分配にあっては,残余財産の全部の分配を除く。)をいう。)により分割承継法人,被現物出資法人又は被現物分配法人に移転する外貨建資産等につき,その事業年度開始の日からその適格分割等の直前の時までの間において,その外貨建資産等に係る外国為替の売買相場が著しく変動した場合について準用される(法令122の3②)。すなわち,その外貨建資産等の取得又は発生の基因となった外貨建取引をその適格分割等の直前の時において行ったものとみなして,期中換算をすることができる。

Ⅳ 為替予約差額の配分

　法人が事業年度終了の時において有する外貨建資産等(売買目的有価証券を除く。)について,その取得又は発生の基因となった外貨建取引の金額の円換算に当たって法第61条の8第2項(先物外国為替契約等により円換算額を確定させた外貨建取引の換算)の規定の適用を受けたときは,その先物外国為替契約等の締結の日(その日が外貨建資産等の取得又は発生の基因となった外貨建取引を行った日前である場合には,外貨建取引を行った日)の属する事業年度から外貨建資産等の決済による本邦通貨の受取又は支払をする日の属する事業年度までの各事業年度に「為替予約差額」を配分し,その各事業年度において益金算入又は損金算入することとしている(法61の10①)。
　その「為替予約差額」とは,外貨建資産等の金額を先物外国為替契約等により確定させた円換算額と,外貨建資産等の金額を当該外貨建資産等の取引を行った時の外国為替の売買相場により換算した金額との差額をいう(法61の10①)。

1　配分金額の計算

　各事業年度に配分すべき金額(為替予約差額配分額)の計算及び配分すべき事業年度は,要約すると次のとおりである(法令122の9①)。

(1) **外貨建資産等の取得又は発生の基因となった外貨建取引を行った時以後に先物外国為替契約等を締結した場合**

　この取引以後の予約の場合には，直々差額の予約時一括計上と，直先差額の期間配分の2つの計算になる。

　① 為替予約差額のうち，その外貨建資産等の金額につき取引時為替相場により換算した円換算額と先物外国為替契約等の締結時為替相場により換算した円換算額との差額（直々差額）に相当する金額は，その先物外国為替契約等の締結の日の属する事業年度において一括して益金算入又は損金算入される。

　② 為替予約差額のうち，その外貨建資産等の金額につき締結時為替相場により換算した円換算額と先物外国為替契約時により確定させた円換算額との差額（直先差額）については，その先物外国為替契約等の締結の日の属する事業年度から外貨建資産等の決済日の属する事業年度までの各事業年度に配分されるので，その各事業年度においては次の金額に相当する金額が益金算入又は損金算入される。

$$直先差額 \times \frac{当該事業年度の日数（先物外国為替契約等の締結日の属する事業年度の場合には，締結日から期末までの日数）}{先物外国為替契約等の締結日から外貨建資産等の決済日までの期間の日数} = 各事業年度に対する配分金額 \begin{Bmatrix} 外貨建資産等の決済日の属する事業年度の場合には，未配分となっている直先差額の残額 \end{Bmatrix}$$

(2) **その外貨建取引に係る先物外国為替契約等を締結した後に外貨建取引を行った場合**

　この取引前の予約の場合には，直先差額の期間配分だけである。すなわち，その外貨建資産等の金額につき取引時為替相場により換算した円換算額と先物外国為替契約等により確定させた円換算額との差額（直先差額）については，その外貨建取引を行った日の属する事業年度から外貨建資産等の決済日

の属する事業年度までの各事業年度に配分されるので，その各事業年度においては，次の金額に相当する金額が益金算入又は損金算入される。

$$直先差額 \times \frac{当該事業年度の日数（外貨建取引を行った日の属する事業年度の場合には，取引を行った日から期末までの日数）}{外貨建取引を行った日から外貨建資産等の決済日までの期間の日数} = 各事業年度に対する配分金額 \begin{bmatrix} 外貨建資産等の決済日の属する事業年度の場合には，未配分となっている直先差額の残額 \end{bmatrix}$$

なお，上述の直先差額の期間配分については，原則的には日数按分となっているが（法令122の9①），日数按分に代えて月数按分とすることもできる。その場合には，月数は暦に従って計算し，1月に満たない端数は，これを1月とする（法令122の9③）。

(3) 為替予約差額の一括計上

外貨建資産等が短期外貨建資産等である場合には，為替予約差額について期間配分をせず，当該事業年度において一括計上（全額を益金算入又は損金算入）することができる。「短期外貨建資産等」とは，外貨建資産等のうち，その決済による本邦通貨の受取又は支払の期限が当該事業年度終了の日（適格分割等により分割承継法人等に移転するものである場合には，当該適格分割等の日の前日）の翌日から1年を経過した日の前日までに到来するものをいう（法61の10③）。

なお，為替予約差額の期間配分を行った外貨建資産等については，その途中において短期外貨建資産等に該当することとなった場合でも，引き続き期間配分を行うこととし，未配分の残額の一括計上はできない（法令122の9②）。

この為替予約差額を一括計上する方法は，外国通貨の種類を異にする短期外貨建資産等ごとに選定することができるが（法令122の10①），その選定をしようとする場合には，選定をしようとする事業年度の確定申告書の提出期

限(仮決算による中間申告をする場合には,その中間申告書の提出期限)までに,納税地の所轄税務署長に対し届出を行う必要がある(同条②)。また,選定した方法を変更しようとする場合には,外貨建資産等の期末換算の方法の変更の手続(法令122の6②~⑤)と同様の手続が必要である(法令122の11)。

2 適格組織再編成が行われた場合の為替予約差額の配分
(1) 適格分割等を行った分割法人等の配分計算

適格分割等(適格分割又は適格現物出資をいう。)により法第61条の8第2項の適用を受けた外貨建資産等及び先物外国為替契約等を分割承継法人等(分割承継法人又は被現物出資法人をいう。)に移転した場合には,分割法人又は現物出資法人は,その事業年度開始の日から当該適格分割等の日の前日までの期間を一事業年度とみなして,移転した外貨建資産等に係る為替予約差額の配分計算を行う(法61の10②)。

(2) 適格分割等により分割承継法人等に移転する外貨建資産等についての短期外貨建資産等の判定

適格分割等により分割承継法人等に移転する外貨建資産等については,その外貨建資産等の決済による本邦通貨の受取又は支払の期限が当該適格分割等の日から1年を経過した日の前日までに到来するものが短期外貨建資産等になる(法61の10③)。

(3) 適格合併等における配分計算の引継ぎ

適格合併等(適格合併,適格分割又は適格現物出資をいう。)により被合併法人等(被合併法人,分割法人又は現物出資法人をいう。)から法第61条の8第2項の適用を受けた外貨建資産等及び先物外国為替契約等の移転を受けた場合には,合併法人等(合併法人,分割承継法人又は被現物出資法人をいう。)は,当該適格合併等の日の属する事業年度以後の各事業年度においてその外貨建資産等に係る為替予約差額の配分計算を行うことになる(法61の10④)。

この場合,適格合併等により被合併法人等から移転を受けた事業年度については,当該適格合併等の日から当該事業年度終了の日までの期間に対応す

る金額を配分する（法令122の9①）。

3 契約解除等があった場合の取扱い

(1) 2以上の先物外国為替契約等を締結している場合の契約締結日の特例

　法人が当該事業年度において外貨建資産等につき2以上の先物外国為替契約等を締結した場合において，それぞれの締結した日の属する月が異なるときは，その2以上の先物外国為替契約等のすべてが，当該事業年度開始の日以後6月（当該事業年度の月数が12月に満たない場合には，6に当該事業年度の月数を乗じてこれを12で除して計算した月数）を経過した日において締結したものとして為替予約差額の配分計算を行うことができるものとされている（法基通13の2-2-8）。

　つまり，一括して期央に締結したものとして計算するということである。

(2) 先物外国為替契約等の解約等があった場合の取扱い

　先物外国為替契約等により外貨建資産等の円換算額を確定させ，その為替予約差額の期間配分を行っている途中の期において，その先物外国為替契約等の解約（解除を含む。）があった場合には，その解約があった日の属する事業年度の所得の金額の計算上，当該外貨建資産等に係る為替予約差額について解約事業年度開始の日から当該先物外国為替契約等の解約の日までの期間に対応する金額を益金算入又は損金算入することとされている（法基通13の2-2-16）。

　つまり，先物外国為替契約等の解約までの期間については為替予約差額の期間配分を行うということ，具体的には，過年度の配分額はそのまま有効にして修正処理は行わないということである。

(3) 外貨建資産等に係る契約の解除があった場合の調整

　先物外国為替契約等により円換算額を確定させた外貨建資産の取得又は発生に係る契約につき解除があった場合（再売買と認められる場合を除く。）には，その解除があった日の属する事業年度の所得の金額の計算上，当該契約解除事業年度の前事業年度までの間に当該外貨建資産等につき益金算入又は損金

算入された為替予約差額の期間配分額の合計額を一括して損金算入又は益金算入することとされている。(法基通13の2-2-17)。

つまり，過年度の期間配分額について修正処理を行うということであり，(2)の先物外国為替契約等の解約等があった場合の取扱いとは異なるので注意を要する。

(4) 外貨建資産等の支払の日等につき繰延べ等があった場合の取扱い

為替予約差額の期間配分の対象とした外貨建資産等に係る債権債務の支払の日又は当該外貨建資産等に係る先物外国為替契約等の履行の日につき繰延べ（繰上げを含む。）が行われた場合においても，当該外貨建資産等につき円換算額が確定しているときは，過年度における期間配分額については修正しないで，その為替予約差額の未配分残額（その繰延べ等に伴い，その外貨建資産等に係る先物外国為替契約等の内容が変更されたことにより，その円換算額に異動が生じたときは，異動後の円換算額に基づく再計算後の残額とする。）を当該繰延事業年度開始の日から当該外貨建資産等に係る債権債務の繰延べ等後の支払の日までの期間に応じて期間配分することとされている（法基通13の2-2-18）。

この取扱いは，外貨建資産等に係る債権債務の支払の日又は先物外国為替契約等の履行の日につき繰延べ等が行われても，当該外貨建資産等の円換算額が確定していることが前提であるから，確定しないこととなった場合には，先物外国為替契約等の解約等があった場合の取扱い（法基通13の2-2-16）によることになる（法基通13の2-2-18（注）3）。

V 海外支店等の資産等の換算の特例

法人が国外に支店等を有する場合において，その支店等の外国通貨で表示されている財務諸表を本店の財務諸表に合算する場合における円換算額については，当該支店等の財務諸表項目のすべてについて，当該事業年度終了の時の為替相場による円換算額を付すことができるものとされている（法基通13の2-1-8）。

そして，この円換算に当たっては，継続適用を条件として，収益及び費用（前受金等の収益性負債の収益化額及び前払金等の費用性資産の費用化額を除く。）の換算につき，取引日の属する月若しくは半期又は当該事業年度の一定期間内における電信売買相場の仲値，電信買相場又は電信売相場の平均値も使用することができる。この場合，当該国外支店等に係る当期利益の額又は当期損失の額の円換算額は当該国外支店等に係る貸借対照表に計上されている金額の円換算額となる（同上通達（注））。

　これは，外貨建取引等会計処理基準における在外資産の財務諸表項目の換算の方法（処理基準二）を税務上も認めることとしたものである[4]。

注(1)　森文人編著「法人税基本通達逐条解説（六訂版）」1230頁
　(2)　前掲「法人税法基本通達逐条解説」1248頁
　(3)　前掲「法人税法基本通達逐条解説」1251頁
　(4)　前掲「法人税法基本通達逐条解説」1242頁

内国法人の国際取引に係る法人税

外国税額控除

桜美林大学教授　野田　秀三

はじめに

　内国法人が海外に支店あるいは海外子会社を設立し事業活動をしている場合には，国外の源泉地国で得られた所得にたいして源泉地国で課税され納税義務が生ずる。一方では，内国法人の居住地国の課税所得は，国内の所得に限らず国外で得られた所得も課税対象としていることから，居住地国にある内国法人の課税所得は，国内所得と国外所得が合算されたものとなり，国外の源泉地国で納付する税額については，国際的な所得の二重課税の問題が生ずる。この二重課税を排除する方法には，国外所得免除方式と外国税額控除方式があり，わが国では外国税額控除方式を原則として採用している。なお，現在わが国は平成21年度税制改正により外国子会社等からの受取配当は益金不算入となり間接税額控除制度が廃止された。
　現在のわが国の法人の国際的な取引に係る二重課税を排除する方法は，外国税額控除方式と部分的な国外所得免除方式となっている。ここでは，外国税額控除方式を中心に検討していく。
　外国税額控除制度は，昭和28年（1953）に導入された制度である。当初はわが国の法人の海外投資を促進するうえで租税上阻害とならないようにする方策の一つであったが，最近では，海外に資本の移転が進み，外国税額控

除制度の対象範囲が広がり課税上の問題も生ずるようになった。

ここでは，外国法人税の範囲，外国税額控除制度の仕組み，その制度を概観し，外国税額控除制度に内在する諸問題を検討することにする。

I 外国税額控除制度の仕組み

1 二重課税の排除方式

内国法人が国際的な取引で海外に支店を設置している場合あるいは海外子会社を設立している場合に，海外の源泉地国での所得には源泉地国で課税され，又，居住国にある内国法人においては，国外及び国内の全世界の所得を内国法人の課税所得の課税標準として課税されることになる。ここに，海外の源泉地国での課税所得に対する税額と内国法人の課税所得に対する税額の間には，二重課税の問題が生ずることになる。

国際的な二重課税に対処するために，経済協力開発機構（以下，「OECD」という。）では，加盟国に対して，二国間に存在する二重課税の問題を解決するために，二国間で租税条約を結ぶにあたりモデル租税条約を提示し，このモデル租税条約を尊重することを求めている。

そのため OECD では，「所得と財産に対する租税についてのモデル条約（以下，「OECD モデル租税条約」という。）」及び「モデル条約の規定に関するコメンタリー（以下，「コメンタリー」という。）」で，加盟国間の租税条約を定めるためのモデル租税条約とその解釈を示している。

OECD モデル租税条約では，第 5 章第 23 条 A 及び第 23 条 B で二重課税排除の方法について，免除方式（第 23 条 A）と税額控除方式（第 23 条 B）を提示している。

(1) 免除方式（第 23 条 A）

免除方式は，国外所得免除方式ともいわれている方式である。この免除方式では，一方の締結国の居住者がこの条約の規定に従って他方の締結国において租税を課される所得を取得し又は財産を所有する場合には，当該一方の

締結国は，当該所得又は財産について租税を免除する方式である（第1項）。

なお，この免除方式では，利子及び配当については，双方で課税される場合に，源泉地国で課税された税額を限度において居住国で税額を控除することができる（第2項）。

一方の締約国の居住者が取得する所得又は所有する財産についてこの条約の規定に従って当該一方の締約国において租税が免除される場合には，その免除された税額について考慮することができる（第3項）。

免除方式には，完全免除方式と累進免除方式がある。

・完全免除方式（恒久的施設又は所得の源泉地ないしは財産所在地において租税を課される所得は，居住地国において，何ら考慮されない方式）

・累進免除方式（恒久的施設又は所得の源泉地ないしは財産所在地において租税を課される所得は，居住地国において租税を課されないが，居住地国で所得の残りの部分に対する租税を算定するときに当該所得を考慮に入れる権利を留保する方式）

(2) 税額控除方式（第23条B）

税額控除方式は，外国税額控除方式であり，一方の締約国の居住者がこの条約の規定に従って他方の締約国において租税が課せられる所得を取得し又は財産を所有する場合には，当該一方の締約国は，当該他方の締約国の所得又は財産に対して課せられた税額を当該一方の締約国の当該所得又は財産に対して課せられた租税の額から控除する（第1項）。ただし，控除できる税額は，課せられた税額を超えないものとされる。

ここでは，適用をうける法人の税額控除方式，すなわち外国税額控除方式を中心に明らかにしていくこととする。

2 外国法人税の範囲

外国法人税とは，外国の法令に基づき外国又はその地方公共団体により法人の所得を課税標準として課される税である（法法69①，法令141①）。

外国又はその地方公共団体により課される外国法人税で外国税額控除に係る税には，次のものが含まれる（法令141②）。
(1) 超過利潤税その他法人の所得の特定の部分を課税標準として課される税
（現在は，インド，ブラジル等で適用）
(2) 法人の所得又はその特定部分を課税標準として課税される税の附加税
（アメリカ，ドイツ，インド，パキスタン，スイス，イタリア等）
(3) 法人の所得を課税標準として課される税と同一の税目に属する税で，法人の特定の所得につき，徴税上の便宜のため，所得に代えて収入金額その他これに準ずるものを課税標準として課されるもの（内国法人の利子，ロイヤルティ等に対する所得税のように所得に代えて収入金額又はこれに一定の割合を乗じて計算した金額を課税標準として源泉徴収される源泉税等）
(4) 法人の特定の所得につき，所得を課税標準とする税に代え，法人の収入金額その他これに準ずるものを課税標準として課される税（例えば，開発途上国等において，所得計算することが困難なときには，法人の収入を所得に代えて課税標準にする場合とか，国際運輸業者の収入金額に対して課される税等）

3　外国税額控除の対象となる税
(1)　平成22年度税制改正までの外国税額控除となる外国税

　わが国における外国税額控除は，内国法人が各事業年度において外国法人税を納付することとなる場合には，当該事業年度の所得の金額につき法人の種類に応じて定められた法人税の税率を乗じて計算した金額のうち当該事業年度の所得でその源泉が国外にあるものに対応するものとして政令で定めるところにより計算した控除限度額を限度として，その外国法人税の額を当該事業年度の所得に対する法人税の額から控除することをいう（法法69①）。

　ただし，外国法人税の額であっても次のものは，控除対象外国法人税の額として，外国税額控除の対象とならない外国法人税の額となる。
①　各事業年度の当該の所得に対する負担が高率な部分として政令で定める

外国法人税の額
② 内国法人の通常行われる取引と認められないものとして政令で定める取引に基因して生じた所得に対して課される外国法人税の額
③ 内国法人の法人税に関する法令の規定により法人税が課されないこととなる金額を課税標準として外国法人税に関する法令により課されるものとして政令で定める外国法人税の額
④ その他政令で定める外国法人税の額

平成21年度（2009）の税制改正前は外国子会社からの受取配当は益金に算入され課税対象となっていた。そのために，海外子会社が国外の源泉地国で獲得した所得を内国法人の親会社に配当として国内に送金するよりも国外で資金を留保ないしは国外で再投資に回されていて，わが国への資金の還流の阻害要因となっていた。そこで海外に滞留している資金を国内に還流することに向けた環境整備として，当該利益を必要な時期に必要な金額だけ国内に戻すという配当政策に対する税制の中立性を確保するために，二国間の二重課税を排除しつつ，制度を簡素化するために，平成21年度税制改正では，海外子会社からの受取配当は益金不算入とすることになった。

この海外子会社からの受取配当の益金不算入において，内国法人が，外国子会社（内国法人の外国法人に対する持株割合が25％以上であり，かつ，その保有期間が剰余金の配当等の額の支払義務が確定する日以前6月以上である外国法人をいう。）から受ける剰余金の配当等の額がある場合には，その剰余金の配当等の額からその剰余金の配当等の額に係る費用の額に相当する額（剰余金の配当等の額の5％相当の額）を控除した金額，すなわち，海外子会社からの受取配当の95％の金額を益金不算入とすることができることとなった（法法23の2①，法令22の4②）。

これに伴い，海外子会社からの配当に含まれる外国法人税額及び海外孫会社から海外子会社への配当に含まれる外国税額は，二重課税の対象とならなくなり，海外子会社からの配当に含まれる海外の孫会社からの配当の外国税額を税額控除する間接外国税額控除は，廃止された。

外国子法人の受取配当益金不算入の適用を受け，それに係る外国源泉税等の額は，その内国法人の各事業年度の所得の計算上，損金の額に算入されないとともに，外国税額控除の対象から除外された（法法39の2，法令78の2）。

　これを受けた平成21年度税制改正では，外国法人税でありながら二重課税が生じない外国税額があることから，外国法人税の範囲は，次のように見直しが行われた[1]。

【平成21年度税制改正における外国法人税の範囲の見直しの内容】

【改正前】

　【外国法人税】　外国の法令に基づき外国又はその地方公共団体により法人の所得を課税標準として課される税

　【外国法人税に含まれないもの】
　　① 税を納付する者が納付後任意に還付を請求できる税
　　② 税を納付する者が納付猶予期間を任意に定めることができる税
　　③ 外国法人税に附帯して課される附帯税に相当する税
　　④ みなし配当に係る源泉税
　　⑤ 移転価格課税の第二次調整として課されるみなし配当課税
　　⑥ 通常行われる取引と認められない一定の取引（仕組取引）に基因して生じた所得に対する外国法人税

　【控除対象外国法人税】　外国税額控除の対象となる外国法人税

　（控除対象外国法人税から除かれるもの）
　　① 所得に対する負担が高率（50％超）な部分の金額

【改正後】

　【外国法人税】　外国の法令に基づき外国又はその地方公共団体により法人の所得を課税標準として課される税

　【外国法人税に含まれないもの】

　平成21年度税制改正後の外国又はその地方公共団体により課される税で外国法人税に含まれないものとされるのは，次の税であった。（旧法令141③）。

　　① 税を納付する者が納付後任意に還付を請求できる税

②　税を納付する者が納付猶予期間を任意に定めることができる税
　　③　外国法人税に附帯して課される附帯税に相当する税
【控除対象外国法人税】　外国税額控除の対象となる外国法人税
（控除対象外国法人税から除かれるもの）
　　①　所得に対する負担が高率（50%超）な部分の金額
　○②　通常行われる取引と認められない一定の取引（仕組取引）に基因して生じた所得に対する外国法人税
　○③　内国法人の法人税に関する法令の規定により法人税が課されないこととなる金額を課税標準として課されるもの
　　・みなし配当に係る源泉税
　　・移転価格課税の第二次調整として課されるみなし配当課税
　●④　外国子会社等からの配当の益金不算入に係る外国法人税等の額
　　・外国子会社配当益金不算入制度の対象となる配当に係る外国源泉税等
　　・外国子会社合算税制における特定外国子会社等から受ける剰余金の配当等に係る外国法人税の額
　　・特殊関係株主等である内国法人が特定外国法人から受ける剰余金の配当等の額に係る外国法人税の額（インバージョン税制）

　　　○外国法人税に含まれないものから控除対象外国法人税に移行
　　　●控除対象外国法人税に追加新設

　外国税額控除の対象となる税は，外国の法令により法人又は個人の所得を課税標準として源泉地国で課される外国法人税あるいは外国所得税である。源泉地国で利子，配当，使用料等の所得に対して源泉徴収される税の他に外国の州税，地方公共団体により課される税などがある。

(2)　平成23年度税制改正による外国法人税の定義の明確化

　外国法人税には，①税を納付する者が納付後任意に還付を請求できる税，あるいは，②税を納付する者が納付猶予期間を任意に定めることができる税にあるように，外国法人税として捉えるのが不適当なものは，外国法人税に

含まれていない。

　内国法人の外国子会社が現地国で納税した税金について外国法人税に該当するかどうかが争われたガーンジー島事件についての最高裁の判決（平成21年12月3日最高裁第一小法廷判決（平成20年（行ヒ）第43号，法人税更正処分取消等請求事件，TAINS　Z888-1485）は，納税者と税務当局との合意により外国子会社合算税制上の特定外国子会社等の判定における外国関係会社の租税負担割合の基準をちょうど上回る税率を選択した事案において，「明文の規定がない以上，こうした税が外国法人税に該当しないとはいえない」として外国法人税に該当する旨の判示をした[2]。

　この判決を受けて，税務当局者は，平成23年度税制改正で，「税率が納税者と税務当局との合意により決定される」外国法人税として捉えるのが不適当な部分は外国法人税に含まれない旨の外国法人税の定義の明確化を行った（法令141③三，所令221③三）[3]。

　すなわち，その内容は，「複数の税率の中から税の納付をすることとなる者と外国若しくはその地方公共団体又はこれらの者により税率の合意をする権限を付与された者との合意により税率が決定された税（その複数の税率のうち最も低い税率（その最も低い税率がその合意がないものとした場合に適用されるべき税率を上回る部分にはその適用されるべき税率）を上回る部分に限る。）が，外国法人税に含まれないものとして追加された（平成23年6月30日以降に納付する外国法人税について適用）[4]。

　これを受けて，現在の外国税額控除の対象となる外国法人税には，通常行われる取引と認められない一定の取引（仕組取引）に基因して生じた所得に対する外国法人税は税額控除対象の外国法人税から除かれている。

　現在の外国税額控除の外国法人税から除かれるものは，次のものが該当する。

　① 所得に対する負担が高率（35％超）な部分の金額
　② 通常行われる取引と認められない一定の取引（仕組取引）に基因して生じた所得に対する外国法人税

③　内国法人の法人税に関する法令の規定により法人税が課されないこととなる金額を課税標準として課されるもの・
　　・みなし配当に係る源泉税
　　・移転価格課税の第二次調整として課されるみなし配当課税

4　外国税額控除の対象とならない外国法人税等

　平成23年度税制改正後における外国法人税に含まれないものは，次の税となる（法令141③）。
　①　税を納付する者が納付後任意に還付を請求できる税
　②　税を納付する者が納付猶予期間を任意に定めることができる税
　③　複数の税率の中から税の納付をすることとなる者と外国若しくはその地方公共団体又はこれらの者により税率の合意をする権限を付与された者との合意により税率が決定された税（その複数の税率のうち最も低い税率（その最も低い税率がその合意がないものとした場合に適用されるべき税率を上回る部分にはその適用されるべき税率）を上回る部分に限る。）
　④　外国法人税に附帯して課される附帯税に相当する税
　これらは，わが国の法人税に相当しない税に該当するものであることから外国税額控除の対象から除外されている。
　また，平成23年12月税制改正により外国税額控除対象の外国税から除かれるものとして，所得に対する負担が高率な部分として，50％超であったものが35％超のものとなっている。
　外国法人税に含まれないものとされる部分は，外国税額の損金不算入の規定が適用されないことになる。そのため，法人税の課税所得の計算では，損金の額に算入することになる（法法41，法法81の8①）。

5　外国法人税が課されない国外源泉所得

　外国法人税が課されない国外源泉所得とは，次の源泉所得に応じた要件を満たすものである（法令142⑤）。

イ　非課税の国外源泉所得（みなし給付外国法人税の額がある場合を除く。）
　　ロ　内国法人の国外事業所等を通じて行う事業に帰せられる国外源泉所得で当該国外源泉所得を生じた国又は地域及び当該国外事業所等の所在する国又は地域が当該国外源泉所得について外国法人税を課さないこととしている所得

6　租税条約により外国税額控除の対象となるもの

　平成23年度税制改正では，租税条約により条約締結国又は締約者に課税を認めた所得については，国外源泉所得に該当するものとして外国税額控除の対象とすることとなった（法令142④三）。

7　外国税額控除の計算の仕組み

　外国税額控除は，国外所得に含まれる外国税額で二重課税になる外国税額を控除する制度であり，それには，最初に外国税額の範囲を明確にし，次に外国税額から外国税額の対象とならない外国税額を控除したうえで，各種の外国税額を合算し，外国税額控除の限度額を確定する手続をとることになる。

　外国税額控除には，①直接外国税額控除，②間接外国税額控除，③みなし納付外国税額控除，④外国子会社合算税制（タックス・ヘイブン税制）の特定外国子会社等に係る合算課税に伴う外国税額控除，⑤コーポレート・インバージョン対策合算税制の外国税額控除がある。

　なお，間接外国税額控除は，平成21年度税制改正で廃止されたが，経過措置として，内国法人の平成21年4月1日前に開始した事業年度に外国子会社から受けた配当等の額がある場合には，その内国法人の同日の日から3年を経過する日以前に開始する各事業年度において，外国子会社の所得に対して課される外国法人税の額及び外国孫会社の所得に対して課される外国法人税の額のうち，配当等の額に係るものについては，引き続き間接外国税額控除が認められている（改正法附則12②，改正法令附則13）。適用期限は，平成24年3月31日までであった。

外国税額控除の限度額の計算をする方法には，国別税額控除方式と一括税額控除方式がある。わが国の外国税額控除の計算方式では，該当する外国税額を一括して控除する一括税額控除方式を採用している。国別税額控除方式と一括税額控除方式の特徴を設例で説明すると次のようになる。

【設例1】
A国　所得　3,000　　税率　26%　　税額　780
B国　所得　4,000　　税率　32%　　税額　1,280
C国　所得　5,000　　税率　45%　　税額　2,250
A国，B国，C国の所得合計　12,000　　税額の合計　4,310
わが国の法人税率は30%とする。

(1) 国別税額控除方式

A国：　　780＜3,000×30%＝900　　　A国の税額　780
B国：　1,280＞4,000×30%＝1,200　　　B国の税額　1,200
C国：　2,250＞5,000×35%＝1,750　　C国の税額　1,750

C国の税率45%は，35%超の高税率であることから35%が限度税率となる。

A国の税額＋B国の税額＋C国の税額＝3,730

(2) 一括税額控除方式

A国：　　780＜900　　　　　A国の税額　780
B国：　1,280＞1,200　　　　　　B国の税額　1,280
C国：　2,250＞5,000×35%＝1,750　　　C国の税額　1,750

A国の税額＋B国の税額＋C国の税額＝3,810

C国の税率45%は，35%超の高税率であることから35%が限度税率となる。

　　外国税額限度超過額＝1,280（＝4,000×32%）－1,200（＝4,000×30%）
　　　　　　　　　　　＝80
　　外国税額限度余裕額＝900（＝3,000×30%）－780（＝3,000×26%）＝120

一括税額控除方式では，B国の外国税額限度超過額80がA国の外国税

額余裕額で充当されていることになる。

外国税額控除の課税額の計算は，現在の外国税額控除の対象となる外国税額を確定することを第一ステップとして，図表1のように次のステップで行われる。

第一ステップ　外国税額控除の対象となる外国税額の確定
第二ステップ　外国税額から控除対象外となる高率負担部分等の税額を除外
第三ステップ　控除対象となる外国法人税の合計額の確定と控除限度額の計算
第四ステップ　当期控除限度額以内の場合の当期外国税額控除額の確定と控除限度余裕額の3年繰越の利用
第五ステップ　当期控除限度額超の場合の当期外国税額控除額の確定と控除限度額超過額の3年繰越の利用

8　外国税額控除の対象となる外国税額控除

(1)　直接外国税額控除

直接外国税額控除は，内国法人の国外の源泉地国における外国税額を直接税額控除することを認めるものである。

(2)　間接外国税額控除

間接外国税額控除は，内国法人の外国子会社又は外国孫会社の所得に課せられ源泉地国で納付した外国法人税の額のうち内国法人の受け取る配当等の額に対応する金額を，その内国法人が納付した外国法人税の額とみなして，直接外国税額控除に準じて外国税額控除を認めるものである。なお，間接外国税額控除は，平成21年度税制改正で廃止されたが，経過措置があることから，ここに列挙しておく。

(3)　みなし納付外国税額控除

みなし納付外国税額控除は，源泉地国で課税が免除されているような場合に外国税額を納めたものとみなして税額控除を認めるものである。

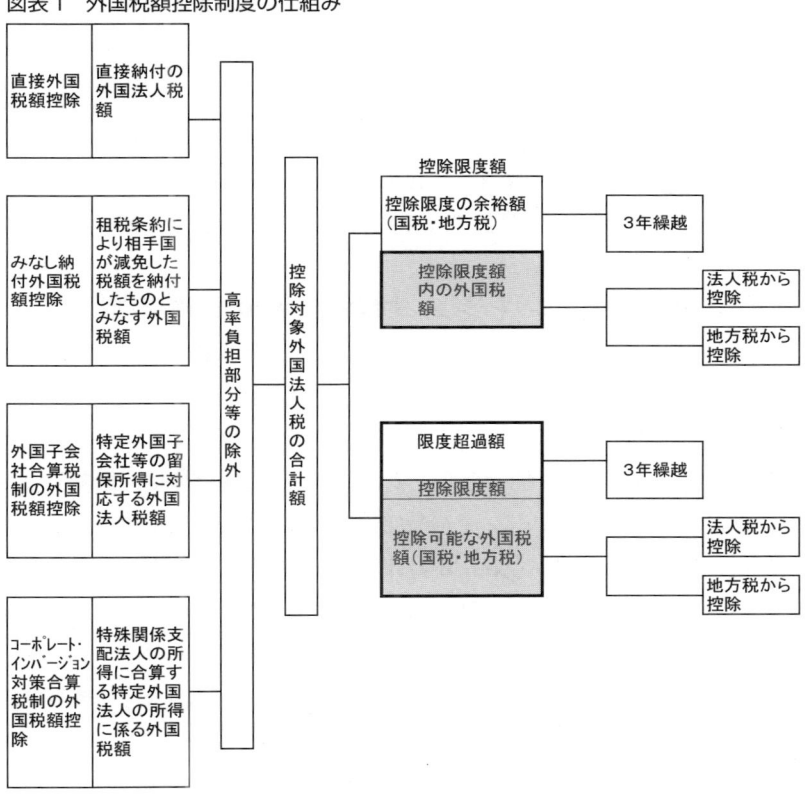

図表1　外国税額控除制度の仕組み

直接外国税額控除	直接納付の外国法人税額
みなし納付外国税額控除	租税条約により相手国が減免した税額を納付したものとみなす外国税額
外国子会社合算税制の外国税額控除	特定外国子会社等の留保所得に対応する外国法人税額
コーポレート・インバージョン対策合算税制の外国税額控除	特殊関係支配法人の所得に合算する特定外国法人の所得に係る外国税額

高率負担部分等の除外 → 控除対象外国法人税の合計額

控除限度額
- 控除限度の余裕額（国税・地方税）→ 3年繰越
- 控除限度額内の外国税額 → 法人税から控除／地方税から控除

限度超過額
- 控除限度額
- 控除可能な外国税額（国税・地方税）→ 3年繰越 → 法人税から控除／地方税から控除

　発展途上国では，国内で活動する法人に対して租税政策上から特別措置で軽減税率ないしは税額が免除されている場合がある。当該源泉地国における内国法人の納付税額が，軽減税率又は免除されている場合に，内国法人の所得に源泉地国の所得が通算され，それに課される税額から外国税額控除を適用した場合に，外国税額控除が縮減ないしは控除税額がないことになり，内国法人の源泉地国に対する投資効果が低下することがある。

　このような場合に，源泉地国と内国法人との間で租税条約により，源泉地国で優遇税制により特別措置で軽減税率ないしは税額免除の適用を受けており外国税額控除の適用を受けている場合に，源泉地国の所得に対してわが国

の税率による税額を納付したものとみなして外国税額控除を適用するものである。

(4) 外国子会社合算税制に伴う外国税額

外国子会社合算税制（タックス・ヘイブン税制）の特定外国子会社等に係る合算課税に伴う外国税額控除は，軽課税国における外国子会社等の課税対象の益金に対する外国法人税等を外国税額控除として税額控除を認めるものである。

(5) コーポレート・インバージョン対策合算税制の外国税額控除

コーポレート・インバージョン対策合算税制の外国税額控除は，内国法人の株主（特殊関係株主等）が軽課税国にある実体のない外国法人（特定外国法人）を通じて三角合併等を利用して，その内国法人（特殊関係内国法人）の発行済株式等の80％以上を間接保有するようになった場合には，国際的な租税回避行為を防止するために，その特定外国法人が留保した所得を，その持分割合に応じて，内国法人（特殊関係内国法人）の所得に合算して課税するものであり，その特定外国法人の所得に対して課された外国法人税のうち課税対象金額等に対応するものを外国税額とするものである。

なお，この税制が適用となる内国法人（特殊関係内国法人）は，組織再編成前に5人以下の株主グループ（5人以下の株主と，これら特殊の関係にある個人または法人のグループ）によってその内国法人（特殊関係内国法人）の発行済株式等の80％以上を間接保有される内国法人を対象にしている。この制度では，外国子会社合算税制を受ける外国税額は対象外となる。

II　控除限度額の計算

1　国外所得金額の計算

内国法人が外国税額控除の適用を受ける場合の国外所得金額は，現地国における外国法人税の課税上その課税標準とされた所得の金額そのものではなく，課税上対象となる事業年度において生じた国内源泉所得以外の所得をい

い，全所得金額に占める国外所得の割合は90%に制限されている（法令142③，法基通16-3-9）。

2 国外所得金額計算における欠損金の繰越控除等の不適用

外国税額の控除限度額を計算する場合の国外所得金額は，青色申告書を提出した事業年度の欠損金の繰越し等の適用を受ける前の所得とすることが確認されている（法基通16-3-10）。

3 共通費用の配賦

内国法人が国内及び国外で事業を展開している場合に国外で所得を得るために費やされた費用が国外で直接費やされたものであれば国外の所得を計算するときにその費用を国外所得から直接控除することで計算できる。しかし，全世界所得に係る費用であれば，その費用を国内所得と国外所得に係る費用に区分することが困難な場合には，その費用を国内所得にかかる費用と国外所得にかかる費用に按分することになる。

費用の配賦には，運送原価の配賦，販売費及び一般管理費等の配賦等がある。

(1) 国際海上運輸業における運送原価の配賦

国内及び国外の船舶による運輸事業を営む内国法人の国外所得金額の計算上損金の額に算入する運送原価の額は，個々の運送取引ごとに計算を行うが，その計算が困難であると認められる場合には，次の算式により計算した金額を当該の運送原価の額とすることができる（法基通16-3-11）。

国外の運送原価の額＝
国際海上運輸業に係る当該事業年度の運送原価の総額
× $\dfrac{当該事業年度の運送収入のうち国外に源泉があるもの}{国際海上運輸業に係る当該事業年度の運送収入の合計額}$

なお，運送事業では，運送収入に対応する原価の額は，運送収入の額を益金の額に算入した事業年度の損金の額に算入するが，法人が継続してその行

う運送のために要する費用の額をその支出の日の属する事業年度の損金の額に算入している場合には，この処理を認めている（法基通2-2-10）。これは，企業会計においても費用収益対応の原則から費用と収益を対応して認識することが原則となっており，税務会計でも企業会計の公正な処理基準に準拠することになるが，継続適用を前提に運送費用を支出した事業年度の損金の額に算入することを認めている。

運送事業では，国内取引に係る国内所得の金額と国外取引に係る国外所得の金額を区分しそれに対応する運送原価の額が区分できるものである場合には区分計算が容易に行われる。しかし，国内取引と国外取引に係る共通費で原価に含める金額については，支出した事業年度の期間費用も含めることになることから，国外所得に係る原価の額と国内所得に係る原価の額を区分計算することができない運送原価の額については，共通費に期間費用を含めて按分計算することになる（法基通16-3-11）。

(2) 販売費，一般管理費の配賦

当該事業年度の販売費，一般管理費その他の費用（引当金勘定の繰入額及び準備金の積立額は除く。）で国内源泉所得に係る所得を生ずべき業務と国外源泉所得に係る所得を生ずべき業務との双方に関連して生じた共通費用があるときは，その共通費用の額は，収入金額，資産の価額，使用人の数その他の基準のうち当該内国法人の行う業務の内容及び費用の性質に照らして合理的と認められる基準により国内源泉所得に係る所得と国外源泉所得に係る所得に対する損金の額として配賦するものとされている（法令142⑥）。

このような国内源泉所得と国外源泉所得に係る共通費用がある場合に，国外源泉所得に利子，配当等及び使用料がある場合には，配分基準としての売上総利益の額にそれら利子，配当等及び使用料を含めたところで国内源泉所得と国外源泉所得に係るものに按分計算することになる（法基通16-3-12）。

すなわち，国外源泉所得に係る共通費を按分計算する式は，次のとおりである。

$$\text{国外源泉所得に係る損金の額に配分する金額} = \text{共通費用の総額} \times \frac{\text{国外業務に係る売上総利益並びに利子,配当等及び使用料の収入金額}}{\text{棚卸資産の販売その他の事業に係る売上総利益の額} + \text{利子,配当等及び使用料の収入金額}}$$

(3) 負債利子の配賦

　販売費及び一般管理費のなかの負債利子に，国外業務に係るものも含まれている場合には，国内業務と国外業務に係るものに配賦する場合の販売費及び一般管理費の配賦方法（法基通 16-3-12）に代えて，次の配賦方法が明らかにされている（法基通 16-3-13）。

　法人税基本通達 16-3-13 では，国内業務に係る負債利子と国外業務に係る負債利子がある場合の負債利子の配賦方法を明らかにしている。

　この場合の負債利子には，償還差損の額，手形の割引料なども含めている。また，負債利子を国外事業所等における国外業務のために直接関連したものを直接利子とし，それ以外のものを共通利子としたうえで，共通利子の配賦方法を業種別に明らかにしている。

① 卸売業及び製造業

　次の算式により計算した金額を国外業務に係る損金の額とする。

$$\text{当該事業年度において生じた共通利子の額の合計額} \times \frac{\text{分母の各事業年度終了の時における国外業務に係る資産（国外事業所等を有しない法人にあっては，国外源泉所得の発生の源泉となる貸付金，有価証券等とする。）の帳簿価額（直接利子の元本たる負債の額に相当する金額を除く。）の合計額}}{\text{当該事業年度終了の時及び当該事業年度の直前事業年度終了の時における総資産の帳簿価額（直接利子の元本たる負債の額に相当する金額を除く。）の合計額}}$$

② 銀行業

次の算式により計算した金額を国外業務に係る損金の額とする。

$$\text{国外源泉所得の発生の源泉となる貸付金,有価証券等(国外事業所等に属するものを除く。)の当該事業年度中の平均残高} \times \frac{\text{当該事業年度において生じた共通利子の額の合計額}}{\begin{pmatrix}\text{預金,借入金等(直接利子の元本たる負債を除く。)の当該事業年度中の平均残高}\end{pmatrix} \begin{pmatrix}\text{当該事業年度終了の時及び当該事業年度の直前事業年度終了の時における自己資本の額の合計額}\end{pmatrix}} - \begin{pmatrix}\text{左の各事業年度の終了の時における固定資産の帳簿価額の合計額}\end{pmatrix} \times 1/2$$

③ その他の事業

その事業の性質に応じ,①又は②に掲げる方法に準ずる方式により計算した金額を国外業務に係る損金の額とする。

(4) 引当金等の繰入額等及び取崩額等の配賦

① 引当金等の繰入額等の配賦

引当金の繰入額又は準備金への積立額を損金の額に算入する場合に国外業務に係る債権等がある場合には,引当金の繰入額又は準備金の積立額のうち国外業務に係るものは,次のような基準で損金への配賦をおこなうこととされる(法基通16-3-15)。

イ 個別評価金銭債権に係る貸倒引当金勘定への繰入額

その対象となった金銭債権の額のうち国外事業所等に属するもの(国内の事業所等に属する金銭債権の額のうち国外源泉所得の発生の源泉となるものを含む。)の額とする。

ロ 一括評価金銭債権に係る貸倒引当金勘定への繰入額

その対象となった金銭債権の額のうち国外事業所等に属するものの額の比により計算した金額とする。

ハ 海外投資等損失準備金の積立金の積立額

その積立金の積立額は,国外事業所等に属する特定株式等について積み立

た金額となる。
　　ニ　その他の引当金又は準備金の繰入額又は積立額
　その引当金又は準備金の性質又は目的に応ずる合理的な基準により計算した金額を国外所得金額の計算上の損金の額とする。
　②　引当金又は準備金の取崩額等の配賦
　引当金又は準備金の取崩しに伴う益金算入額がある場合には，益金算入額のうち引当金の繰入れ又は準備金の積み立てをした事業年度において国外所得金額の計算上損金の額に算入した金額に対応する部分の金額を当該取崩し等に係る事業年度の国外所得金額の計算上の益金の額とすることとされる（法基通16-3-16）。

　当該事業年度に適格合併，適格分割，適格現物出資又は適格現物分配により被合併法人，分割法人，現物出資法人又は現物分配法人（以下，「被合併法人等」という。）から引継ぎを受けた引当金又は準備金の取崩し等による益金算入額がある場合において，当該益金算入額のうち当該被合併法人等においてその繰入れをし，又は積み立てをした事業年度の国外所得金額の計算上損金の額に算入した金額に対応する部分の金額についても益金の額とすることになる（法基通16-3-16注(1)）。

(5) 評価損益等の配賦
　国外所得金額の計算上国外事業所等に係る評価損益等については，損金の額又は益金の額に算入する（法基通16-3-17）。該当する評価損益等は，次のものである。
　　イ　国外事業所等に属する資産の評価換えによる評価益又は評価損の額
　　ロ　国外事業所等に係る外貨建資産等に生じた為替差損益の額
　　ハ　国外事業所等に係る時価評価資産の評価損又は評価益
　　ニ　国外事業所等に属する金銭債権について生じた貸倒損失の額

(6) 損金の額に算入されない寄附金，交際費等
　寄附金又は交際費等として支出した事業年度において，損金不算入とされた寄附金又は交際費等のうち国外業務に係る部分の金額については，当該事

業年度の国外所得金額の計算上も損金の額に算入しない（法基通16-3-19）。

4 欠損金の繰戻し還付に伴う外国法人税の減額の取扱い

当該事業年度前の事業年度に納付した外国法人税の額が欠損金の繰戻し還付の適用をうけて，その全部又は一部が還付された場合には，還付されることとなった日の属する事業年度において外国法人税の額に減額があったものとして取り扱われる（法基通16-3-20）。

欠損金の繰戻しに伴い還付された外国法人税の額があれば，過年度に納付した外国法人税に係る外国税額控除又は損金算入の修正申告をする必要があるが，過去に遡って修正申告するには実務上困難を伴うことがあることから，法人税基本通達16-3-20では，過去の申告修正をすることなく，次のような調整計算をすることが認められている（法法26③，法法69⑧，法令150）。

① 内国法人が納付した外国法人税について外国税額控除の適用を受けた日の属する事業年度の後の事業年度において，その対象となる外国法人税が減額された場合には，その減額された日を含む事業年度において内国法人が納付することとなる控除対象外国法人税額から，その減額された金額のうち納付する控除対象外国法人税の額から減額控除対象外国法人税額に相当する金額を控除し，その控除後の金額がその事業年度の控除対象外国法人税額となる。すなわち，減額された外国法人税の額の部分だけ納付する外国法人税額が減少することになる。

② 減額控除対象法人税額が多くある場合には，次のような調整計算を認めている。

　イ 7年以内の控除対象外国法人税額について，外国税額の控除限度額を超えてその減額のあった事業年度に繰り越されてきた繰越控除対象外国法人税がある場合は，まだ控除されていないものから控除することになる。また，2以上の事業年度において生じた繰越控除対象外国法人税額においては，古い年度のものから控除していくことになる。

　ロ イの方法で控除しきれない金額がある場合には，未控除額は，その減

額があった日を含む事業年度以後2年以内に開始する各事業年度に繰り越し，その各事業年度の控除対象外国法人税額から控除していく。
ハ　イおよびロにより調整されても残る未控除額は，減額があった日を含む事業年度の翌年度以後2年以内に開始する事業年度の最終の年度において益金の額に算入する。

5　外国法人税に増額等があった場合の取扱い
(1)　外国法人税に増額がある場合

　内国法人が外国税額控除の適用を受けて，その適用を受けた事業年度後の年度において，外国法人税の額に増額がある場合は，その外国法人税額について，その増額後の金額に基づいて控除対象外国法人税額の再計算を行うものとする。その場合に，増額した控除対象外国法人税額は，当該外国法人税の額の増額のあった日に属する事業年度において新たに生じたものとして，次のように取り扱われる（法基通16-3-26）(5)。

イ　増加することとなった控除対象外国法人税額が増加した外国法人税の額以下である場合
(イ)　増加することとなった控除対象外国法人税額に相当する金額は，当該事業年度の所得の金額の計算上損金の額に算入しない。したがって，外国税額控除の対象に含めることになる。
(ロ)　増加した外国法人税の額のうち高率負担部分は，損金の額に算入されることになり，外国税額控除の対象とはならない。
ロ　増加することとなった控除対象外国法人税額が増加した外国法人税の額を超える場合
(イ)　増加することとなった控除対象外国法人税額のうち増加した外国法人税の額に相当する金額は，損金の額に算入せず，外国税額控除の対象に含める。
(ロ)　増加することとなった控除対象外国法人税額のうち増加した外国法人税の額に相当する金額を超える部分の金額は，益金の額に算入し，外

国税額控除の対象に含める。

(2) 外国法人税に減額がある場合

　内国法人が外国税額控除の適用を受けて，その適用を受けた事業年度後の年度において，外国法人税の額に減額がある場合は，その外国法人税額について，その減額後の金額に基づいて控除対象外国法人税額の再計算を行うものとする。その場合に，減額した控除対象外国法人税額の取扱いは，当該外国法人税の額の減額のあった日に属する事業年度において，増額があった場合と同様に，次のように取り扱われる（法基通16-3-26（注））(6)。

　イ　減少することとなった控除対象外国法人税額が減少した外国法人税の額以下である場合
　　（イ）　減少した外国法人税の額のうち減少することとなった控除対象外国法人税額に相当する金額は，益金の額に算入しないで，外国税額控除の対象に含める。
　　（ロ）　減少した外国法人税の額のうち高率負担部分は，益金の額に算入されるが，外国税額控除の対象には含めない。
　ロ　減少することとなった控除対象外国法人税額が減少した外国法人税の額を超える場合
　　（イ）　減少することとなった控除対象外国法人税額のうち減少した外国法人税の額に相当する金額は，益金の額に算入しないで，外国税額控除に対象に含める。
　　（ロ）　減少することとなった控除対象外国法人税額のうち減少した外国法人税の額に相当する金額を超える部分の金額は，損金の額に算入し，外国税額控除に対象に含める。

6　国外源泉所得のうち非課税の国外源泉所得の控除

　わが国において，国際的な二重課税を排除することを目的とした外国税額控除の制度では，源泉地国で負担した外国税額と内国法人の全世界の所得に課税される税額に二重課税が生ずることから，外国で負担した外国法人税額

は課税所得の税額から控除する制度を採用している。この制度では，複数の源泉地国が存在する場合に，それぞれの国により課税所得に対する税が非課税とされたり，あるいは無税ないしは高額の税が課されたりする場合がある。

外国税額控除では，各国の政策によりわが国の法人税率より低率ないしは非課税ないしは高額な税率により，源泉地国により外国税額の控除の限度額の枠内ないしは限度額を超過する場合でも，複数の源泉地国の所得を合算し，外国税額の総額を計算した場合には，外国税額控除の限度額内の税額となることがある。

この問題に対応するために，昭和63年（1988）12月の税制改正では，外国法人税が課されない国外源泉所得がある場合には，当該金額から当該外国法人税が課されない国外源泉所得に係る所得の2分の1に相当する金額を控除するものとした（旧法令142③）。

平成4年（1992）の税制改正では，非課税国外源泉所得に対する国外所得の3分の2に相当する金額を控除するものとした（法令142③）。

この非課税の国外源泉所得に対する外国税額控除の対象となる国外所得を制限した理由は，税務当局者によれば，次のように指摘されている[7]。

「外国で非課税とされ，又は軽課税される所得から生ずる控除限度額を利用して，高率で課された外国税額が控除されてしまうという問題です。したがって，今回の改正では，外国で非課税とされる所得がある場合には，これに対応する外国税額はないことに着目して，そのような所得を控除限度額の計算上の国外所得金額から除外することとしています。外国で非課税とされる所得について控除限度額を設けないことにより我が国で課税することになっても，当該所得には二重課税は生じないことから問題がありません。」

この見解では，外国で非課税扱いとなる所得については，内国法人の所得として含めることになる。本来は外国で非課税となっている部分については，全世界の所得の計算では，全額所得から除外すべきであるが，税務当局者の考えでは，「国外で軽課税とされる所得については依然その金額を国外所得

とすることを認めることとの権衡に配慮し」ている[8]。

7 国外所得金額の控除限度額

外国税額控除の金額は，内国法人の各事業年度の所得に対する法人税の額に，当該事業年度の所得金額のうちに当該事業年度の国外所得金額の占める割合を乗じて計算した金額となる（法令142①）。

外国税額控除の対象となる税額控除の金額
　＝当該事業年度の内国法人の所得に対する法人税額×国外所得割合
　　＝内国法人の法人税額×（国外所得金額／所得金額）

なお，国外所得金額には，外国で非課税となる国外所得の3分の2を除くこととされていたが，平成23年12月税制改正により外国で非課税となる国外所得の全額が除かれることになった。

この改正は，平成24年4月1日以後に開始する事業年度から適用されている（改正法令附則2）。ただし，経過措置として，平成24年4月1日から平成26年3月31日までに開始する各事業年度においては，外国で課税されない所得の金額の6分の5を国外所得から除外する経過措置が講ぜられている（改正法令附則2，9②）。

平成23年12月税制改正前において，国外所得割合は，次のいずれか多い金額を超える場合には，当該いずれか多い金額に相当する金額とされていた（旧法令142③，旧法令142の2）。

　一　当該事業年度の所得金額の100分の90に相当する金額
　　　　国外所得の割合の金額＝所得の合計額×90％
　二　当該事業年度の所得金額に国外使用人割合（内国法人の当該事業年度
　　　終了の時における使用人の総数に対する当該内国法人の国外事業所等の使用
　　　人の数の割合）を乗じて計算した金額

　　　国外所得の割合の金額＝（国内所得＋国外所得）×国外使用人の割合
　　　　＝所得金額の合計額×（国外使用人の数／使用人の総数）

三 控除限度額の計算の特例

国外所得の割合の金額＝所得金額の合計額－(所得金額の合計金額－
　　外国税額) ÷ (外国税額／(所得金額の合計金額×50％×20％))
　　＝所得金額の合計額
　　　－(所得金額の合計額－外国税額)×所得金額の合計額×10％

　平成23年12月税制改正では，国外所得の計算における国外使用人割合の計算規定が廃止され，国外所得の金額が所得金額の90％を超える場合には90％に制限されることになった(法令142③)。この改正は，平成24年4月1日以後に開始する事業年度から適用されている(改正法令附則2)。

8 高率外国税額の外国税額控除負担分の除外

　外国税額控除の対象となる外国法人税の額は，現地国で負担した外国法人税の額であるが，その現地国で得た所得に対する外国法人税の負担額に高率な部分がある場合は，政令で定めるところによりその高率の部分を除いたものとしている(法法69①)。この規定は，わが国の外国税額控除制度が国外所得を一括して限度額を算定する方式を採用していることから，非課税ないしは低率の税率のある国外所得がある場合の余裕枠により高税率国の国外所得に課せられる外国税額まで控除されてしまうという問題を規制するために，平成元年(1989)の税制改正で，設けられた。

① 35％を超える高率の外国税額の高率部分の除外

　平成元年の税制改正で設けられた高率の外国税額の高率部分の除外は，内国法人が納付することとなる外国法人税の額のうちその外国法人税を課す国又は地域においてその外国法人税の課税標準とされる金額に50％を乗じて計算した金額を超える部分の金額は，外国税額控除の対象から除外するものとしていた(旧法令142の3①)。

　この50％超の基準は，制定当時のわが国の法人税の実効税率が地方税を含めて約50％にあったことを根拠にしているが，平成23年税制改正により普通法人の法人税率が30％から25.5％になり，地方税を含めた普通法人の

法人税等の実行税率が35.64%になったことにあわせて外国税額の高率部分の基準が35%を超える部分の金額とされることになった（法令142の2①）。

なお，高率の部分の金額として外国税額控除から除外される外国法人税の額に，わが国が租税条約を締結している相手国の法律又は当該租税条約の規定により軽減され，又は免除された当該相手国の租税の額で当該租税条約の規定により内国法人が納付したものとみなされるものの額（みなし納付外国法人税の額）が含まれているときは，当該外国法人税の額のうち所得に対する負担が高率な部分の金額は，まずみなし納付外国法人税の額から成るものとしている（法令142の2③）。

② 利子等の高率の外国税額の高率部分の除外

金融業及び保険業を主として営む内国法人とその他の内国法人により，次のそれぞれの区分で利子等に係る外国税額等については，その外国税額の35%を超える部分に代えて10%から15%を超える利子率の高率の負担部分の金額が外国税額から除外される（法令142の2②）。

イ 金融業及び保険業を主として営む内国法人

（イ） 所得率が10%以下──利子等の収入金額の10%を超える部分の金額が高率負担部分の金額

（ロ） 所得率が10%超20%以下──利子等の収入金額の15%を超える部分の金額が高率負担部分の金額

・金融業の所得率

所得率＝直近3年度の申告所得金額／直近3年度の総収入金額

ただし，有価証券及び固定資産の売却収入については，取得価額控除後の金額

・生命保険業及び損害保険業

所得率＝直近3年度の申告所得金額／直近3年度の総収入金額等

ただし，直近3年度の総収入金額等とは，直近3年度の総収入金額に同責任準備金の戻入額を加算し同支払保険金及び支払準備金の繰入額等

を控除した金額
・その他の事業
　　直近3年度の利子収入と売上総利益（＝売上額－売上総原価）の合計額に対する利子収入の割合が20％以上の法人のみ
　　　所得率＝直近3年度の申告所得金額／直近3年度の総収入に対する総利益
　　　直近3年度の総収入に対する総利益＝直近3年度の総収入金額－同売上総原価
ロ　その他の内国法人

（イ）　利子等の収入割合が20％以上──所得率20％超の場合は，高率負担の部分の金額はない
（ロ）　その他のもの──利子等の収入金額の50％超の部分の金額が高率負担の部分の金額

9　控除限度額の控除余裕額と控除限度超過額の繰越額

　外国税額控除の控除限度額の控除余裕額と控除限度超過額の繰越額の利用の制度は，昭和38年（1963）の税制改正で導入された。
　この制度は，当該事業年度の外国税額控除の限度額を超過する外国税額がある場合に，その控除限度超過額に達するまで，前5年以内の各事業年度の国税又は地方税の外国税額控除限度額の余裕額を，最も古い事業年度のものから，当該事業年度の外国税額控除限度額に加算したものを法人税及び法人税割額から控除することを認めるものである。
　また，当該事業年度の外国税額控除の限度額に対するその事業年度の外国税額納付額が少ない場合には，その限度額までの余裕額については，前5年以内の各事業年度において外国税額納付額の繰越控除を認めるものである。この制度は，彼此流用の問題があるため，昭和63年（1988）12月の税制改正により，それぞれ3年に短縮された。
　この制度を導入した税務当局者の見解では，制度導入の前年度の昭和37

年(1962)に外国税額控除制度において外国税額の国別限度額方式から一括限度額方式に変更したことにより,「各外国ごとの外国税額控除限度額の同一事業年度における彼此流用(横の通算)を行わせて,今回の改正は,各事業年度により国外所得の金額等が変動することによって生ずる外国税額控除限度額の過不足を,前後10余年にわたって彼此流用させる(縦の流用)効果をもち,これにより,従来切り捨てになっていた控除限度超過外国税に控除の可能性を与え,全体として外国税額控除が拡大することを期待するものである。」[9]としていた。

　この制度の狙いは,外国税額控除制度の利用を拡大することにあり,当時のアメリカの税法においても外国税額控除制度が導入されており,控除限度超過外国税の前2年間の繰戻し控除と後5年間の繰越控除を認めていたことを参考にしているといえる。

　この制度は,昭和63年(1988)12月の税制改正では,同年4月28日の政府税制調査会「税制改革についての中間答申」で,外国税額控除の控除枠の彼此流用の問題が指摘されており,それに基づいた改正を行っている。

　政府税制調査会の中間答申では,外国税額控除の控除枠の彼此流用の問題について,次のように指摘している。

　「まず,控除枠の彼此流用の問題がある。二重課税の排除という制度の趣旨からは,個々の国外所得ごとに,自国で課される税額を限度として外国税額を控除すれば足りると考えられるが,我が国の現行制度は,控除限度額計算の簡便さという観点から,国外所得を一括して控除限度額を算定するいわゆる一括限度額方式を採用している。その結果,外国で課税されていない国外所得により創出される控除余裕枠を利用して,我が国の実効税率を超える高率で課された外国税まで控除されてしまうこととなるほか,高税率で課されている外国の租税を控除できるようにするため,企業が控除枠の創出を目的とした投資行動をとる誘因となるといった問題である。」

　このような問題に対して,税務当局者においては,外国税額控除の控除枠の彼此流用の問題について,次のような具体的な問題があることを指摘して

いる[10]。
① 軽課税又は非課税の国外所得から控除枠が創出されるという点（外国で課税されていない利子・配当等の投資所得等）
② 高税率で課される外国税が控除対象となっている点
　イ　わが国における実効税率（地方税込みでおおむね50％）を超える高税率で課される外国法人税（石油採掘所得に係る外国税額等）
　ロ　利子に係る高率源泉徴収税（グロスの利子収入に対する課税で利率は高くなくても，わが国の課税所得で取り込まれるネット所得に対する課税では，非常に高率となっているケース）
　ハ　高率の間接納付外国税額（わが国の法人税の課税所得に取り込まれる金額は，源泉徴収税額控除前の配当に間接納付外国税額をグロス・アップした金額となるが，これに間接納付外国税額と配当に係る外国源泉徴収税額が課せられることになるため，両者を合計すると高率の課税となっている場合がある。）
③ 前後11年間にわたる縦の彼此流用（本来は，外国税額の納付時期と国外所得の認識の時期に係るずれを調整するための制度であると考えられるが，一括限度額方式とあいまって，高率課税を受ける国外所得と軽課税又は非課税の国外所得につき，控除枠の彼此流用を助ける制度となっている。）

このような事例があることから，税務当局者の立場から彼此流用について，次のような問題点を指摘し，控除枠の彼此流用の問題はできるだけ是正していくことが必要であることを説いている[11]。
① 一括限度額方式における彼此流用を認めると，やむを得ず高率課税国（たとえば資源国）に進出している企業が，控除枠をつくるだけのために軽課税又は非課税国に投資を行い，場合によっては，国内から国外に事業活動（したがって所得）を移転させる場合も考えられること。
② 既に軽課税又は非課税国に進出している企業が，わが国での納税額と外国での納税額とをあわせた全体としての税負担が変わらないということから，躊躇なく高率課税国への投資を行い，又は，安易に外国の高率

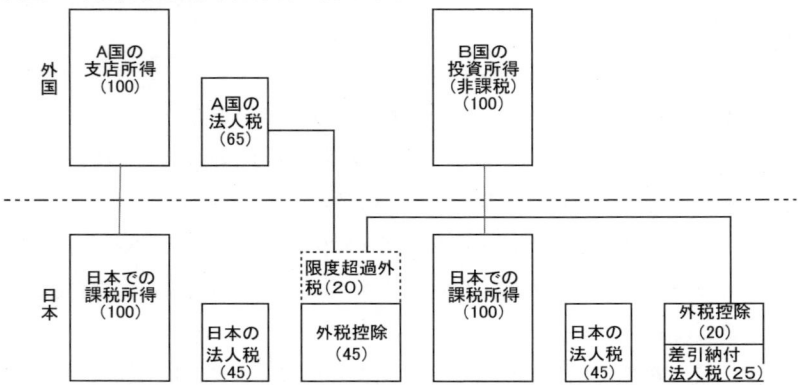

図表2　外国税額控除の控除枠の彼此流用

```
外  ┌─────────┐   ┌─────┐        ┌─────────┐
国  │ A国の   │   │A国の│        │ B国の   │
    │ 支店所得│   │法人税│        │ 投資所得│
    │ (100)   │   │(65) │        │ (非課税)│
    │         │   │     │        │ (100)   │
    └─────────┘   └─────┘        └─────────┘
─────────────────────────────────────────────
                  ┌─────┐
                  │限度超過外│
                  │税(20)│
日  ┌─────────┐   ├─────┤   ┌─────────┐         ┌─────┐
本  │日本での │   │外税控除│  │日本での │  ┌─────┐│外税控除│
    │課税所得 │ ┌───┐ (45) │  │課税所得 │  │日本の││ (20) │
    │ (100)   │ │日本の│    │  │ (100)   │  │法人税│├─────┤
    │         │ │法人税│    │  │         │  │ (45) ││差引納付│
    │         │ │ (45) │    │  │         │  │      ││法人税(25)│
    └─────────┘ └───┘ └─────┘└─────────┘ └─────┘└─────┘
```

・A国支店所得については，わが国での納税額はない（二重課税の排除）
・A国における高率課税部分（限度超過外国税額＝20）は，B国への投資所得に対するわが国での法人税（45）を減らしている（制度の趣旨を超える控除）。

（出典　『改正税法のすべて』昭和63年12月改正　385頁）

課税を受け入れるといった行動をとる可能性があること。
③　主要諸外国で純粋の一括限度額方式を採用している国はないこと。
控除枠の彼此流用の問題の事例は，図表2のとおりである。

Ⅲ　彼此流用を巡る判決例の検討

外国税額控除制度の外国税額控除の余裕額を利用した裁判例があるので，検討することとする。外国税額控除の控除限度額の余裕枠を利用した裁判例は，3事例あるが，いずれも最高裁で上告人である国側が勝訴している。ここでは，大和銀行（以下，「A社」という。）の事例をとりあげる。

　　最高裁判決　平成17年12月19日　国側勝訴　　（TAINS　Z255-10240）
　　高裁判決　　平成15年5月14日　　納税者勝訴　（TAINS　Z253-9341）
　　地裁判決　　平成13年12月14日　納税者勝訴　（TAINS　Z251-9035）

外国税額控除　127

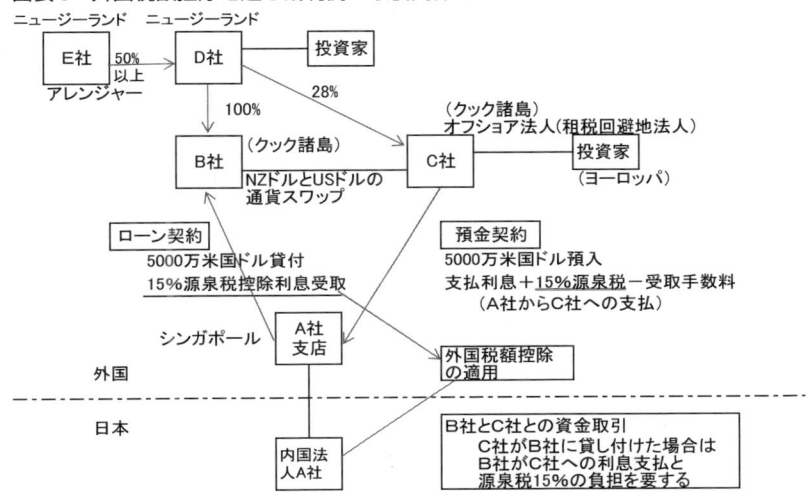

図表3　外国税額控除を巡る裁判例の取引関係

1　事案の概要

　本件は，内国法人A社（銀行）のシンガポール支店とクック諸島にあるB社とC社との間で5,000万米ドルの資金の貸借関係を結び，内国法人A社のシンガポール支店が負担した源泉税を外国税額控除の限度額の余裕枠で処理して申告したことに対して，課税当局が外国税額控除からの控除は認められないとしたことを巡る裁判例である。この事案の外国税額控除を巡る裁判例の取引関係は，図表3に示したとおりである。

　最高裁の判決は，内国法人A社のシンガポール支店が負担した源泉税をA社が外国税額控除の余裕枠で処理したことに対して，本来は現地法人が負担すべき源泉税であり，外国税額控除の余裕枠を利用することは法令上許されないものとして，一審の地裁の原判決を棄却している。

2　事案の内容

(1) ニュージーランドで設立されたD社は，投資家から集めた資金をクック諸島に持ち込み，ニュージーランド・ドル建てユーロ債の購入に利用す

るに当たり，運用益に対して課される法人税を軽減するため，ニュージーランドより法人税率の低いクック諸島において，D社が全株式を有する子会社であるB社を設立し，さらに，投資家からの投資に対してクック諸島において源泉税が課せられることを回避するために，当該源泉税が課せられないクック諸島法人で，D社がその株式の28％を保有するC社に当該資金をいったん取得させ，同社を経由して，B社においてこれを運用することとした。

(2) クック諸島法人であるC社からクック諸島でのD社の外国子法人B社に直接に資金を貸し付ける方法を採用した場合は，クック諸島の税制によるとB社からC社に支払われる利息に対して15％の源泉税が課されることから，A社とC社及びB社との間で，A社の外国税額控除の余裕枠を利用して源泉税の負担を軽減する目的で，平成元年3月31日付けで，次のような内容の各契約が締結された。

　ア　A社とB社との間のローン契約
　　　A社が，B社に年利10.85％で5,000万米国ドルを貸し付ける契約
　　　B社は，A社にクック諸島での源泉税額15％を控除した金額を支払う契約
　イ　A社とC社との間の預金契約
　　　A社は，C社から年利10.85％で5,000万米国ドルを預け入れる契約
　　　A社は，前記ローン契約によりB社から貸付利息を受領した場合には，それに前記源泉税額を加算した金額からA社の取得する手数料を控除した金額を預金利息としてC社に支払う契約

(3) この取引で，C社はクック諸島における源泉税の支払を免れるという利益を得ることになり，一方，A社は，手数料を取得する一方，手数料を上回る額のクック諸島における源泉税を負担することになり，取引自体によっては損失を生ずるが，わが国で外国税額控除を受けることによって最終的に利益を得ることになる。しかし，その結果，わが国において本来は

納付されるべき税額のうち外国税額控除となるものは納付されないことになる。

3　最高裁の判断

本件の事案が，外国税額控除の制度の濫用かどうかについての最高裁の判決では，次のように外国税額控除制度の濫用であるとして，正常な取引であるとする納税者側の主張を棄却した。

(1) 法人税法 69 条の定める外国税額控除の制度は，内国法人が外国法人税を納付することとなる場合に，一定の限度で，その外国法人税の額をわが国の法人税の額から控除するという制度である。これは，同一の所得に対する国際的二重課税を排斥し，かつ，事業活動に対する税制の中立性を確保しようとする政策目的に基づく制度である。

(2) 本件取引は，全体としてみれば，本来は外国法人が負担すべき外国法人税についてわが国の内国法人の納税者が対価を得て引き受け，その負担を自己の外国税額控除の余裕枠を利用して国内で納付すべき法人税額を減らすことによって免れ，最終的に利益を得ようとするものであるということができる。これは，わが国の外国税額控除制度をその本来の趣旨目的から著しく逸脱する態様で利用して納税を免れ，わが国において納付されるべき法人税額を減少させた上，この免れた税額を原資とする利益を取引関係者が享受するために，取引自体によっては外国法人税を負担すれば損失が生ずるだけであるという本件取引をあえて行うというものであって，わが国ひいてはわが国の納税者の負担の下に取引関係者の利益を図るものというほかない。そうすると，本件取引に基づいて生じた所得に対する外国法人税を法人税法 69 条の定める外国税額控除の対象とすることは，外国税額控除制度を濫用するものであり，さらには，税負担の公平を著しく害するものとして許されないというべきである。

4　最高裁判決の影響

　最高裁の判決を受けて，現在の外国税額控除の対象となる外国法人税には，通常行われる取引と認められない一定の取引（仕組取引）に基因して生じた所得に対する外国法人税は税額控除対象の外国法人税から除かれている。

　現在の外国税額控除の外国法人税から除かれるものは，すでに明らかにしているように次のものが該当する。

　① 所得に対する負担が高率（35％超）な部分の金額
　② 通常行われる取引と認められない一定の取引（仕組取引）に基因して生じた所得に対する外国法人税
　③ 内国法人の法人税に関する法令の規定により法人税が課されないこととなる金額を課税標準として課されるもの
　　・みなし配当に係る源泉税
　　・移転価格課税の第二次調整として課されるみなし配当課税

Ⅳ　支店の損失の取扱い

　昭和37年度までは，欠損の生じた国があれば，その欠損金額に対応する外国税額控除限度額を他の国の国外所得に対応する外国税額控除限度額を減額することとしていた。それに対して，税務当局は，昭和37年度税制改正で，外国法人税額について二重課税排除を最大限利用できるようにするために，このような減額方式を行わず，所得の生じた国（黒字国）の所得金額にわが国の法人税の実効税率を乗じた額まで控除する一括限度額方式を採用したが，国別限度額方式も存置していた。

　欠損金のある国の取扱いについて，このような一括限度額方式を採用する事により，これまで外国税額控除限度額の計算に国別限度額方式を採用していたが，それを存続させる必要がなくなったことと，控除限度額計算の簡素化に役立つという視点から昭和38年度税制改正では，国別限度額方式から一括限度額方式に一本化された。

当時の税務当局者によれば，一括限度額方式を新たに導入しながら国別限度額方式を残していた理由は，ある外国で相当の赤字が生じた場合には，一括限度額方式よりも国別限度額方式のほうが有利になることもあったからといわれている。

　これに対して，一括限度額方式では，欠損の生じた外国を国外の地域に含めず，その外国の事業を国内事業と一体とみる場合には，国別限度額方式よりも一括限度額方式の方が，各外国ごとの限度額を彼此流用でき，常に有利ないしは同等の利用ができることにあったと思われる。

　今日，国外の地域における支店において，損失が生じた場合には，他の国外の支店の国外所得と通算して国外所得の金額と通算して国外所得を一括して計算することになる。

　なお，国外所得金額の計算では，欠損金の繰越金額がある場合には，繰越欠損金額は計算から除外される（法基通16-3-10）。したがって，支店の損失は，その発生した事業年度のみ他の国外所得金額と通算できるが，次年度以降において，繰越欠損金は打ち切りとなることに留意する必要がある。

　支店の損失については，松田憲哉稿「在外支店の損失と課税管轄喪失問題－recapture規定か，損失規制か－」（税研155号，2011年1月）において，海外支店に損失が生じた場合には，わが国の課税所得が減少してしまうことを問題として取り上げている。そのうえで，支店の損失について，国によって取扱いが異なることを指摘し，わが国における在外支店の損失に伴う課税管轄喪失問題について考察しており，今後の国際課税における外国税額控除制度のあり方を検討するのに参考となる。

注(1)　『改正税法のすべて』平成21年8月　439頁
　(2)　木下　亮「平成23年度税制改正について　国際課税関係」『平成23年度税制改正の解説』第一法規　平成23年10月　214頁
　(3)　前掲木下稿　214頁
　(4)　前掲木下稿　215頁

⑸　森　文人編『法人税基本通達逐条解説』1528頁
⑹　前掲森編　1528頁
⑺　『改正税法のすべて』昭和63年12月改正　388頁
⑻　『改正税法のすべて』昭和63年12月改正　388頁
⑼　『国税速報』昭和38年4月　93頁
⑽　『改正税法のすべて』昭和63年12月　385頁～386頁
⑾　『改正税法のすべて』昭和63年12月　386頁

参考文献

金子　宏　『租税法』第17版　弘文堂　平成24年4月
川田　剛　『国際課税の基礎知識（5訂版）』税務経理協会　平成12年4月
本庄　資編『国際課税の理論と実務』一般財団法人大蔵財務協会　平成23年8月
本庄　資　『改訂新版　国際租税法』（財）大蔵財務協会　平成13年4月
森　文人編『法人税基本通達逐条解説』税務研究会出版局　平成23年4月
矢内一好・高山政信『外国税額控除の理論と実際』同文舘　平成20年2月
渡辺淑夫『最新　外国税額控除（三訂版）』同文舘出版　平成20年9月
国際税務実務研究会編『Tax & Law　国際税務の実務と対策』第一法規
武田昌輔編『DHC　コンメンタール法人税法』第一法規
監訳川端康之『OECDモデル租税条約2008年版』社団法人日本租税研究協会
　2009年
金子　宏「外国税額控除制度」租税法研究　10号　1982年9月
木下　亮「平成23年度税制改正について　国際課税関係」『平成23年度税制改正の解説』第一法規　平成23年10月
松田憲哉「在外支店の損失と課税管轄喪失問題－recapture規定か，損失規制か－」（税研　155号　2011年1月，『第33回日税研究賞入選論文集』）
『改正税法のすべて』各年度版
『月刊　国際税務』税務研究会

内国法人の国際取引に係る法人税

外国子会社からの受取配当の益金不算入制度

税理士 上松 公雄

まえがき

　外国子会社からの配当に係る国際的二重課税の排除の方法としては，わが国においては長い間，間接外国税額控除制度によっていたところであるが，現行法人税法においては，これに代わって，外国子会社配当益金不算入制度が採用されている。

　本稿においては，第一に，間接外国税額控除制度に代えて外国子会社配当益金不算入制度が採用されることとなった背景，理由について確認するとともに，制度の概要について留意事項を含めて整理することとする。

　次いで，外国子会社配当益金不算入制度を適用する場合に，他の国際税務に関する諸制度との適用関係がどのようになるのかについて確認するものとする。

　なお，外国子会社配当益金不算入制度は，連結納税の場合においても同様の制度が設けられているが（法81の3），基本的な事項については，単体納税の場合と同様であるので，特有の事項についてのみ言及するものとする。

I 概　　要

1　制度の内容及び趣旨

　内国法人が，外国子会社からの剰余金の配当等がある場合には，その剰余金の配当等の95％相当額は益金不算入とすることとされている（法23の2）。

　この点を含め，計数を用いて，所得金額及び法人税額を示すと，次のとおりである。

① 剰余金の配当等に対して所在地国において源泉課税がない場合

（前提）

　　内国法人（親会社）の国内源泉所得金額：300

　　外国子会社からの剰余金の配当等の額：100

　　内国法人に対する法人税率：40％

（所得金額及び法人税額）

　　所得金額　＝　305（＝300＋5（＝100×5％））

　　法人税額　＝　122（＝305×40％）

［改正前の所得金額及び法人税額］

　　所得金額　＝　400（＝300＋100）

　　法人税額　＝　160（＝400×40％）

② 剰余金の配当等に対して所在地国において源泉課税がある場合

（前提）

　　内国法人（親会社）の国内源泉所得金額：300

　　外国子会社からの剰余金の配当等の額：80

　　所在地国における源泉課税の金額：20（税率20％）

　　内国法人に対する法人税率：40％

（所得金額及び法人税額）

　　所得金額　＝　304（＝300＋4（＝80×5％））

　　法人税額　＝　121.6（＝304×40％）

［改正前の所得金額及び法人税額］
　　所得金額　＝　400（＝300＋80＋20）
　　法人税額　＝　140（＝160（＝400×40％）－20））

　この外国子会社配当益金不算入制度（以下，本制度という。）は，平成21年度税制改正において創設されたものであるが，この創設の趣旨について，「平成21年度の税制改正に関する答申（平成20年11月　税制調査会）」においては，次のように述べている。

　「我が国経済の活性化の観点から，我が国企業が海外市場で獲得する利益の国内還流に向けた環境整備が求められる中，企業が必要な時期に必要な金額だけ戻すことができることが重要である。外国税額控除制度については，こうした企業の配当政策の決定に対する中立性の観点に加え，適切な二重課税の排除を維持しつつ，制度を簡素化する観点も踏まえ，間接外国税額控除制度に代えて，外国子会社からの配当について親会社の益金不算入とする制度を導入することが適当である。本制度を導入することにより，国内に還流する利益が，設備投資，研究開発，雇用等幅広く多様な分野で我が国経済の活力向上のために用いられることが期待される。」

　また，「改正税法のすべて（平成21年度版）」においては，本制度が必要とされる理由や背景について詳述した上で，次のとおり，上記答申と同様の創設の趣旨が明らかにされている。

　「わが国企業はグローバルに事業を展開し，海外市場で獲得した利益の多くは国内に還流させることなく海外に留保する傾向がみられます。経済産業省の「海外事業活動基本調査（2008年5月）」によれば，海外での内部留保額は，毎年2～3兆円を超える額で増加し，2006年度末には約17兆円もの利益が内部留保されていると報告されています。

　このような状況に対しては，わが国経済の活性化の観点から，海外市場で獲得する利益をわが国に還流させる「好循環」の確立が，わが国経済の持続的発展のために重要であり，この点について，経済成長戦略大綱2008（平成20年6月27日閣議決定）において「わが国企業が強みをいかして海外市場で

獲得する利益が過度に海外に留保され，競争力の源泉である研究開発や雇用等が国外流出しないよう，当該利益の国内還流に資する環境整備に取り組む。」とされています。わが国企業が外国子会社の利益を必要な時期に必要な金額だけ戻すことができることが重要であると考えられ，外国子会社利益の国内還流に向けた環境整備が求められています。

　このため，外国子会社から受ける配当に係る二重課税排除の方式として，こうした企業の配当政策の決定に対する税制の中立性の観点に加え，適切な二重課税の排除を維持しつつ，制度を簡素化する観点も踏まえ，今般の税制改正において，間接外国税額控除制度に代えて（後述「二　外国税額控除制度の見直し」参照），内国法人が一定の外国子会社から受ける配当等を益金不算入とするいわゆる外国子会社配当益金不算入制度が導入されました。」（425頁）

　すなわち，わが国の経済の活力向上を主眼として，海外に留保された利益を国内に還流させるため，①企業の配当政策の決定に対する中立性の確保，②適切な二重課税の排除の維持，③制度の簡素化，の観点を踏まえ，間接外国税額控除制度に代えて，本制度が創設されたものである。

　なお，上記の計算例において，たとえば，わが国の法人実効税率が20％であって所在地国における（源泉）税率と同率であるとすると，改正の前の法人税額は60，現行制度の法人税額は60.8となり，改正前後の税負担はほぼ変わりがなく，基本的には，外国子会社からの剰余金の配当等に対する課税の中立性が維持されているものと解される。

　ただし，所在地国において配当等（その原資である法人の所得を含む。以下同じ。）に対する課税がない場合には，本制度の下では，配当等については全く租税負担が生じないという問題が生ずることとなる。

　以下においては，本制度における要件及び要点となる事項について，順次確認するものとする。

2　外国子会社の範囲

本制度の適用を受ける内国法人に係る外国子会社とは，(1)保有割合及び(2)保有期間の2つの要件を満たすものをいう（法23の2①，法令22の4①）。

(1)　保有割合
次の①又は②のいずれかの割合が25％以上であること。
① 　外国子会社の判定の対象となる外国子会社の発行済株式等のうち内国法人が保有している株式等の数又は金額の占める割合
② 　外国子会社の判定の対象となる外国子会社の発行済株式等のうちの議決権のあるもののうち内国法人が保有している議決権のある株式等の数又は金額の占める割合

この保有割合に関する要件は，当該内国法人が単独で保有する割合が問題とされている点に注意を要する。たとえば，当該内国法人が同族会社である場合に，当該法人と同族関係者との保有割合を合計して，25％以上であるかどうかを判断することはしない。その同族会社たる内国法人単独の保有割合が問題となる。

当該内国法人と他の支配関係のある会社が，同一の法人の株式等を保有している場合も同様である。

もっとも，複数の法人が，一つの法人の株式を保有する場合で，それぞれ25％以上を保有する場合には（下記(2)の保有期間要件を充足することを前提とする。），その25％以上を保有する各法人において，本制度が適用されることとなる。

(2)　保有期間
上記(1)の保有割合要件を充足する状態が本制度の適用を受ける剰余金の配当等の額の支払義務確定日以前6月以上継続していることが求められている。

なお，その剰余金の配当等の額が，いわゆるみなし配当（資本の払戻しに係る部分を除く。）である場合には，支払義務確定日の前日以前6月以上継続していることが要件とされる。

(3) 「保有割合」及び「保有期間」に関する確認事項

「保有割合」及び「保有期間」に関する確認事項としては，①租税条約に二重課税排除条項がある場合における外国子会社に対する保有割合の問題，②外国子会社の判定の対象となる外国法人が新設法人である場合の保有期間の問題，③適格組織再編成の場合における外国子会社に対する保有期間の問題，④同一事業年度に2以上の剰余金の配当等を受けた場合の保有割合及び保有期間の問題の4つが存する。

① 租税条約に二重課税排除条項がある場合における外国子会社に対する保有割合の問題

わが国が締結した租税条約において，二重課税排除条項（締約相手国の居住者である法人が納付する租税をわが国の租税から控除する規定）により保有割合として25％未満の割合が定められている場合は，本制度における判定の対象となる外国法人が二重課税排除条項が定められている租税条約の締約相手国の居住者たる法人であるときは，保有割合の判定は25％以上ではなく，その租税条約の二重課税排除条項に定める割合によることとされる（法基通3－3－3）。

すなわち，本制度の適用対象となる外国子会社は，原則として，保有割合が25％以上とされているところであるが，租税条約の二重課税排除条項において，その適用対象となる保有割合が25％未満とされている場合には，保有割合が25％未満の外国子会社であっても，その外国子会社（外国法人）からの剰余金の配当等は益金不算入となる。

なお，平成24年4月末現在において，わが国が締結している租税条約は53条約（64カ国に適用）であるが，この他に，クウェート，ポルトガル，ジャージー及びガーンジーとの租税条約（租税協定を含む。）が署名済みで未発効となっている。このうち，租税条約の二重課税排除条項において持株割合が25％未満とされている国は，アメリカ，オーストラリア，カザフスタン，ブラジル，オランダ（いずれも10％）及びフランス（15％）の6カ国である（未発効のクウェート及びポルトガルとの租税条約においても10％とされている）。

なお，以下においては，保有割合に関する25%の計数については，その都度，特に断らないものの，租税条約の二重課税排除条項において，その適用対象となる保有割合が25%未満とされている場合には，その二重課税排除条項で定められた割合に読み替えるものとご理解されたい。

② 外国子会社の判定の対象となる外国法人が新設法人である場合の保有期間の問題

本制度の適用対象となる外国子会社の判定に当たっては，保有割合が25%以上である状態が剰余金の配当等の額の支払義務確定日以前6月以上継続していることが求められているが，判定の対象となる外国法人が新設法人である場合には，例外的な取扱いが認められている。

すなわち，外国法人が新設法人である場合には，保有割合が25%以上である状態が，剰余金の配当等の額の支払義務確定日以前6月以上継続していなくても，その設立の日から剰余金の配当等の額の支払義務確定日まで，保有割合25%以上の状態が継続していれば，外国子会社の設立後6月以内に行われる剰余金の配当等についても本制度の対象になるものとされている（法令22の4①かっこ書）。

③ 適格組織再編成の場合における外国子会社に対する保有期間の問題

保有期間を巡る問題点の2つ目として，適格組織再編成に伴って，外国法人の株式等の移転を受けた場合の問題が存する。

すなわち，内国法人が，適格組織再編成（適格合併，適格分割，適格現物出資又は適格現物分配）により事業の全部又は一部の移転を受けた場合において，被合併法人等（被合併法人，分割法人，現物出資法人又は現物分配法人）からその保有する外国法人の発行済株式等の25%以上の数若しくは金額の株式等又は議決権のある株式等の25%以上の数若しくは金額の株式等の移転を受けたときには，その被合併法人等のその適格組織再編成前における保有期間を含めて，その内国法人の保有期間を計算することとされている（法令22の4④）。

④ 同一事業年度に2以上の剰余金の配当等を受けた場合の保有割合及び保

有期間

　一つの事業年度のうちに，2回以上の剰余金の配当等が行われることはごく一般的な事象に属する。すなわち，中間配当制度を採用している場合であれば，同一事業年度のうちに期末配当と中間配当の2回行われることとなり，四半期配当が行われる場合には4回となる。

　このように，一つの事業年度のうちに，2回以上の剰余金の配当等が行われる場合の本制度の適用対象となる外国子会社に該当するかどうかは，それぞれの剰余金の配当等ごとに，その支払義務確定日における保有割合及び保有期間に基づいて判定することとされている（法基通3-3-2）。

　したがって，同一の事業年度において，同じ外国法人から剰余金の配当等を受ける場合であっても，本制度の対象となる配当等とならない配当等が存する場合があるので注意が必要となる。

(4) 連結納税の場合の「保有期間」の判定単位

　連結納税の場合における外国子会社配当益金不算入制度（法81の3）の適用要件も，保有割合が25％以上，配当に係る支払義務確定日以前6月以上継続して保有していることとされている。

　ただ，この場合の保有割合の判定については，連結グループ全体で保有割合が25％以上，配当に係る支払義務確定日以前6月以上継続して保有していることが必要となるので，この点に注意を要する。

3　剰余金の配当等の範囲

　剰余金の配当等の額は，法人税法第23条第1項第1号に掲げる金額をいい，同号においては，次のものが掲げられている。

① 　剰余金の配当（株式会社及び協同組合等の剰余金の配当のうち，株式等に係るもの。ただし，資本剰余金の額の減少に伴うもの及び分割型分割によるものを除く。）

② 　利益の配当（分割型分割によるものを除く。）

③ 　剰余金の分配（相互会社及び船主相互保険組合の剰余金の分配のうち出資に

係るもの）

　なお，いわゆるみなし配当の金額（法24①）も含まれる（法23の2①）。ここで，実務上，留意すべき点としては，外国子会社が合併等の組織再編を行った場合や解散した場合などは，わが国の法人税法上のみなし配当の問題が生ずる場合がある。したがって，実際に，配当として金員を受領していない場合にも，本制度を適用すべき場合があるので，申告などにおいて，この点に注意を要する。

　本制度の対象となる剰余金の配当等の範囲について留意すべき事項としては，⑴わが国と所在地国の法令等において剰余金の配当等の範囲が異なる場合，⑵損金算入配当及び優先配当の取扱い及び⑶自己株式等の取得が予定されている株式等に係る剰余金の配当等の適用除外の3つのものが存する。

⑴　わが国と所在地国の法令等において剰余金の配当等の範囲が異なる場合

　留意すべき事項の第一としては，本制度の対象となる剰余金の配当等は，わが国の法令等によって剰余金の配当等と認識される配当等であるという点である。すなわち，わが国の法令等と外国子会社の所在地国における法令等とにおいて，剰余金の配当等に関する認識が異なる場合が想定されるところであり，このような場合には，仮に，当該所在地国の法令等において剰余金の配当等と規定されているものであっても，わが国の法令等において剰余金の配当等と規定されていない場合には，その外国子会社から受領した金員について本制度は適用されない。また逆に，当該所在地国の法令等において剰余金の配当等と規定されていないものであっても，わが国の法令上は剰余金の配当等とされているものは，本制度が適用されることとなる。

　この点は，本制度の対象について，「前条第1項第1号に掲げる金額」，つまり，法人税法第23条第1項第1号に掲げる配当等の金額と規定されていることから明らかとなる事項である。

⑵　損金算入配当及び優先配当の取扱い

　本制度の適用対象となる剰余金の配当等の範囲に係る留意事項の第二とし

ては，優先配当等の取扱いである。すなわち，本制度が創設されるまでの外国子会社からの剰余金の配当等に係る二重課税排除の方式である間接外国税額控除においては，その計算の基礎となる外国子会社の配当等からは，損金算入配当及び優先株式に対する優先配当は含まないものとされていた（旧法令147②Ⅱ，Ⅲ）。

しかしながら，本制度においては，その対象となる剰余金の配当等の額については特段の制限を設けられておらず，損金算入配当及び優先配当についても対象とされる。

この損金算入配当及び優先配当に対する取扱いの相違については，次のような理由が挙げられている（「改正税法のすべて（平成21年度版）」430頁）。

① 本制度の導入により，外国子会社の所得についてはその所在地国の課税によって完結しており，所在地国における課税の可否や税率の多寡を問わないこと。

② 優先株式に対する優先配当は，換言すれば社債利息のようなものであるということから間接外国税額控除制度の対象外とされていたが，種類株式の多様化に伴い優先配当のみを除外することに整合性が乏しくなったこと。

③ 本制度の導入が簡素化の側面と経済対策的な側面とを併せ持つこと。

(3) 自己株式等の取得が予定されている株式等に係る剰余金の配当等の適用除外

自己株式等の取得が予定されている株式等に係る剰余金の配当等の額については，本制度は適用されない（法23の2②）。

これは，要するに，租税回避防止の措置である。すなわち，株式等の発行会社に対して，その発行会社の自己株式となる譲渡をした場合，譲渡した法人（株主）においては，みなし配当と株式の譲渡損益が認識され，みなし配当は益金不算入であるものの，譲渡損が生じる場合には，これは損金算入となるため，この仕組みを利用して租税回避が可能となることから，平成22年度税制改正において，内国法人からの受取配当の益金不算入制度において

適用外とされたところであり（法23③），本制度においても，これと同様に措置されたものである。

ところで，この場合の自己株式等の取得が予定されている株式等の意味内容については，その具体性が問題とされ，法人税の取扱いにおいては，「上場会社等が自己の株式の公開買付けを行う場合における公開買付期間（中略）中に，法人が当該株式を取得したときの当該株式がこれに該当する。」ものとされている（法基通3－3－4，3－1－8）。

ただし，法人が，公開買付けを行っている会社の株式をその公開買付期間中に取得した場合において，当該株式についてその公開買付けによる買付けが行われなかったときには，その後当該株式にみなし配当（法24①Ⅳ）を受けたとしても，当該配当については，本制度が適用されるものとされている。つまり，適用除外とならない点に注意を要する（法基通3－1－8（注））。

4 益金不算入額（費用の控除）

本制度においては，外国子会社からの剰余金の配当等の95％相当額を益金不算入とすることとされているが，この点については，次のとおり規定されている。すなわち，まず，「剰余金の配当等の額から当該剰余金の配当等の額に係る費用の額に相当するものとして政令で定めるところにより計算した金額を控除した金額」を益金不算入するものとされており（法23の2①），政令においては，「剰余金の配当等の額に係る費用の額に相当する」金額について，当該剰余金の配当等の5％相当額とされている（法令22の4②）。これらによって，剰余金の配当等の95％相当額が益金不算入とされることとなっている。

ここで，益金不算入額が剰余金の配当等の95％相当額とされることに関しては，①「剰余金の配当等に係る費用の額」が控除される理由及び②「剰余金の配当等の額に係る費用の額」が当該剰余金の配当等の5％相当額とされる理由の2点について確認する必要がある。

① 「剰余金の配当等に係る費用の額」が控除される理由

本制度において，外国子会社からの剰余金の配当等の全額ではなく，「剰余金の配当等の額に係る費用の額」を控除した額を益金不算入とする理由については，次のように説明されている（「改正税法のすべて（平成 21 年度版）」430 頁）。

「これは，外国子会社配当益金不算入制度の導入により，外国子会社からの剰余金の配当等の額が課税所得から除外されることから，その剰余金の配当等の額を獲得するために要した費用についても課税所得の計算上除外し，費用収益を対応させるという趣旨のものです。」

要するに，益金不算入となる収益を稼得するために要した費用は損金には算入しないという考え方に基づくものと解される。

② 「剰余金の配当等の額に係る費用の額」が当該剰余金の配当等の 5％相当額とされる理由

「剰余金の配当等の額に係る費用の額」について，当該剰余金の配当等の 5％ 相当額とされている点については，本来的には，外国子会社からの剰余金の配当等に係る直接費用及び間接費用を合理的に算定すべきであるものの，これは困難であること，また，納税者の事務負担の軽減や制度の簡素化の観点及び諸外国の例から配当等の一定割合をもって計算するものと説明されている（「改正税法のすべて（平成 21 年度版）」430 頁）。さらに，5％ という割合については，ドイツ及びフランスにおける採用例が挙げられている。

以上述べたところを計数を用いて示すと，次のとおりである。

|本来の趣旨|

剰余金の配当等　100　←　益金不算入
受領に係る費用　　X　←　損金不算入（益金不算入 100 を稼得するための費用）

```
┌────────────────────────────────────────────────────────────────┐
│ 調整した形（受領のための費用を5％相当額と擬制して益金不算入額を調整） │
│                                                                │
│   剰余金の配当等   １００  ←  益金不算入                        │
│   受領に係る費用       ５  ←  損金不算入   ５％と擬制            │
└────────────────────────────────────────────────────────────────┘
```
益金不算入額を調整

益金不算入額 ＝ ９５（＝剰余金の配当等１００－受領に係る費用５）

要するに，本来，「損金不算入」となる５を益金算入としても同一の効果が得られることから，これによったものと解される。

5　適用額の明細及び書類の保存

本制度の適用に当たっては，確定申告書，修正申告書又は更正請求書に益金不算入とされる剰余金の配当等の額及びその計算に関する明細（適用額の明細）を記載した書類を添付するとともに，次の書類を保存することが求められている（法23の2③，法規8の5）。

① 外国法人が外国子会社に該当することを証する書類（配当通知書，資本金の払込みを証する書類等）

② 外国子会社の益金不算入とされる剰余金の配当等の額に係る事業年度の貸借対照表，損益計算書及び株主資本等変動計算書，損益金の処分に関する計算書その他これらに類する書類

③ 剰余金の配当等の額に係る外国源泉税等の額がある場合のその外国源泉税等の額が課された申告書の写し等又は納付がされている場合の納付書等のタックス・レシート

上記①から③に掲げる書類は，いずれも「間接外国税額控除制度（旧法69⑧）」において添付要件とされていたものであるが，本制度においてはいずれも保存要件とされた。これは，要件の緩和と評価されるものであり，この趣旨は，制度の簡素化及び納税者の事務負担の軽減等に配慮したものと説明されている（「改正税法のすべて（平成21年度版）」431頁）。

なお，上記①から③の書類の保存がない場合においても，その書類の保存

がなかったことについてやむを得ない事情があると税務署長が認めるときには制度の適用を受けることができることとする宥恕規定が設けられている（法23の2④）。

本制度を適用する場合の，適用額については，平成23年12月改正において改正が行われた。

すなわち，従前においては，確定申告書に益金不算入となる剰余金の配当等の額の記載（当初申告要件）が求められていたが，平成23年12月改正により，確定申告書，修正申告書，更正請求書に適用金額を記載した書類の添付がある場合等に限り適用を受けることができる制度に改められた。

これによって，当初の申告において，本制度の適用が漏れていた場合であっても，修正申告又は更正の請求の段階で，これを適用することは認められることとなった。

［補足］ 本制度が適用されない外国法人からの剰余金の配当等に関する取扱い

本制度の適用対象とならない外国法人（租税特別措置法第66条の8の適用がある法人を除く。），すなわち，保有割合が25％未満の外国法人又は保有期間6月以上，あるいは，その両方の要件を充足しない外国法人からの剰余金の配当等については，益金に算入されることになるが，この剰余金の配当等に係る外国源泉税等については，損金算入（法41）又は外国税額控除（法69）の適用（選択適用）を受けることができる。

Ⅱ　他の制度との調整，適用関係

1　外国子会社からの剰余金の配当等に対する外国源泉税等の損金算入又は外国税額控除の可否

(1) 概　　要

① 外国子会社からの剰余金の配当等に対する外国源泉税等の損金算入の可

否

　外国子会社からの剰余金の配当等が益金不算入となることに伴い，その剰余金の配当等に対して外国子会社の所在地国において課される外国源泉税等（源泉徴収税又は法人税）については損金不算入とされる（法39の2）。

　これは，課税所得の計算上，費用収益を対応させるという趣旨に基づくものである。すなわち，外国子会社からの剰余金の配当等に対する外国源泉税等は，内国法人の費用のうち外国子会社からの剰余金の配当等にのみ関連して生じたもの（直接費用）であり，課税所得の計算上その収益たる配当が益金に含まれないことから，その費用たる外国源泉税等も損金に含めないものとされている（「改正税法のすべて（平成21年度版）」431頁）。

　なお，損金不算入の対象となる外国源泉税等は，本制度の適用を受けた外国子会社からの剰余金の配当等に対するものとされているので，本制度の適用を受けない外国子会社からの剰余金の配当等に対する外国源泉税等は損金算入することが認められる。

　また，損金不算入となる外国源泉税等には剰余金の配当等の計算の基礎とされる金額を課税標準として課される外国法人税が含まれる。

　これは，いわゆるパス・スルー課税の事業体を想定した取扱いである。すなわち，パス・スルー課税の事業体がわが国において外国法人として扱われる場合に，その事業体から構成員である内国法人が受ける収益の分配は，わが国からすると子会社からの配当であり本制度の対象となる。この場合に，当該事業体の所在地国の税制によっては収益分配時には源泉徴収されず，構成員に所得が配賦される段階で構成員課税が行われることがあることから，この配賦段階における課税を外国子会社から受ける剰余金の配当等に係る外国源泉税等に含めることとされている。

② 外国子会社からの剰余金の配当等に対する外国源泉税等の外国税額控除の可否

　本制度の適用により，法人税が課されないこととなる外国子会社からの剰余金の配当等に対する外国源泉税等については，外国税額控除制度の対象と

なる控除対象外国法人税に含まれないこととされている（法69，法令142の2⑦Ⅲ）。

この点は，正確を期すために，法令の規定を次に掲げる（一部を省略する）。

「**(外国税額の控除)**
第69条　内国法人が各事業年度において外国法人税（……）を納付することとなる場合には，当該事業年度の所得の金額につき第66条第1項から第3項まで（各事業年度の所得に対する法人税の税率）の規定を適用して計算した金額のうち当該事業年度の所得でその源泉が国外にあるものに対応するものとして政令で定めるところにより計算した金額（以下この条において「控除限度額」という。）を限度として，その外国法人税の額（……内国法人の法人税に関する法令の規定により法人税が課されないこととなる金額を課税標準として外国法人税に関する法令により課されるものとして政令で定める外国法人税の額その他政令で定める外国法人税の額を除く。以下この条において「控除対象外国法人税の額」という。）を当該事業年度の所得に対する法人税の額から控除する。」

「**(外国税額控除の対象とならない外国法人税の額)**
第142条の2
7　法第69条第1項に規定する内国法人の法人税に関する法令の規定により法人税が課されないこととなる金額を課税標準として外国法人税に関する法令により課されるものとして政令で定める外国法人税の額は，次に掲げる外国法人税の額とする。

　一・二　（省略）
　三　法第23条の2第1項に規定する外国子会社から受ける同項に規定する剰余金の配当等の額（同条第2項の規定の適用を受けるものを除く。以下この号において同じ。）を課税標準として課される外国法人税の額（当該剰余金の配当等の額の計算の基礎となった当該外国子会社の所得のうち内国法人に帰せられるものとして計算される金額を課税標準として当該内国法人に対して課される外国法人税の額を含む。）」

この趣旨も上記①で述べたところと同様である。
③　外国源泉税等が減額された場合における益金不算入

　上記①により，外国子会社からの剰余金の配当等に対する外国源泉税等については，その課された時において損金に算入されないことから，その後においてその外国源泉税等が減額された場合には，益金に算入しないものとされている（法26②）。

(2)　特殊問題（益金不算入とならない5%相当額に対する外国源泉税等の損金算入又は外国税額控除の適用の有無）

　上記(1)で述べたとおり，本制度が適用される外国子会社からの剰余金の配当等に対する外国源泉税等については，損金に算入されず（法39の2），また，外国税額控除も適用されない（法69）。

　ただ，これらの取扱いは，外国子会社からの剰余金の配当等が益金不算入となることの反射的な対応であるので，本制度において，益金不算入となる対象から除外される剰余金の配当等の5%相当額に係る外国源泉税等については，損金算入あるいは外国税額控除が認められるべきではないかという疑問が生ずる。

　この点についての結論としては，本制度において益金不算入とされない剰余金の配当等の5%相当額に対して外国源泉税等が課されていたとしても，当該外国源泉税等については，損金算入は認められず，また，外国税額控除の対象とはならないものと解される。

　上記「Ⅰ」「4」「①」で述べたとおり，外国子会社からの剰余金の配当等の5%相当額について益金不算入の対象から控除するのは，当該配当等を受領するための費用を損金不算入とする趣旨によるものである。

　要するに，本来であれば，外国子会社からの剰余金の配当等の100%を益金不算入とし，その一方で，この益金不算入とされる剰余金の配当等の受領に係る費用を損金不算入とすることがあるべき形であるが，剰余金の配当等の受領に係る費用の額を確定することは困難であるので，これを当該剰余金の配当等の5%相当額と擬制して，さらに便宜的に，これと剰余金の配当等

の額とを相殺する形を採り，結果として，外国子会社からの剰余金の配当等の95％相当額を益金不算入とされたものと解される。

したがって，本来のあるべき形から，益金算入される剰余金の配当等の5％相当額に対する外国源泉税等の性質を確認すると，まず，外国子会社からの剰余金の配当等の100％が益金不算入とされ，なおかつ，当該剰余金の配当等に対する外国源泉税等は外国税額控除の適用はなく，損金にも算入されないものとして決着する。そして，損金不算入とすべき剰余金の配当等の受領に係る費用（5％相当額）に関しては，源泉所得税の問題は生じない。

これが，本来の形であるので，外国子会社からの剰余金の配当等の5％相当額について益金算入とされるとしても，このことにより，配当等に対して課された外国源泉税等についての損金算入や外国税額控除の問題は生じないものとなる。

2 外国法人からの剰余金の配当等の益金不算入制度（措法66の8）との適用関係

(1) 概　　要

外国法人から剰余金の配当等を受けた場合については，租税特別措置法第66条の8において，一定の場合において，当該配当等について益金不算入とする旨が規定されている。

「**第66条の8**　内国法人が外国法人（法人税法第23条の2第1項に規定する外国子会社に該当するものを除く。以下この項において同じ。）から受ける同法第23条第1項第1号に掲げる金額（以下この条において「剰余金の配当等の額」という。）がある場合には，当該剰余金の配当等の額のうち当該外国法人に係る特定課税対象金額に達するまでの金額は，当該内国法人の各事業年度の所得の金額の計算上，益金の額に算入しない。

2　内国法人が外国法人から受ける剰余金の配当等の額（法人税法第23条の2第1項の規定の適用を受けるものに限る。以下この項において同じ。）がある場合には，当該剰余金の配当等の額のうち当該外国法人に係る特定課税対象金

額に達するまでの金額についての同条第1項の規定の適用については，同項中「以下第3項までにおいて「剰余金の配当等の額」という。）がある場合には，当該剰余金の配当等の額から当該剰余金の配当等の額に係る費用の額に相当するものとして政令で定めるところにより計算した金額を控除した金額」とあるのは，「次項及び第3項において「剰余金の配当等の額」という。）」とする。この場合において，この項前段の規定の適用を受ける剰余金の配当等の額に係る同法第39条の2に規定する外国源泉税等の額については，同条の規定は，適用しない。」

この租税特別措置法第66条の8は，外国子会社合算税制（措法66の6）に関連する規定であるが，この益金不算入制度自体は，外国法人から受けた剰余金の配当等について適用される。

ここで，租税特別措置法第66条の8に関しては，「改正税法のすべて」においても，「特定外国子会社等」からの剰余金の配当等に関する制度として解説されているが，上掲のとおり，規定においては「外国法人」からの剰余金の配当等が制度の対象とされている。

この点については，明確な解説が行われていないが，後述するように，租税特別措置法第66条の8においては，過去において外国子会社合算課税制度が適用された所得金額が問題とされるため，規定の適用時点において，「特定外国子会社等」である外国法人はもちろんのこと，保有割合の関係から，適用時点では「特定外国子会社等」でない外国法人も対象に含まれるためであると考える。

以下においては，租税特別措置法第66条の8による外国法人からの剰余金の配当等の益金不算入制度と本制度との適用関係が，どのようになるのかについて整理するものとする。

まず，租税特別措置法第66条の8の規定について確認すると，第1項においては，適用対象に関しては，外国法人のうち，「法人税法第23条の2第1項に規定する外国子会社に該当するものを除く」ものとしているので，具体的には，外国法人のうち保有割合が25％未満である法人を問題としてい

ることになる。すなわち，保有割合が25％未満である外国法人からの剰余金の配当等のうち当該外国法人に係る特定課税対象金額に達するまでの金額は全額益金不算入とするものとしている。

　この第1項は，本制度の適用がない外国法人に対する定めであるので，本制度との適用関係については問題とならない。

　次に，第2項においては，「法人税法第23条の2第1項の規定の適用を受けるものに限る。」とされているので，具体的には，外国法人のうち，保有割合が25％以上である法人からの剰余金の配当等が適用対象となる。したがって，保有割合の点で，この第2項による益金不算入制度と本制度との両方の適用要件を充足する場合が生ずるところとなる。

　したがって，両者の適用関係が問題となるが，第2項においては，法人税法第23条の2第1項，つまり，本制度の適用に当たっては，益金不算入とする金額について「剰余金の配当等の額から当該剰余金の配当等の額に係る費用の額に相当するものとして政令で定めるところにより計算した金額を控除した金額」とするのではなく，「剰余金の配当等の額」とする旨定めている。これは，保有割合が25％以上の外国法人からの剰余金の配当等のうち当該外国法人に係る特定課税対象金額に達するまでの金額は，95％相当額ではなく，その全額を益金不算入とすることを定めるものである。

　したがって，保有割合が25％以上の外国法人からの剰余金の配当等がある場合に，本制度が適用となるのか，租税特別措置法第66条の8第2項の適用となるのかは，当該外国法人に係る特定課税対象金額が存するかどうかによって決まることとなる（本制度における保有期間要件を充足していることを前提とする）。

　ここで，特定課税対象金額については，租税特別措置法第66条の8第4項において規定されているが，これは，要するに，特定法人の所得金額のうち過去10年間に租税特別措置法第66条の6により合算課税された金額の合計額をいうものと解される。また，間接特定課税対象金額がある場合には，第1項及び第2項それぞれの場合において，剰余金の配当等のうち間接特定

課税対象金額に達するまでの金額は全額益金不算入とされる（措法66の8⑧〜⑩）（［参考］参照）。

以上のところを，保有割合の区分ごとに，その剰余金の配当等の益金算入，益金不算入を一覧に整理すると次のとおりである。

(注) 間接特定課税対象金額についてはないものとする。

保有割合	特定課税対象金額	益金不算入／益金算入	適用規定
0％超25％未満	特定課税対象金額がない場合	益金算入	－
0％超25％未満	特定課税対象金額に達するまで	100％益金不算入	措法66の8①
0％超25％未満	特定課税対象金額を超える部分	益金算入	－
25％以上	特定課税対象金額がない場合	95％益金不算入	法23の2①
25％以上	特定課税対象金額に達するまで	100％益金不算入	措法66の8②
25％以上	特定課税対象金額を超える部分	95％益金不算入	法23の2①

なお，外国法人のうち保有割合25％以上の法人からの剰余金の配当等（租税特別措置法第66条の8第2項が適用される配当等）に対する外国源泉税等については，法人税法第39条の2に規定する損金不算入の取扱いは適用されない（措法66の8②後段）。つまり，損金算入が認められる点に注意を要する。

また，本制度においては，自己株式等の取得が予定されている株式等に係る剰余金の配当等については適用対象から除外するものとされているが（法23の2②），租税特別措置法第66条の8第3項においては，次のとおり，自己株式等の取得が予定されている株式等に係る剰余金の配当等についても全額益金不算入するものとして規定している。

「3　内国法人が外国法人から受ける剰余金の配当等の額（法人税法第23条の2第2項の規定の適用を受けるものに限る。以下この項において同じ。）がある場合には，当該剰余金の配当等の額のうち当該外国法人に係る特定課税対象金額に達するまでの金額は，当該内国法人の各事業年度の所得の金額の計算上，益金の額に算入しない。」

[参考]　特定課税対象金額及び間接特定課税対象金額

(1) 特定課税対象金額

特定課税対象金額は，次の①と②の合計額である（措法66の8④，措令39の19②③）。

① 当期において合算課税された金額

$$\text{特定外国子会社等に係る適用対象金額} \times \frac{\text{特定外国子会社等の適用対象金額に係る事業年度終了の時における内国親会社が有する当該特定外国子会社等の請求権勘案直接保有株式等}}{\text{特定外国子会社等の適用対象金額に係る事業年度終了の時における発行済株式等}}$$

② 前10年以内の各事業年度において合算課税された金額

$$\text{特定外国子会社等の各事業年度の適用対象金額} \times \frac{\text{特定外国子会社等の適用対象金額に係る各事業年度終了の時における内国親会社が有する当該特定外国子会社等の請求権勘案直接保有株式等}}{\text{特定外国子会社等の適用対象金額に係る各事業年度終了の時における発行済株式等}}$$

(注) ②の金額からは，前10年以内の各事業年度においてその外国法人から受けた剰余金の配当等について租税特別措置法第66条の8の規定の適用を受けた金額については，その適用を受けた金額は控除される。

[計算例] 保有割合100%

(1) 当期＝0期

	－3期	－2期	－1期	当　期
①	－	－	－	100
②	100	100	100	－
措法66の8適用	－	－	－	－

特定課税対象金額　＝400（①100＋②300）

剰余金の配当等　＝200

400＞200　→　200について100％益金不算入（措法66の8②）

外国子会社からの受取配当の益金不算入制度　155

(2) 当期＝＋1期

	－3期	－2期	－1期	0期	＋1期
①	－	－	－	－	100
②	100	100	100	100	－
措法66の8適用	－	－	－	－	200

　特定課税対象金額　＝300（①100＋②400－措法66の8適用200）
　剰余金の配当等　＝200
　300＞200　→　200について100％益金不算入（措法66の8②）

(3) 当期＝＋2期

	－3期	－2期	－1期	0期	＋1期	＋2期
①	－	－	－	－	－	100
②	100	100	100	100	100	－
措法66の8適用	－	－	－	－	－	400

　特定課税対象金額　＝200（①100＋②500－措法66の8適用400）
　剰余金の配当等　＝200
　200≧200　→　200について100％益金不算入（措法66の8②）

(4) 当期＝＋3期

	－3期	－2期	－1期	0期	＋1期	＋2期	＋3期
①	－	－	－	－	－	－	100
②	100	100	100	100	100	100	－
措法66の8適用	－	－	－	－	－	－	600

　特定課税対象金額　＝100（①100＋②600－措法66の8適用600）
　剰余金の配当等　＝200
　100＜200　→　100について100％益金不算入（措法66の8②）
　　　　　　　　100について95％益金不算入（法23の2）

(2) 間接特定課税対象金額

　間接特定課税対象金額は、要するに、①孫会社・子会社間で行われた配当を基に計算された金額と②孫会社に対する合算額の間接対応分の金額とのうち、いずれか少ない金額とされている（措法66の8⑪、措令39の19⑦～⑪）。

間接特定課税対象金額に係る①孫会社・子会社間で行われた配当を基に計算された金額及び②孫会社に対する合算額の間接対応分の金額は，それぞれ次の算式により計算するものとされている。
① 孫会社・子会社間で行われた配当を基に計算された金額

対象期間において外国子会社が外国孫会社から受けた剰余金の配当等の額（注）× $\dfrac{\text{配当事業年度終了の時における内国親会社の有する当該外国子会社の請求権勘案直接保有株式等}}{\text{配当事業年度終了の時における外国子会社の発行済株式等}}$

（注）次の金額は除かれる。
イ　外国孫会社の課税対象金額又は部分課税対象金額（課税対象金額等という。）の生ずる事業年度がない場合における当該外国孫会社から受けたもの
　（なお，課税対象金額等は，内国親会社の配当事業年度又は前2年以内の各事業年度等の所得金額の計算上益金算入されたものに限る。）
ロ　外国孫会社の課税対象金額等の生ずる事業年度開始の日（2以上ある場合には最も早い日）前に受けたもの
② 孫会社に対する合算額の間接対応分の金額
　次のイ及びロの合計額
イ　外国孫会社に係る課税対象金額等で配当事業年度の所得金額の計算上益金算入されるもののうち，内国親法人の有する当該外国孫会社の間接保有の株式等に対応する部分の金額

外国孫会社に係る適用対象金額等× $\dfrac{\text{外国孫会社の適用対象金額等に係る事業年度終了の時において内国親会社が外国子会社を通じて有する当該外国孫会社の間接保有の株式等}}{\text{外国孫会社の適用対象金額等に係る事業年度終了の時における発行済株式等}}$

ロ　外国孫会社に係る課税対象金額等で配当事業年度開始の日前2年以内各事業年度の所得金額の計算上益金算入されたもののうち，内国親会社の有する当該外国孫会社の間接保有の株式等に対応する部分の金額

$$\text{外国孫会社に係る各事業年度の適用対象金額等} \times \frac{\text{外国孫会社の適用対象金額等に係る各事業年度終了の時において内国親会社が外国子会社を通じて有する当該外国孫会社の間接保有の株式等}}{\text{外国孫会社の課税対象金額等に係る各事業年度終了の時における発行済株式等}}$$

(2) 特殊問題（特定課税対象金額がある場合の益金不算入規定の適用の順序）

　外国法人から配当を受ける場合に，当該外国法人に係る特定課税対象金額がある場合には，特定課税対象金額に達するまでの金額は100％益金不算入とされるのであるが（措法66の8），同一事業年度内において，同じ外国法人から中間配当と期末配当を受ける場合に，それぞれの配当の支払義務確定日における保有割合が異なるため，租税特別措置法第66条の8第1項と第2項とが適用される場合も存するところである。

　ここで，外国法人からの剰余金の配当等が特定課税対象金額を超える場合には，保有割合が25％未満の外国法人からの剰余金の配当等（租税特別措置法第66条の8第1項が適用される配当等）のうち特定課税対象金額を超える部分については全額が益金算入となる。これに対して，保有割合25％以上の外国法人から受ける剰余金の配当等（租税特別措置法第66条の8第2項が適用される配当等）については，本制度の適用対象となり，配当等の95％相当額が益金不算入となる。

　したがって，このような場合に，租税特別措置法第66条の8第1項が適用される配当等と第2項が適用される配当等とのいずれを先に特定課税対象金額に対応させるかによって，特定課税対象金額を超えた部分が，益金不算入となるか，益金算入となるかの問題が生ずる。

　この点について簡単な例を示すと，次のとおりである。

中間配当　40（保有割合15％＝本制度の適用外）
期末配当　80（保有割合30％）

特定課税対象金額　100
（イ）　租税特別措置法第66条の8第1項に係る配当等から先に対応
　中間配当　40　＝100％ 益金不算入
　期末配当　80
　　　　　　60　＝100％ 益金不算入
　　　　　　20　＝95％ 益金不算入
（ロ）　租税特別措置法第66条の8第2項に係る配当等から先に対応
　中間配当　40
　　　　　　20　＝100％ 益金不算入
　　　　　　20　＝全額益金算入
　期末配当　80　＝100％ 益金不算入

　この点についての結論としては，次のとおり，租税特別措置法施行令第39条の19第1項において，租税特別措置法第66条の8第1項に係る配当等（本制度の適用対象外の配当等）から特定課税対象金額に対応させて益金不算入とするものとされている。

「（特定課税対象金額及び間接特定課税対象金額の計算等）
第39条の19　内国法人が外国法人から受ける剰余金の配当等の額（法第66条の8第1項に規定する剰余金の配当等の額をいう。以下この条において同じ。）がある場合における同項から法第66条の8第3項までの規定の適用については，同条第1項の規定の適用に係る剰余金の配当等の額，同条第2項の規定の適用に係る剰余金の配当等の額及び同条第3項の規定の適用に係る剰余金の配当等の額の順に，同条第1項から第3項までの規定を適用するものとする。」

　換言すると，中間配当が先か，期末配当が先かなど，剰余金の配当等の支払義務確定日が早いか遅いかといった事項は問題とされない。すなわち，上記の例でいえば，中間配当の40をまず特定課税対象金額に対応するものとして100％益金不算入とし，特定課税対象金額の残額が60となるので，期末配当80のうちの60が100％益金不算入，20が本制度の対象となって95

％益金不算入となる。

III　制度の効果

　上述したとおり，本制度の創設の主たる目的は，海外に滞留した利益を国内に還流せしめる点に存する。

　本制度の創設以来，それほど時日が経過していないこと，また，統計上，従前の数値が公表されていないために外国子会社からの剰余金の配当等の額の推移を把握することが困難であるので，本制度の効果を測定，判定することは慎重に行うべきである。

(1) 「国際収支状況」(財務省) からの判定

　ここで，本制度の効果を測定，判定する場合に参考となり得る統計上の数値としては，第一に，財務省「国際収支状況」「2．所得収支」「投資収益」「直接投資収益」のうちの，「配当金・配分済支店収益」が存する。この「配当金・配分済支店収益」は，親会社（内国法人）が外国子会社からの剰余金の配当等の額が構成要素の主要を占めているものと解されるので，制度の効果を測定するに適した数値であると思われるが，「直接投資収益」の内訳として，この数値が公表されたのは，平成22年4月以後であるため（平成21年分については，平成22年分の統計において確定値が把握できる），制度創設後の動向を確認することしかできない。

　なお，参考までに「直接投資収益」の平成19年から平成23年（いずれも暦年）までの推移を示すと，次のとおりである（平成23年は速報値）。

直接投資収益の推移　　　　　（単位：億円）

年　　分	平成 19 年	平成 20 年	平成 21 年	平成 22 年	平成 23 年
直接投資収益	53,093	50,339	42,868	33,578	46,926
配当金・配分済支店収益	－	－	30,280	31,315	32,291
再投資収益	－	－	11,594	1,532	14,206
利子・所得	－	－	995	731	429

　これによれば，本制度の創設によって，外国子会社からの剰余金の配当等の額が急激に増加しているとは認められない。

　（注）「国際収支状況」における「用語解説」においては，「直接投資収益」は，「親会社と子会社との間の配当金・利子等の受取・支払」と説明されている。

(2) 「海外事業活動基本調査」（経済産業省）からの判定

　次いで，経済産業省「海外事業活動基本調査」も，本制度の効果を測定，判定する場合の参考となるものと解される。

　すなわち，「海外事業活動基本調査」中，「現地法人からの配当金について」として，海外に現地法人を有するわが国企業（金融・保険業，不動産業を除く。）の，短期（今後1～2年），中長期（今後3～5年）に「増加させる」「減少させる」「変化なし」「分からない」の意向がまとめられている。

　これによると，現地法人からの配当金について，短期のうちに「増加させる」とした法人の割合は，12％（2009年度実績），13％（2010年度実績）に過ぎず，「減少させる」が2％（2009年度実績），2％（2010年度実績），「変化なし」が49％（2009年度実績），48％（2010年度実績）となっている。

　また，中長期には，「増加させる」が，17％（2009年度実績），18％（2010年度実績）となっている。

　これらの数値からも，外国子会社の稼得した利益を剰余金の配当等として国内に還流することを促すという本制度の目的は，現時点においては明白な効果となって顕れてはいないものと解される。

　なお，経済産業省「海外事業活動基本調査」における現地法人からの配当

金を増加させるかどうかの調査結果についても，2009年度実績分（平成23年4月公表）以後において公表されている。

(3) 本制度に関連する報道

上述したとおり，全体としては，本制度の創設によって，外国子会社からの剰余金の配当等の額が増加したという傾向は認められない。ただし，外国子会社からの剰余金の配当等の額が増加したことの報道もなされている。

たとえば，「配当金の国内還流　最高ペース」（2011年11月21日日本経済新聞），「商社，海外から配当1兆円」（2012年2月3日日本経済新聞）などが存する。個別企業，あるいは，特定業種においては，本制度の創設を契機として，海外に滞留していた資金を国内に還流させた例が存するものと思われる。

また，関連する動向として（要因としては欧州危機が主要なものとされているが），いわゆる新興国において，本国の親会社への配当金を抑止しようとする動きがあることが報道されている（2011年11月20日日本経済新聞）。

Ⅳ　検討事項（益金算入される5％相当額が外国税額控除制度における「国外所得金額」に該当する点）

外国税額控除制度は，いわゆる二重課税の排除することを目的として，外国で課税された外国法人税額をわが国で納付すべき法人税額から控除するものであるが（法69），この場合の控除限度額は，当該内国法人の所得金額のうちその源泉が国外にあるもの（国外所得金額）に対応する法人税額とするものとされている。

ただし，この控除限度額からは，わが国で法人税が非課税となる金額を課税標準として課される外国法人税は除くこととされている。したがって，上記「Ⅱ」「1」「②」で述べたとおり，本制度の対象となる外国子会社からの剰余金の配当等の額に係る外国源泉税は，益金算入される5％相当額に係る部分を含めて外国税額控除制度の控除限度額から除かれる。

この外国源泉税のうち益金算入される5％相当額に係る部分についても，

国税額控除制度の控除限度額から除かれる理由は，この5%相当額の性格，本質が，本来であれば益金不算入となる収益に対応するものとして損金不算入とされる費用であるからである。この点は，上記「Ⅰ」「4」で述べたところである。

これに対して，外国税額控除制度に係る控除限度額の計算上，その算定要素である「国外所得金額」の対象に，本制度において益金算入される5%相当額が含まれるものとされている。すなわち，「外国子会社配当益金不算入制度（配当免除制度）に関する質疑応答事例（平成22年7月5日法人税課情報第3号）問1）」においては，国外にある者に対する投資行為等（法令176⑤）により生ずる所得は，国外源泉所得に該当するとされていること（法令142④Ⅱ）から，本制度の適用を受け，その配当の額のうち95%相当額が益金不算入となることから，課税標準となるべき金額，すなわち，益金の額に算入される5%相当額を「国外所得金額」と認識することとなるものと述べられている。

5%相当額が「国外所得金額」に含まれることによって，外国税額控除の控除限度額が大きくなると解されるので，一般に，これは納税者に有利な影響を及ぼすものと思われる。

しかしながら，益金算入される5%相当額の本来の趣旨，性質が「損金不算入とすべき費用相当額」である点に鑑みると，5%相当額を「国外所得金額」と認識する（取り扱う）ことには疑問が存する。

参考文献

武田昌輔「コンメンタール法人税」第一法規

朝長英樹監修「国際的二重課税排除の制度と実務－外国税額控除制度・外国子会社配当益金不算入制度－」法令出版　平成21年9月

秋元秀仁『外国子会社配当益金不算入制度における税務』国際税務 Vol.30　No.3

秋元秀仁『外国子会社配当益金不算入制度の税務上の留意事項』租税研究　2010.3

内国法人の国際取引に係る法人税

外国子会社合算税制
（コーポレート・インバージョン税制含む）

税理士 　大江　晋也

はじめに

　我が国の法人税制は，内国法人の全世界所得及び外国法人については国内源泉所得を対象とすることを基本原則としているが，我が国経済の国際化・グローバル化に伴い，内国法人が税負担の著しく低い国に外国子会社等を設立し，その外国子会社等を通して国際取引を行うことによって，直接国際取引をした場合より税負担を不当に軽減・回避し，結果として我が国での課税を免れる事態が生じている。この傾向としては最近では我が国のアジアへの進出はめざましいものがある。このことは，大企業ばかりでなく，中小企業も現地法人を設立し，製造・販売・サービス等を提供するのが当たり前の時代がやってきているのである。その中でも，国際企業のクロスボーダーのダイナミックな企業活動は柔軟で効率的なものになっており，多様な事業体を軽課国に設立して効果的に活用するビジネスモデルを構築している。
　このような租税回避に対処するため，租税特別措置法第66条の6（内国法人に係る特定外国子会社等の課税対象金額等の益金算入）に一定の税負担水準以下の子会社等の所得に相当する金額については，内国法人の所得とみなして，それを合算して課税するという制度（いわゆるタックスヘイブン対策税制といわれるものであり，タックスヘイブンとは，『租税回避地』という意味であり，一般的

には無税又は税負担割合が極めて低い国又は地域を指す[(1)]。)が規定されている。

　外国子会社合算税制は，税負担の公平な見地から設けられた制度であるが，国外に進出する我が国の企業の事業形態の変化や諸外国における法人税等の負担水準の動向に対応し，我が国企業の国際競争力を維持する一方，租税回避行為を一層的確に防止する観点から連年の改正が行われている[(2)]。

I　立法趣旨

　昭和53年度「改正税法のすべて」によると，タックスヘイブン対策税制の導入について次のような解説が行われている。

　「本年1月28日国会に提出され，3月31日に成立した『租税特別措置法及び国税収納金整理資金に関する法律の一部を改正する法律』の中にいわゆるタックスヘイブン対策税制が含まれています。

　この新しい税制の骨子は，いわゆる軽課税国に所在する外国法人で我が国の法人又は居住者により株式又は出資の保有を通じて支配されているとみなされるものの留保所得をそれら我が国株主の持分に応じてその所得に合算して課税する，というものです。この新制度は上記法案の可決により4月1日から施行されることとなりましたが，同日より関連の政令，省令も施行のはこびとなり，また本税制の対象となるような軽課国の範囲が告示されることとなりました。

　我が国におけるタックスヘイブン税制の創設は，すでに多くの先進諸国がタックスヘイブンの利用に対して何らかの措置をとっていること，OECD，国連等の国際機関が規制措置を勧告していること，我が国においてもかねてより対策税制の必要性が論じられてきたこと等内外の潮流に応えようとするものであり，我が国の従来の税体系からみて画期的な意味をもっているといえます。

　本税制の基本的考え方は，昨年12月20日に税制調査会が内閣総理大臣に提出した『昭和53年度の税制改正に関する答申』の中にも述べられていま

す。即ち,『答申』は『近年,我が国経済の国際化に伴い,いわゆるタックスヘイブンに子会社等を設立し,これを利用して税負担の不当な軽減を図る事例が見受けられる』と指摘し,税負担の公平という見地から『我が国においても昭和53年度において所要の立法措置を講ずることが適当である』と述べています。また,さらに,『答申』は,『㈠いわゆるタックスヘイブンに所在する海外子会社等に留保された所得のうち,その持分に対応する部分を親会社の所得に合算して課税することとする。㈡いわゆるタックスヘイブンとしては,法人税が全くないか若しくは我が国法人税に比しその実効税率が著しく低い国又は国外源泉所得を非課税としている国等を対象とする。㈢その所得が合算課税の対象となる海外子会社等の範囲については,内国法人又は居住者が全体として発行済株式総数（出資総額）の50％を超える株式（出資）を直接又は間接に保有する海外子会社等とする。ただし,税負担の不当な軽減を防止するというこの制度本来の趣旨にかんがみ,少額の持分（注,10％未満の持分保有者）を保有するに過ぎない株主は合算課税の対象外とする。㈣正常な海外投資活動を阻害しないため,所在地国において独立企業としての実体を備え,かつ,それぞれの業態に応じ,その地において事業活動を行うことに十分な経済合理性があると認められる海外子会社等は適用除外とする。』という基本的考え方に基づき立法を行うことが適当であるとしています。このようにして,租税特別措置法の中に新たに二節が設けられ,第4節の2（居住者の特定外国子会社等に係る所得の課税の特例）と第7節の3（内国法人の特定外国子会社等に係る所得の課税の特例）の中でそれぞれ居住者と内国法人が軽課税国所在の子会社等を利用して租税回避を行う場合に対処するための措置が導入されたわけです[3]。」と制度の創設について解説されている。

　なお,租税特別措置法第66条の6に規定するタックスヘイブン対策税制（現行「外国子会社合算税制」）と法人税法第11条に規定する実質所得者課税との関係については,「タックス・ヘイブン税制の解説[4]」においては,次のような解説がなされている。

　「法人税法第11条（あるいは所得税法第12条）の実質主義の適用に当って,

所得の実質的帰属の判定基準は税法の中に述べられていないが，株式又は出資のすべてを保有する場合等の資本関係に限定されないものとされている。

これに対し，本税制は，軽課税国に設立された外国法人と我が国株主との資本関係を通じて留保所得を持分に応じ株主に帰属させるものである。実質課税の原則が租税負担の不当な軽減を防止する目的で適用される限りにおいては本税制の趣旨と競合する部面もあるが，本税制は資本関係がある場合に限定されていること，更に本税制が規定するような50％超100％未満の持分に応じた所得の帰属関係の否認に自ら限界があると考えられることから，法人税法第11条と本税制とはそれぞれ独立した規定として存在することが意図されているといえよう。従って，これら両者はその本来の目的に応じてそれぞれの規定が適用されることになる。ただし，両者が競合する場合には，租税法律主義の要請を考慮すれば居住者又は内国法人と資本関係のある外国子会社等については，まず法人税法（又は所得税法）の特別法である本税制の規定を適用するのが相当であろう。」と解説されており，本制度の創設前においては，法人税法第11条の「実質所得者課税の原則」により規制されていたようであるが，本制度の創設により個別的否認規定として適用されることとなったのである。

また，金子宏名誉教授はタックスヘイブン対策税制の導入の背景について次のように論じている。

「タックス・ヘイブン（tax haven）とは，法人の所得あるいは法人の特定種類の所得に対する税負担がゼロあるいは極端に低い国または地域（スイス・ホンコン・バーミューダ等）のことであるが，かねて，企業は，タックス・ヘイブンに子会社を設立し（このような会社をタックス・ヘイブン・コーポレーション（tax haven corporation）とか，ベース・カンパニー（base company）－基地会社－という），それを通じて国際的経済活動を行うことによって，税負担の回避または軽減を図る傾向がある。このような税負担の回避ないし軽減は，全世界所得課税主義のもとでは，企業が海外に支店を設けて事業活動を行った場合には，支店の所得はそのままわが国の所得税または法人税の課

税対象となるが，海外に子会社を設けて事業活動を行った場合には，子会社の所得は，わが国の親会社に配当されない限り，わが国の法人税の課税対象とならない，という制度の仕組みを巧みに利用することによって可能となる。たとえば，わが国の企業が外国の企業に特許権の使用を認める場合に，直接に相手方と契約を結んだ場合には，相手方から受け取る使用料（ロイヤルティー）に対して，わが国の高い所得税・法人税が課される。しかし，タックス・ヘイブンに子会社を設けて，特許権を現物出資し，その子会社が外国の企業にその使用を認めることにした場合には，その子会社がその利益を内部に留保して，わが国の親会社に配当しない限り，その使用料は，わが国の高い所得税・法人税の負担を免れ，それに対しては税負担が一切かからないか，あるいはきわめて低い税負担ですんでしまうことになる。タックス・ヘイブンにおいては，一般に，法人の設立はきわめて容易であり，そして，タックス・ヘイブン・コーポレーションは独自の事業所やスタッフをもたず，単に親企業とその取引先との導管として利用されていることが多い。

このようなタックス・ヘイブンを利用した租税回避ないし軽減にどのように対処すべきかは，かねての懸案であったが，わが国は，諸外国の例にならい，昭和53年にタックス・ヘイブン対策税制を導入した[5]。」と導入についての経緯を述べている。

以下，外国子会社合算税制の「制度の仕組み」と「課税対象所得の計算」について概説することとする。

II 制度の仕組み

1 制度の内容

外国子会社合算税制の基本的仕組みは，内国法人等が発行済株式の総数又は出資の総額の50％超を直接及び間接に所有する外国法人（以下「外国関係会社」という。）で，その本店又は主たる事務所の所在する国又は地域における所得に対して課される税負担が我が国において課される税負担に比して著

しく低いとされる外国関係会社（以下「特定外国子会社等」という。）の所得のうち，その特定外国子会社等の株式又は出資を直接及び間接に保有する内国法人等のその有する株式等に対応する部分として計算した金額を，その内国法人の収益の額とみなして，内国法人の所得に合算して課税するというものである（措法66の6①）。

ただし，特定外国子会社等が独立企業としての実体を備え，かつ，その本店又は主たる事務所の所在する国において事業活動を行うことについて十分な経済合理性がある等の所定の基準（適用除外基準）のすべてを満たす事業年度については，合算課税が行われない（措法66の6③）。

したがって，合算課税の対象となる外国法人は，外国関係会社のうち特定外国子会社等に該当する法人とされている（措法66の6①）。なお，つぎに外国関係会社と特定外国子会社等の定義について述べることとする。

2　外国関係会社

外国関係会社とは，外国法人で，その発行済株式又は出資（その外国法人の有する自己の株式等を除く。）の総数又は総額のうちに，内国法人及び居住者並びに特殊関係非居住者が保有する直接又は間接保有の株式等の数の合計数又は合計額の占める割合（以下「株式等保有割合」という。）が50％を超えるものをいう（措法66の6②一）。

　　（注）1　特殊関係非居住者とは，居住者の親族，事実上婚姻関係と同様の事情にある者，使用人，内国法人の役員等である非居住者をいう（措令39の14③）。
　　　　　2　外国関係会社に該当するか否かの判定は，外国法人の各事業年度終了の時の現況による（措令39の20①）。

ただし，外国関係会社が，議決権（剰余金の配当等に関する決議に係るものに限る。）の数が1個でない株式等を発行している場合，請求権（剰余金の配当等，財産の分配その他の経済的な利益の給付を請求する権利をいう。）の内容が異なる株式等を発行している場合又は議決権の数が1個でない株式等及び請求権の内容が異なる株式等を発行している場合には，それぞれの場合のそれぞれ

の割合と保有株式等の数の割合とのいずれか高い割合で判定を行うこととされている（措法66の6②一）。

以上を算式で示すと次のとおりになる。

① 議決権の数が1個でない株式等を発行している法人（③に掲げる法人を除く。）

（算　式）

$$\frac{\text{内国法人が有する直接及び間接保有の議決権の数}}{\text{外国関係会社の議決権の総数}}$$

② 請求権（注）の内容が異なる株式等を発行している法人（③に掲げる法人を除く。）

（算　式）

$$\frac{\text{内国法人が有する直接及び間接保有の請求権に基づき受けることができる剰余金の配当等の額}}{\text{外国関係会社の請求権に基づき受けることができる剰余金の配当等の総額}}$$

（注）請求権とは，剰余金の配当等，財産の分配その他の経済的な利益の給付を請求する権利をいう（措法66の6①）。

③ 議決権の数が1個でない株式等及び請求権の内容が異なる株式等を発行している法人

上記の①又は②のいずれか高い割合

3　特定外国子会社等

(1)　意　　義

特定外国子会社等とは，次に掲げる内国法人に係る外国関係会社のうち，次の要件のいずれかに該当する外国関係会社とされる（措法66の6①②，措令39の14①）。

① 法人の所得に対して課される税が存在しない国又は地域に本店又は主たる事務所を有する外国関係会社

② その法人の各事業年度の所得に対して課される租税負担割合（トリガー税率）が20％以下である外国関係会社

なお，①の外国関係会社は，その支店の所得に対してその支店の所在する国又は地域で課される租税の額を含めて20％超の租税負担割合になるとしても，特定外国子会社等に該当することになっている。これについては改正すべきである。

また，特定外国子会社等に該当するか否かの判定は，事業年度ごとに行うこととなる。

(2) 特定外国子会社等の判定

外国関係会社の租税負担割合（トリガー税率）が20％以下であるかどうかの判定は，次のとおりに行うこととされている（措令39の14②）。

なお，本店所在地国の法令で非課税とされる所得金額には，例えば，外国関係会社の本店所在地国へ送金されない限り課税標準に含まれないこととされる国外源泉所得等が含まれる（措通66の6－5）。

（算　式）

$$\frac{\text{本店所在地国で課される外国法人税}^{(注1, 2)} + \text{本店所在地国以外で課される外国法人税}^{(注3)} + \text{みなし納付外国法人税}}{\text{本店所在地国の法令に基づく所得} + \text{本店所在地国の法令で非課税とされる所得}^{(注4)} + \text{損金算入支払配当} + \text{損金算入外国法人税} + \text{損金算入されない保険準備金} + \text{益金算入すべき保険準備金} + \text{還付外国法人税}} \leq 20\%$$

(注) 1　本店所在地国の間接納付に係る外国税額控除額も含まれる（措通66の6－6）。

　　 2　本店所在地国の税率が所得の額に応じて高くなる場合には，最高税率で計算できる（措令39の14②三）。

　　　　なお，複数税率の場合の特例は，その本店所在地国の外国法人税の税率が所得の額に応じて高くなる場合に適用されるものであり，法人の所得の区分に応じて税率が異なる場合には，複数税率の場合の特例は適用されないこととされている（措通66の6－7）。

　　 3　本店所在地国以外から受ける益金不算入とされる配当等に対して課される外国法人税は除かれる（措令39の14②二イ）。

4 益金不算入とされる配当等（法23①一，みなし配当事由によるものは含まれる。）は除かれる（措令39の14②一イ）。

なお，平成23年4月1日前に終了した事業年度において合算対象とされる金額を計算する場合におけるこの判定については，本店所在地国以外の国又は地域の法人から受ける配当等で持株割合が一定の割合以上であること等を要件として非課税とされるものは除かれる（旧措令39の14②一イ（2），平23.6改正措令附則21①）。

5 分母の金額が0の場合又は欠損の場合には，主たる事業に係る収入金額（上記4の配当等以外のものに限る。）から所得が生じたとした場合に適用される税率により判定する（措令39の14②四）。

6 分母にどうして非課税所得が入るのか理解できない（筆者追加）。

（出典：『平成23年版法人税決算と申告の実務』904頁 松本善夫編 大蔵財務協会刊 筆者一部加筆修正）

4　適用対象となる内国法人

外国子会社合算税制の適用法人の判定は，次の①又は②の割合が10％以上であるか否かで外国子会社合算税制の適用法人の判定を行うこととなる。

① その有する外国関係会社の直接及び間接保有の株式等の数(注1)のその外国関係会社の発行済株式等（その外国関係会社が有する自己株式等を除く。）の総数又は総額のうちに占める割合(注2)が10％以上である内国法人

② その有する外国関係会社の直接及び間接保有の株式等の数(注1)のその外国関係会社の発行済株式等（その外国関係会社の有する自己株式等を除く。）の総数又は総額のうちに占める割合(注2)が10％以上である一の同族株主グループに属する内国法人（①に掲げる内国法人を除く。）

同族株主グループとは，一の居住者の親族や，内国法人の役員，50％超の株式等を保有すること等により支配している法人など一定の個人及び法人を含めた関係をいう（措法66の6②六，措令39の16⑥）。

（注）1 個人又は内国法人が直接に有する外国法人の株式の数又は出資の金額及び他の外国法人を通じて間接に有するもので一定の割合を乗じて計算したその

外国法人の株式の数又は出資の金額の合計数又は合計額をいう（措法66の6②三，措令39の16③）。

2　外国関係会社が2の「外国関係会社とは」の①から③までに掲げる法人である場合には，この割合と①から③の割合のいずれか高い割合

なお，この場合の直接及び間接保有の株式には，内国法人が直接及び間接に保有する特定外国子会社等の株式でその株式の払込金額等の全部又は一部について払込み等が行われていないものも含まれる（措通66の6－2）。

以上，特定外国子会社等の所得金額の合算課税の適用を受ける法人を図示すると，次のとおりとなる（措法66の6）。

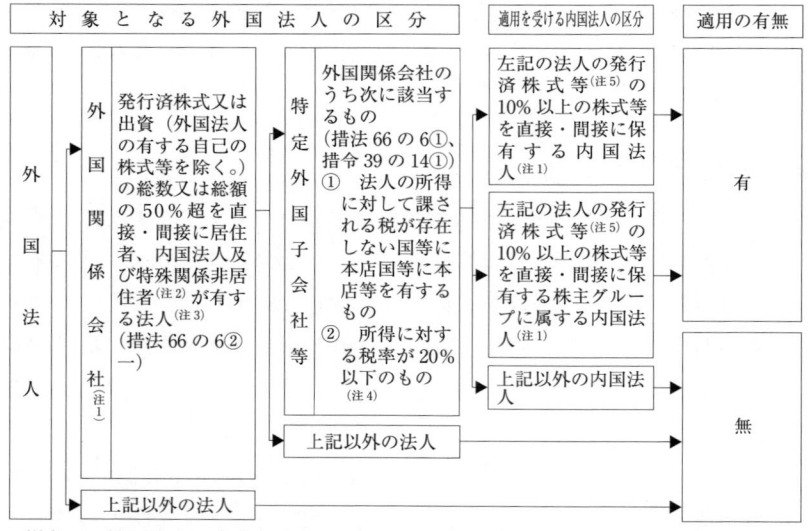

対象となる外国法人の区分				適用を受ける内国法人の区分	適用の有無
外国法人	外国関係会社(注1)	発行済株式又は出資（外国法人の有する自己の株式等を除く。）の総数又は総額の50％超を直接・間接に居住者，内国法人及び特殊関係非居住者(注2)が有する法人(注3)（措法66の6②一）	特定外国子会社等	外国関係会社のうち次に該当するもの（措法66の6①，措令39の14①）① 法人の所得に対して課される税が存在しない国等に本店国等に本店等を有するもの ② 所得に対する税率が20％以下のもの(注4)	左記の法人の発行済株式等(注5)の10％以上の株式等を直接・間接に保有する内国法人(注1)	有
					左記の法人の発行済株式等(注5)の10％以上の株式等を直接・間接に保有する株主グループに属する内国法人(注1)	
				上記以外の内国法人	無
			上記以外の法人		
	上記以外の法人				

（注）1　外国法人の事業年度終了の時の現況により判定する（措令39の20①）。
　　　2　特殊関係非居住者とは居住者の親族，使用人及び内国法人の役員等である非居住者をいう（措令39の14③）。
　　　3　外国関係会社の判定は，2による（措法66の6②一イ，ロ，ハ）。
　　　4　「所得に対する税率が20％以下」かどうかの判定は，各事業年度ごとに行われることになる。
　　　5　外国関係会社が有する自己株式等を除く。

（出典：『平成24年版図解法人税』569頁　松本善夫編　大蔵財務協会刊　筆者一部加筆修正）

以上が制度の仕組みである。

Ⅲ　課税対象所得の計算

　内国法人に係る特定外国子会社等が各事業年度において適用対象金額を有する場合には，その課税対象金額に相当する金額（下記の1から4までにより計算した金額）は，その内国法人の収益の額とみなして，特定外国子会社等の各事業年度の終了の日の翌日から2月を経過する日を含むその内国法人の各事業年度の益金の額に算入することとされている（措法66の6①）。
　したがって，課税対象金額は，特定外国子会社等の決算による所得金額を基に，基準所得金額，適用対象金額を計算して，課税対象金額を算出することとなる。

1　特定外国子会社等の決算所得金額

　課税対象金額を計算するための基となる特定外国子会社等の決算所得金額とは，特定外国子会社等の各事業年度の決算に基づく所得の金額（当期の利益又は欠損の額）とされている。
　よって，その決算に基づいて計算された所得の金額を基に，基準所得金額を計算することとされている。

2　基準所得金額

　タックスヘイブン対策税制は，特定外国子会社等の所得を原則として，我が国の法人税法及び租税特別措置法の規定の例に準じて計算することとしている。これにより計算された金額が基準所得金額となる。
　しかし，納税義務者が我が国の法令に従って所得を再計算することが過重な負担になるかもしれないことを考慮し，納税者の便宜のために，特定外国子会社等の本店所在地国の法人所得税に関する法令による所得を基に，一定の調整を行うことにより，基準所得金額を計算することを認めている。

(1) 我が国の法令に準拠して調整する方法

　特定外国子会社等の基準所得金額を我が国の法令に準拠して計算する方法は，特定外国子会社等の各事業年度の決算所得金額を我が国の法人税法及び租税特別措置法の基準に従って調整を行って計算することとされている（措令39の15①）。具体的には次のア及びイの合計額からウ及びエの合計額を控除した残額とされている。

　ア　各事業年度の決算に基づく所得の金額につき我が国の法令の規定に準じて計算した場合に算出される所得の金額又は欠損の金額
　イ　各事業年度において納付する法人所得税の額の合計額
　ウ　各事業年度において還付を受ける法人所得税の額
　エ　各事業年度において子会社から受ける配当等の額

(2) 本店所在地国の法令に準拠して調整する方法

　特定外国子会社等の基準所得金額に本店所在地国の法令に準拠して計算する方法は，前述したように納税者の便宜を考慮して，本店所在地国の法人所得税に関する法令に従って計算を行い，それに我が国の法人税法及び租税特別措置法の規定に則った一定の調整を行うこととされている（措令39の15②）。

(3) 選択方法の継続適用

　我が国の法令に準拠して調整する方法又は本店所在地国の法令に準拠して調整する方法については，選択した方法を継続して適用する必要があり，変更する場合は，確定申告書提出前にあらかじめ所轄税務署長の承認を受けなければならないとされている（措令39の1⑨）。

　ただし，内国法人が外国子会社合算対策税制の適用を受ける場合において，最初に特定外国子会社等の基準所得金額を計算するときは，特別な手続は必要なく，我が国の法令に準拠して調整する方法又は本店所在地国の法令に準拠して調整する方法のいずれかを選択することができるとされている。

(4) 控除対象配当等の額の控除

　特定外国子会社等の各事業年度においては，控除対象配当等の額がある場

合には，我が国の法令に準拠して調整する方法又は本店所在地国の法令に準拠して調整する方法で計算された基準所得金額に関わらず，これらの方法により計算された基準所得金額から控除対象配当等の額を控除することとされている（措令39の15③）。

具体的には，特定外国子会社等の基準所得金額のうちに他の特定外国子会社等から受けた配当等の額がある場合には，その配当等の額につき，他の特定外国子会社等で合算課税が行われているため，二重課税を排除するため基準所得金額から控除することになる。

3　適用対象金額の計算

適用対象金額は，基準所得金額から各事業年度開始の日前7年以内に開始した事業年度において生じた欠損金額の合計額及び特定外国子会社等が各事業年度において納付することとなる法人所得税の額を控除して計算することとされている（措法66の6②二，措令39の15⑤）。この場合，繰越しが認められる欠損金額は，特定外国子会社等に該当する事業年度において生じたものに限られることになる。

つまり，特定外国子会社等の本店が所在する国によっては，繰越欠損金の控除につき，無制限に認められる国もあれば，日本よりも短い年数しか認められない国もあると考えられるので，その取扱いを日本の法人税上の繰越欠損金の取扱い（7年間の控除）に合わせているということである。

欠損金額とは，特定外国子会社等の各事業年度の決算に基づく所得の金額について，我が国の法令に準拠して調整する方法又は本店所在地国の法令に準拠して調整する方法で計算を行うとともに，控除対象配当等の額がある場合の控除を行うことにより計算される欠損の金額とされている（措令39の15⑥）。

4　課税対象金額の計算

(1)　課税対象金額の計算

　課税対象金額は，適用対象金額に，特定外国子会社等の各事業年度終了の時における発行済株式等（請求権のない株式は除かれる。）のうちに占める内国法人の有する請求権勘案保有株式等(注)の割合を乗じて計算することとされている（措令39の16①）。

　請求権勘案保有株式等の割合とは，特定外国子会社等の発行済株式等のうちに内国法人の有する特定外国子会社等の請求権勘案保有株式等の占める割合とされている。

　　(注)　請求権勘案保有株式等とは，内国法人が直接に有する外国法人の株式等の数又は金額（外国法人が請求権の内容が異なる株式等を発行している場合には，外国法人の発行済株式等に，内国法人が有する請求権に基づき受けることができる剰余金の配当等の額がその総額のうちに占める割合を乗じて計算した数又は金額）及び請求権勘案間接保有株式等を合計した数又は金額とされている（措令39の16②一）。

(2)　特定外国子会社等が2以上ある場合の通算

　特定外国子会社等が2以上ある場合の所得金額については，その課税対象金額は特定外国子会社等ごとに計算することとされているので，内国法人に係る特定外国子会社等が2以上ある場合において，その特定外国子会社等のうちに欠損金額が生じたものがあるとしても，他の特定外国会社子会社等の所得の金額と通算することはできないと定められている（措通66の6－11）。

(3)　課税対象金額の円換算

　適用対象金額及び欠損金額は，特定外国子会社等の会計帳簿の作成に当たり使用する外国通貨表示により計算することとされている。

　なお，法令中本邦通貨表示で定められている金額については，租税特別措置法関係通達66の6－14により内国法人が特定外国子会社等の課税対象金額又は部分課税対象金額の円換算に当たり適用する為替相場により本邦通貨表示で定められている金額を外国通貨表示の金額に換算した金額によること

とされている（措通66の6-9）。

　また，課税対象の円換算は，特定外国子会社等のその事業年度終了の日の翌日から2か月を経過する日（合算対象日）における電信売買相場の仲値（T.T.M.）により円換算することとされている。

　ただし，継続適用を条件として，合算申告をする内国法人の当該事業年度終了の日の電信売買相場の仲値（T.T.M.）によることができるが，この取扱いを選択する場合には，すべての特定外国子会社等について適用する必要があると定められている（措通66の6-14）。

　法人税基本通達13の2-1-2において外貨建取引についての円換算は，その取引を計上すべき日における電信売買相場の仲値（T.T.M.）によることを原則としていることから，益金に計上すべき課税対象金額の円換算についても，同じ取扱いとされていると考えられる。

　なお，内国法人の事業年度終了の日の電信売買相場の仲値（T.T.M.）による場合に，当該内国法人が2以上の特定外国子会社等を有するときは，そのすべての特定外国子会社等につき，電信売買相場の仲値によることが必要とされているのである。

　課税対象金額の計算を図示すると次のとおりとなる。

[図：課税対象金額の計算]

子会社（持株割合25％以上）から受ける配当等

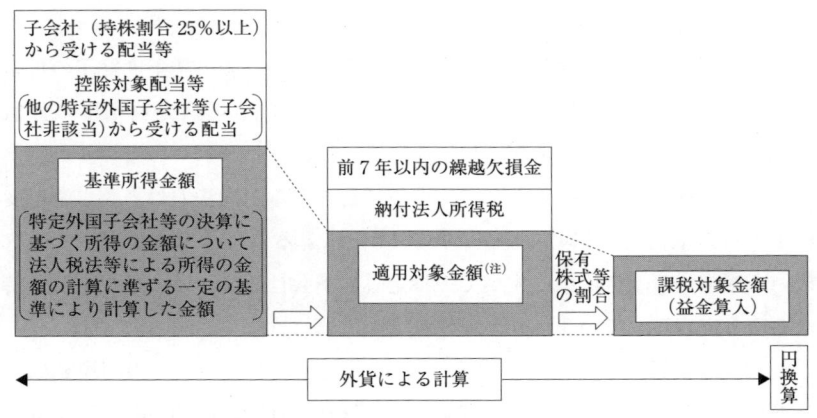

控除対象配当等（他の特定外国子会社等（子会社非該当）から受ける配当）

基準所得金額
特定外国子会社等の決算に基づく所得の金額について法人税法等による所得の金額の計算に準ずる一定の基準により計算した金額

前7年以内の繰越欠損金
納付法人所得税
適用対象金額（注）

保有株式等の割合

課税対象金額（益金算入）

←―――外貨による計算―――→ ｜円換算

（注）特定外国子会社等の平成22年4月1日前に開始した事業年度については，特定外国子会社等が非関連者基準又は所在地国基準を満たしていない場合で，事業基準，実体基準及び管理支配基準を満たすときには，その事業に従事する者の人件費の10％相当額を適用対象金額から控除することとされている（平22改正前の旧措法66の6③，平22改正前の旧措令39の16⑧，平22改正法附則90①②）。

（出典：『平成23年版法人税決算と申告の実務』906頁　松本善夫編　大蔵財務協会刊）

以上，課税対象所得の計算について解説した。

Ⅳ　適　用　除　外

1　概　　　要

　外国子会社合算税制は，我が国より税負担の著しく低い国又は地域に子会社を設立した外国子会社を利用した租税回避行為に対処するため，外国子会社の所得のうち，その持分に相当する額を，我が国の親会社の所得に合算して課税する制度であることは前述したとおりである。

　ただし，正常な海外投資活動を阻害しないようにするため，所在地国において独立企業としての実体を備え，かつ，それぞれの業態に応じ，その地に

おいて事業活動を行うことに十分な経済合理性があると認められるものとして一定の要件（適用除外基準）のすべてを満たす外国子会社は合算課税の適用除外とされている（措法66の6③，措令39の17，措通66の6－15～18の3）。

2　適用除外基準

　特定外国子会社等が次の4つの基準のすべてを満たす場合には，その満たす事業年度の課税対象金額は，合算課税の対象とならない（措法66の6③，措令39の17）。

(1)　事業基準

① 　事業基準の内容

　　特定外国子会社等の行う事業が，次のものでないこと（措法66の3）。

　　ア　株式（出資を含む。），債券の保有

　　イ　工業所有権その他の技術に関する権利，特別の技術による生産方式等（これらの権利に関する使用権を含む。），著作権（出版権及び著作隣接権等を含む。）の提供

　　ウ　船舶，航空機貸付け

　これらの事業を行っている場合には，外国子会社合算税制の対象としていることは，これらの事業はその性格から我が国においても十分行い得るものであり，タックスヘイブン国で行うことにつき税負担軽減以外に積極的な経済合理性を見出すことはできないという理由によるものである。

② 　統括会社に係る事業基準の特例

　「株式の保有」を主たる事業とする特定外国子会社等は，事業基準を満たさないこととされているが，特定外国子会社等が他の外国法人の事業活動の総合的な管理及び調整を通じてその収益性向上に資する業務を行う場合における他の外国法人（以下「被統括会社」という。）の「株式の保有」を主たる事業としている特定外国子会社等（以下「統括会社」という。）で一定のものは，事業基準を満たすものとされる。

　　ア　統括会社の定義

「統括会社」とは，一の内国法人によってその発行済株式等の全部を直接又は間接に保有されている特定外国子会社等で，次の要件を満たすもののうち，その主たる事業が被統括会社に係る「株式等の保有」であるものとされている（措令39の17③）。
(ア) 特定外国子会社等に係る2以上の被統括会社に対して統括業務を行っていること。
(イ) その本店所在地国に統括業務に係る事務所，店舗，工場その他の固定施設及び統括業務を行うと認められる統括業務に従事する者を有していること。

イ　統括業務

「統括業務」とは，特定外国子会社等が被統括会社との間における契約に基づき行う業務のうち被統括会社の事業の方針の決定又は調整に係るもの（被統括会社の事業の遂行上欠くことができないものに限られる。）であって，特定外国子会社等が2以上の被統括会社に係る業務を一括して行うことによりこれらの被統括会社の収益性の向上に資することとなると認められるもの（措令39の17①）。

ここでいう被統括会社の事業の方針の決定又は調整に係るものとは，通達において，次のとおり定められている。「被統括会社の事業方針の策定及び指示並びに業務執行の管理及び事業方針の調整の業務で，当該事業の遂行上欠くことができないものとされている。」（措通66の6−17の4）

ウ　被統括会社の定義

「被統括会社」とは，その外国法人の発行済株式等のうちに外国法人に対して統括業務を行う特定外国子会社等の有する外国法人の株式等の数又は金額の占める割合及び外国法人の議決権の総数のうちに特定外国子会社等の有する外国法人の議決権の数の占める割合のいずれもが25％以上であり，かつ，その本店所在地国にその事業（株式・債券等の保有事業）を行うに必要と認められるその事業に従事する者を

有する次の外国法人とされている（措令39の17②）。
　（ア）　特定外国子会社等，特定外国子会社等に係る内国法人及び内国法人が特定外国子会社等に係る間接保有の株式等を有する場合における間接保有の株式等に係る他の外国法人等及び出資関連外国法人（（イ）及び（ウ）において「判定株主等」という。）が，外国法人を支配している場合における当該外国法人（（イ）及び（ウ）において「子会社」という。）
　（イ）　判定株主等及び子会社が外国法人を支配している場合における外国法人（（ウ）において「孫会社」という。）
　（ウ）　判定株主等，子会社及び孫会社が外国法人を支配している場合における外国法人
エ　統括会社及び被統括会社の判定時期
　　特定外国子会社等が統括会社に該当するかどうかの判定は，当該特定外国子会社等の各事業年度終了の時の現況によるものとされている。また，外国法人が被統括会社に該当するかどうかの判定は，外国法人に対して統括業務を行う特定外国子会社等の各事業年度終了の時の現況によるものとされている（措令39の17⑬）。
オ　統括会社に係る事業基準の特例の適用手続
　　統括会社に係る事業基準の特例の適用を受けるためには，内国法人が確定申告書に適用除外に該当する旨を記載した書面及び統括会社に該当する特定外国子会社等に係る一定の事項を記載した書類を添付し，かつ，適用除外に該当することを明らかにする書類その他の資料（特定外国子会社等と被統括会社との間の契約に係る書類の写しを含む。）を保存しなければならないこととされている（措法66の6⑦，措令39の17の2㉒㉓，措規22の11④）。
　　つまり，統括会社に係る事業基準の特例の適用手続を行っている場合に限り，この特例が適用されることになる。

(2) 実体基準（措法66の6③）

実体基準は，特定外国子会社等の本店又は主たる事務所の所在する国又は地域において，その主たる事業を行うに必要な事務所，店舗，工場等を有していること。

(3) 管理支配基準

① 管理支配基準の内容（措法66の6③）

管理支配基準は，その特定外国子会社等の本店又は主たる事務所の所在する国又は地域において，その事業の管理・支配及び運営を自ら行っていること（措通66の6-16）。

内国法人に係る特定外国子会社等がその本店又は主たる事務所の所在する国又は地域において，事業の管理，支配及び運営を自ら行っているかどうかは，特定外国子会社等の株主総会及び取締役会等の開催，役員としての職務執行，会計帳簿の作成及び保管等が行われている場所並びにその他の状況を勘案の上，判定することになる。

② 株式等の保有を主たる事業とする統括会社の適用除外判定

適用除外の適用を受ける場合において，統括会社に該当する株式等の保有を主たる事業とする特定外国子会社等が，「その本店又は主たる事務所の所在する国又は地域においてその主たる事業を行うに必要と認められる事務所，店舗，工場その他の固定施設を有し，かつ，その事業の管理，支配及び運営を自ら行っているもの」に該当するかどうかは，当該特定外国子会社等の行う統括業務を「その主たる事業」として，その判定を行うことに留意する必要がある（措通66の6-16の3）。

租税特別措置法施行令第39条の17第12項に規定する「主たる事業」が同項第3号に規定する「主として本店所在地国において行っている場合」に該当するかどうかの判定についても，同様とされている。

(4) 非関連者基準又は所在地国基準

① 非関連者基準

ア 非関連者基準の内容

非関連者基準とは，その事業を主としてその特定外国子会社等の関連者以外の者との間で行っていることとされているもの（措法66の6③一）。

非関連者基準が適用される業種は，卸売業，銀行業，信託業，金融商品取引業，保険業，水運業及び航空運送業とされている。

イ　非関連者基準の判定

非関連者基準の判定は，次の事業の区分に応じ，次の取引を非関連者と間で取引しているかどうかによりこの基準を満たしているかどうかを判定することとされている（措令39の17⑧）。

(ア)　卸売業

その事業年度における棚卸資産の販売に係る収入金額又は棚卸資産の仕入に係る取得価額の合計額のうちに占める非関連者との取引金額の割合が50％超の場合

(イ)　銀行業

その事業年度における受入利息又は支払利息の合計額のうちに占める非関連者との取引金額の割合が50％超の場合

(ウ)　証券業

その事業年度における受入手数料（有価証券の売買による利益は含まれる。）の合計額のうちに占める非関連者との取引金額の割合が50％超の場合

(エ)　保険業

その事業年度の収入保険料の合計額のうちに占める非関連者からの収入保険料の割合が50％超の場合

(オ)　水運業

その事業年度の船舶の運航及び貸付けによる収入金額の合計額のうちに占める非関連者に係る取引金額の割合が50％超の場合

(カ)　航空運送業

その事業年度の航空機の運航及び貸付けによる収入金額の合計

　　　　　　額のうちに占める非関連者に係る取引金額の割合が50％超の場合
　ウ　非関連者を介在させて行う関連者との間の取引
　　　特定外国子会社等とその関連者との間の取引が，非関連者を介在させて間接的に行われている場合には，その非関連者を介在させることについて相当の理由があると認められる場合を除き，特定外国子会社等とその非関連者との間において直接行われたものとみなすこととされている（措令39の17⑨）。
②　所在地国基準
　ア　所在地国基準の内容
　　　所在地国基準とは，その事業を主として本店所在地国（その内水，領海，排他的経済水域，大陸棚は含まれる。）において行っていることとされている（措法66の6③二）。
　イ　所在地国基準が適用される業種
　　　所在地国基準が適用される業種は，卸売業，銀行業，信託業，金融商品取引業，保険業，水運業又は航空運送業以外の業種とされている。具体的には，次に掲げる事業の区分に応じ，次の取引を主として本店所在地国で行っているかどうかによりこの基準を満たしているかどうかを判定することとされている（措令39の17⑫）。
　　(ア)　不動産業
　　　　　主として本店所在地国にある不動産（不動産の上にある権利は含まれる。）の売買，貸付け（不動産を使用させる行為は含まれる。），その不動産の売買又は貸付けの代理又は媒介及びその不動産の管理を行っている場合
　　(イ)　物品賃貸業
　　　　　主として本店所在地国において使用に供される物品の貸付けを行っている場合
　　(ウ)　その他の事業（非関連者基準が適用される事業は除かれる。）

主として本店所在地国において行っている場合

なお，ここでいう本店所在地国は，その国又は地域内に限定されているわけではなく，その国又は地域に係る内水，領海並びに排他的経済水域又は大陸棚に相当する水域まで含むこととされている（措令39の17⑪）。つまり，この範囲内での水産・鉱産物等の天然資源の採取を主たる事業としている場合には，この要件を満たすことになる。

③　主たる事業の判定

外国関係会社が2以上の事業を営んでいるときは，そのいずれが主たる事業であるかは，それぞれの事業に属する収入金額又は所得金額の状況，使用人の数，固定施設の状況等を総合的に勘案して判定することとされている（措通66の6-17（注））。

以上，上記の(1)から(4)までのすべての基準を満たす事業年度においては適用除外基準に該当するため合算課税の適用除外とされている。

V　資産性所得に対する合算課税の新たな創設

資産性所得に対する合算課税の制度が平成22年に創設された。平成22年度「改正税法のすべて」において，次のとおりの解説が行われている。

「株式や債券の運用による所得等の資産運用的な所得については，わが国と比べて著しく税負担の低い外国子会社においてそのような所得を伴う取引を行うことにつき積極的な経済合理性を見出すことは困難であり，むしろ，外国子会社への所得の付け替えに利用されやすいと考えられます。

外国子会社によるこうした資産運用的な所得に相当する額については，租税回避行為に該当するものとして，わが国親会社の所得に合算して課税することが適当であると考えられます。

そこで，資産運用的な所得を外国子会社に付け替えるような租税回避行為を一層的確に防止する観点から，外国子会社の資産運用的な行為に係る一定の所得に相当する額について，親会社の所得に合算して課税する仕組みが新

たに措置されました[6]。」として，資産運用的な所得について，新たに合算課税の適用とする規定を創設したものである。

　本創設規定は，平成22年4月1日以後に開始する事業年度よりの適用となるものである。すなわち，適用除外基準を満たす特定外国子会社等の有する一定の資産性所得の金額（特定所得の金額）についても，内国法人の株式等保有割合に応じて合算課税の対象とすることとされている（措法66の6④）。

1　制度の概要及び内容

　適用除外基準を満たす特定外国子会社等であっても，特定所得を有する場合には，特定所得の金額の合計額（以下「部分適用対象金額」という。）のうち，当該特定外国子会社等の発行済株式等の10％以上を直接及び間接に有する内国法人の有する株式等に対応する部分として計算した金額（以下「部分課税対象金額」という。）を収益の額とみなして，その内国法人の所得の金額の計算上，益金の額に算入することとされる（措法66の6④）。

2　特定所得の金額

　特定所得の金額とは，次の金額をいう（措法66の6④，措令39の17の2③～⑳）。

　なお，次の①から⑤までの金額については，特定外国子会社等が行う特定事業以外の事業の性質上重要で欠くことのできない業務から生じたものは除外される。

　　① 　特定法人（特定外国子会社等が保有する株式等の割合が10％未満の法人をいう。④において同じである。）から受ける剰余金の配当等の額から，その剰余金等の額を得るために直接要した費用の額の合計額（直接経費）及び簡便法により計算した負債利子配賦額を控除した額
　　② 　債券の利子の額から直接経費及び簡便法により計算した負債利子配賦額を控除した額
　　③ 　債券の償還金額（買入消却が行われる場合には，その買入金額）がその取

得価額を超える場合における差益の額から直接経費及び簡便法により計算した負債利子配賦額を控除した額
 ④ 特定法人の株式等の譲渡（金融商品取引所の開設する市場においてする譲渡及び金融商品取引業者への売委託による譲渡に限る。）に係る対価の額から原価の額及び直接経費を控除した額
 ⑤ 債券の譲渡（取引所又は店頭における株式等の譲渡に限る。）に係る対価の額から原価の額及び直接経費を控除した額
 ⑥ 特許権，実用新案権，意匠権若しくは商標権又は著作権（出版権及び著作隣接権を含む。）の使用料から直接経費を控除した額（特定外国子会社等により開発されたもの等から生じる使用料については除く。）
 ⑦ 船舶又は航空機の貸付けによる対価の額から直接経費を控除した額

3 部分課税対象金額の計算

　合算課税の対象となる金額（部分課税対象金額）は次の算式により計算される。

　なお，次の算式により計算された金額が課税対象金額に相当する金額を超える場合には，その相当する金額が限度とされる（措法66の6④，措令39の17の2①）。

$$\text{部分課税対象金額} = \text{特定外国子会社等の各事業年度の資産性所得の金額（特定所得の金額）の合計額（部分適用対象金額）} \times \frac{\text{各事業年度終了の時における内国法人の有する特定外国子会社等の請求権勘案保有株式等}^{(注)}}{\text{特定外国子会社等の各事業年度終了の時における発行済株式等}}$$

（注）請求権勘案保有株式等とは，①内国法人が直接に有する外国法人の株式等の数又は金額（その外国法人が請求権の内容が異なる株式等を発行している場合には，その外国法人の発行済株式等に，内国法人がその請求権に基づき受けることができる剰余金の配当等の額がその総額のうちに占める割合を乗じて計算した数又は金額）及び②請求権勘案間接保有株式等を合計した数又は金額をいう（措令39の16②）。

4　少額基準等による適用除外

　特定外国子会社等について，次のいずれかに該当する事実がある場合には合算課税は適用しない（措法66の6⑤，措令39の17の2⑳㉑）。
　①　各事業年度における資産性所得の金額の合計額に係る収入金額が1,000万円以下であること。
　②　各事業年度の決算に基づく所得の金額のうちにその資産性所得の金額の合計額の占める割合が5%以下であること。

5　適用除外に係る書類等

　適用除外の規定は，確定申告書に適用除外に該当する旨を記載した書面（申告書別表17（3の2））を添付し，かつ，その適用があることを明らかにする書類その他の資料を保存している場合に限り，適用される（措法66の6⑦）。

VI　特定外国子会社等に係る外国税額控除

　外国子会社合算税制は，特定外国子会社等の所得をその株主である内国法人の所得に合算して課税するものであり，特定外国子会社等の所得に対してその本店所在地国で課税が行われる場合には，同一の所得に対して二重課税が生じることになる。
　このような二重課税を調整するために，特定外国子会社等の所得に対して課された税のうち，外国子会社合算税制の適用により合算課税が行われる内国法人の課税対象金額に対応する部分の金額について，内国法人が納付した外国法人税とみなして，外国税額控除を認めることとしている。
　具体的には，外国税額控除の章で詳述することとするが（「外国税額控除」参照），概要を述べると，特定外国子会社等の課税対象金額又は部分課税対象金額について合算課税を行う内国法人は，その特定外国子会社等の所得に対して課された外国法人税のうち課税対象金額又は部分課税対象金額に対応する部分の金額は，その内国法人が納付したものとみなして，外国税額控除

の適用を受けることができることとなっている（措法66の7①）。

納付したとみなされる外国法人税額は，次の算式により計算される（措令39の18①②）。

（算　式）

内国法人が納付したとみなされる外国法人税額 ＝ 特定外国子会社等の適用対象金額に課された外国法人税の額 × 課税対象金額／適用対象金額

Ⅶ　確定申告書に添付すべき書類等

1　確定申告書に添付すべき書類

特定外国子会社等を有する内国法人は，各事業年度の確定申告書に次に掲げる書類を添付しなければならない（措法66の6⑥，措規22の11②）。

①　特定外国子会社等の貸借対照表及び損益計算書
②　特定外国子会社等の各事業年度の株主資本等変動計算書，損益金の処分に関する計算書その他これらに類するもの
③　①に掲げるものに係る勘定科目内訳明細書
④　特定外国子会社の本店所在地国の法令により課される税に関する申告書で各事業年度に係るものの写し
⑤　特定外国子会社等の各事業年度終了の日における株主等の氏名及び住所又は名称及び本店若しくは主たる事務所の所在地並びにその有する株式又は出資の数又は金額を記載した書類
⑥　間接保有の場合には，内国法人及び居住者と特定外国子会社等との間に介在する外国法人の株主等の氏名，住所及びその有する株式の数又は出資の金額を記載した書類

2　益金不算入となる課税済金額に係る書類等

益金不算入となる課税済金額又は間接配当等若しくは間接課税済金額（以下「課税済金額等」という。）の適用を受ける場合には，課税済金額等に係る事

業年度の確定申告書に当該課税済金額等その他次に掲げる明細書の添付があり，かつ，各事業年度の確定申告書等に益金不算入となる金額に関する申告の記載及びその益金不算入となる金額の計算に関する明細書の添付がある限り，適用される（措法66の8⑭，措令39の15⑦，措規22の11③）。

（添付すべき事項等）
① 特定外国子会社等の名称及びその本店所在地
② 課税済金額に係る外国法人税の額のうち内国法人が納付するとみなされた外国法人税の額で外国税額控除をされるべき金額の計算の基礎となったもの
③ その他参考となるべき事項

Ⅷ　検討すべき事項

下記の1～4については，現行の規定及び取扱いについて改善又は改正すべきでないかと考えられるものである。

1　特定外国子会社等の判定

(1)　**税が存在しない国又は地域の取扱いについての改正**（本稿169頁～170頁）

税が存在しない国に本店又は主たる事務所を有している外国関係会社については，支店で事業を行い支店の所得に対して一定の税負担をしている場合でも，（税負担の低い）特定外国子会社等として取り扱われるが，当該外国関係会社が法人全体として一定の税負担をしていれば，課税上の弊害が生じる可能性は極めて低く，タックスヘイブンを利用した租税回避の意図があると前提することには合理性がないと考えられることから，租税特別措置法施行令第39条の14第1項第一号の規定の改正を考えるべきである。

(2)　**非課税所得の取扱い**（本稿170頁～171頁）

トリガー税率計算式の分母に非課税所得を加算することとされているが，非課税所得の解釈を巡り，課税の繰延べについては非課税所得に含まれるの

かなど，様々な問題点が指摘されており，非課税所得の定義を法令・通達で明確化することが望まれる。

次に主な例を列挙するが，これについて課税庁の正式な回答等が示されていない。

① 青色繰越欠損金

我が国の青色繰越欠損金のような過去の事業年度の損失額を当期の損金に算入できる制度が採られている場合の金額についての取扱い

② 連結納税等における他法人の欠損金の取扱い

③ 特定の準備金・引当金

異常危険準備金以外の準備金・引当金の取扱い

以上①～③のようなものについて通達等で明確にすべきである。

2 適用除外基準のあり方 (本稿179頁～185頁)[7]

タックスヘイブン対策税制が導入された昭和53年当時と現代の多国籍企業の経営環境の変化を考慮すれば，適用除外の判断基準である「経済的合理性」の意義に大きな変化があるところであり，この経営環境の変化が適用除外基準に十分に反映されていないという問題点が実務において指摘されている。したがって，以下のような経営環境の変化を考慮すれば，固定的な施設と人的要素をもって適用除外とする「事業実体基準」を改正しても課税上の弊害はないのではないかと考えられる。

(1) 情報技術の発展による事業形態の国際化と所在地国基準

本店所在地国で主として事業を行うということは，現代のボーダーレス化した今日の経済社会においては，極めて問題があり，速やかな改正を望むものである。

(2) 企業グループ内の機能の集約

企業の活動が多国籍化するにつれ，企業は経営効率を追求するため，グループ内の物流機能，金融機能，管理機能など各機能を担う会社に集約することでシナジーを追求するといった企業行動を採ることがある。このような企

業行動は，極めて経済合理的な行動であり，多くの場合租税回避を目的としているわけではない。

このような経済社会の変化に対応した非関連者基準の見直しを図るべきと考える。

(3) 各国の招致政策

外国政府の誘致政策（補助金やインフラの整備など）や現地での人材供給などの経済的な理由から，研究開発機能や経営統括機能などを外国関係会社に集約することもある。このような場合には租税回避目的としているのではないので，一定の事業については，適用除外基準として改正すべきである。

(4) 取締役会への参加方法

現行の会社法では，テレビ会議又は電話会議による参加も認めている（会社法施行規則10③一）。したがって，現地における管理支配による「経済合理性」の要件を改善すべきである。

3 適用対象金額の取扱いの改善

特定外国子会社等に該当しなかった事業年度に生じた欠損金額を除くとされている規定を廃止すべきである。

4 資産性所得の取扱い（本稿185頁〜188頁）

通達等により該当の有無を判断できるよう改善を望む。

IX 来料加工とタックスヘイブン課税事案

> 東京高裁平成23年8月30日判決（控訴）（平成21年（行コ）第236号　判例集未登載）
> 東京地裁平成21年5月28日判決（控訴）（平成18年（行ウ）第322号 TAINSZ888-1429）

> 　来料加工を利用した日本企業に対してタックス・ヘイブン対策税制が適用された事案に関して，その更正処分の取消しを求めた裁判が複数係属している（以下，当該裁判を「来料加工裁判」という）。
> 　来料加工裁判における裁判所の判断は，日本電産ニッシン事件平成21年5月28日東京地裁判決（以下「東京地判平成21年5月28日」という）で初めて示されたところであるが，平成23年，同事件に関する控訴審判決である平成23年8月30日東京高裁判決において納税者の請求を棄却した。
> 　来料加工取引とは，日本法人の香港子会社が中国・広東省の法人に対して原材料を無償支給して加工を委託する「来料加工取引」と呼ばれる取引について，香港子会社の行っている事業は卸売業と製造業のいずれに該当するか，また，その判定に伴い，香港子会社がいわゆるタックス・ヘイブン税制の適用除外要件を満たしているか否かについて争われた。本件裁判の最大の争点であるタックス・ヘイブン税制の適用については，具体的には，香港子会社の事業が卸売業に該当すれば，同税制の適用除外要件の一つである非関連者基準が適用され，非関連者との取引が50%を超える場合，その要件を満たして合算課税が行われないこととなる一方，製造業に該当すれば所在地国基準が適用され，製造業を主として本店所在地国以外の国等で行っている場合，その要件を満たさず合算課税が行われた事件である。

X　コーポレート・インバージョン税制

1　立法趣旨

　内国法人が軽課税国に子会社を設立して，子会社が所得を得ると外国子会社合算対策税制により合算課税を受ける。これを避けるために，一定の組織再編を使うことで，内国法人がペーパーカンパニーである外国法人の子会社となることが考えられる。そこで，これを防止する方策として，組織再編時における特定の三角合併等の場合の適格性否認の規定（措法68の2の3），株主側の譲渡益課税の規定（措法68の3）及びコーポレート・インバージョン対策合算税制が設けられたのである。

　すなわち，平成19年度税制改正においてコーポレート・インバージョン

の税制が創設されたのである。平成19年度「改正税法のすべて」において制度の概要が次のように解説されている。「内国法人の株主が，組織再編等により軽課税国に所在する外国法人を通じてその内国法人の株式の80％以上を間接保有することとなった場合には，その外国法人が各事業年度において留保した所得を，その持分割合に応じて，その外国法人の株主である居住者又は内国法人の所得に合算して課税することとされました（新措法66の9の6〜66の9の9）。

本税制の概要については（図1）を，コーポレート・インバージョンが生ずる場合の例については（図2）を参照してください（なお，図1，2，3及び4は平成19年度「改正税法のすべて」より引用したものである。）。

(注) 特殊関係株主等の種類に応じて，特殊関係株主等である居住者に係る特定外国法人に係る所得の課税の特例（新措法40の10〜40の12）及び特殊関係株主等である連結法人に係る特定外国法人に係る所得の課税の特例（新措法68の93の6〜68の93の9）の各制度が設けられていますが，これらの制度の基本的仕組みは特殊関係株主等である内国法人に係る特定外国法人の課税の特例（66の9の6〜66の9の9）と同様となっていますので，説明は省略します[8]。」

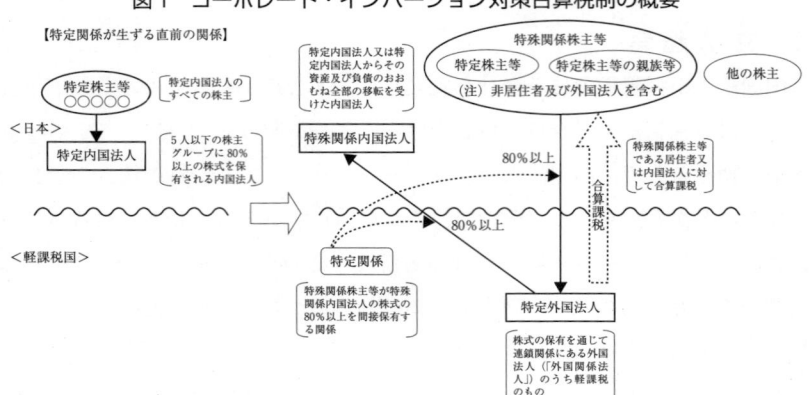

図1 コーポレート・インバージョン対策合算税制の概要

外国子会社合算税制 195

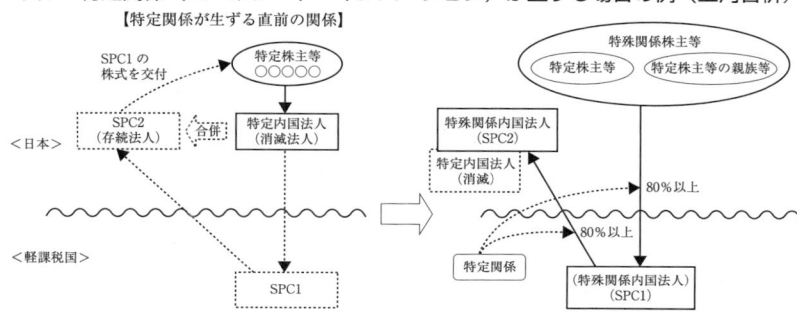

図2 特定関係（コーポレート・インバージョン）が生ずる場合の例（三角合併）

2 制度の前提

前述した「改正税法のすべて」において次のようにも解説している。

「この制度は，組織再編等により内国法人の株主とその内国法人との間に外国法人を介在させることにより，その株主が外国法人を通じて内国法人を間接所有する形態が生じたことが前提となっています。これを法人レベルで見ると，内国法人が外国法人の子会社となる形態となり，このような形態を生じさせる一連の行為は，一般的に「コーポレート・インバージョン」と称されています。法令上は，このような状態を，特殊関係株主等と特殊関係内国法人との間の特定関係（特殊関係株主等が特殊関係内国法人の発行済株式等の80％以上を間接に保有する関係）と規定しています[9]。」との解説がある。

すなわち，特殊関係株主等に係る特定外国法人が各事業年度において留保した所得のうち，課税対象留保金額に相当する金額は，特殊関係株主等である内国法人の収益の額とみなして，益金の額に算入することとなっている。この点から，前述した外国子会社合算課税に類似しているといえる。

また，特殊関係株主等などの用語の意義は，前述した「改正税法のすべて」において以下のとおりに解説している。

「① 特殊関係株主等

　「特殊関係株主等」とは，特定株主等に該当する者並びにこれらの者と特殊の関係のある個人及び法人をいいます（新措法66の9の6①）。こ

の特殊の関係のある個人とは、次のイからニまでの者をいい、特殊の関係のある法人とはホからトまでの者をいいます（新措令39の20の8①，②）。

特殊関係株主等の範囲については、（図3）を参照してください。

イ　特定株主等の親族等
ロ　特定株主等に該当する法人の役員
ハ　特殊関係内国法人の役員
ニ　ロ及びハに掲げる役員の親族等
ホ　特定株主等の1人（個人である特定株主等については、その1人及びその親族等。ヘ及びトにおいて同じ。）が他の法人を支配している場合における他の法人
ヘ　特定株主等の1人及びこれとホの法人が他の法人を支配している場合における他の法人
ト　特定株主等の1人及びこれと上記ホ又はヘの法人が他の法人を支配している場合における他の法人

（注） 1　上記ホからトまでの「他の法人を支配している場合」とは発行済株式等の50％超の株式等を有すること等をいいます（新措令39の20の8③，法令4③）。
　　　2　2以上の法人が同一の者によって支配される場合には、その2以上の法人は相互に特殊の関係があるものとされます（新措令39の20の8③，法令4④）。
　　　3　「特殊関係株主等」は、居住者及び内国法人だけでなく、非居住者及び外国法人も該当することに留意する必要があります。

② 特定株主等

「特定株主等」とは、特殊関係が生ずることとなる直前における特定内国法人のすべての株主をいいます（新措法66の9の6②一）。

③ 特定内国法人

「特定内国法人」とは、特殊関係が生ずることとなる直前に5人以下の株主グループ（株主の5人以下及びこれらと特殊の関係のある個人及び法

外国子会社合算税制 197

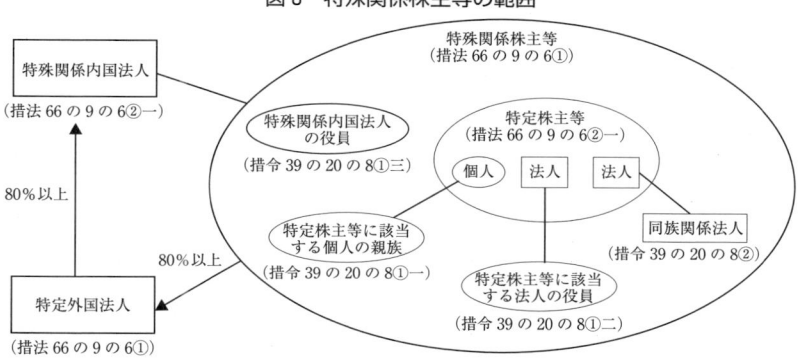

図3 特殊関係株主等の範囲

人）によって発行済株式等の80％以上を保有される内国法人をいいます（新措法66の9の6②一）。この特殊の関係のある個人とは，株主の親族等をいい（新措令39の20の8⑨），特殊の関係のある法人とはイからハまでの者をいいます（新措令39の20の8⑨，⑩）。

イ　株主の1人（個人株主については，その1人及びその親族等。ロ及びハにおいて同じ。）が他の法人を支配している場合における他の法人

ロ　株主の1人及びこれとイの法人が他の法人を支配している場合における他の法人

ハ　株主の1人及びこれと上記イ又はロの法人が他の法人を支配している場合における他の法人

(注)　1　上記イからハまでの「他の法人を支配している場合」とは発行済株式等の50％超の株式等を有すること等をいいます（新措令39の20の8⑪，法令4③）。
　　　2　2以上の法人が同一の者によって支配される場合には，その2以上の法人は相互に特殊の関係があるものとされます（新措令39の20の8⑪，法令4④）。

④　特殊関係内国法人

「特殊関係内国法人」とは，特定内国法人又は合併，分割，事業の譲

渡その他の事由により特定内国法人の資産及び負債のおおむね全部の移転を受けた内国法人をいいます（新措法66の9の6②二，新措令39の20の8⑫）。

⑤ 特定関係

「特定関係」とは，特殊関係株主等と特殊関係内国法人との間に特殊関係株主等の特殊関係内国法人に係る間接保有株式等保有割合が80％以上である関係がある場合におけるその関係をいいます（新措法66の9の6①）。この間接保有株式等保有割合とは，次のイ又はロに掲げる場合の区分に応じそれぞれイ又はロの割合（イ及びロのいずれにも該当する場合には，イ及びロの合計割合）とされています（新措令39の20の8④）。

イ　特殊関係内国法人の株主等である外国法人（特殊関係株主等に該当するものを除きます。）の発行済株式等の80％以上が特殊関係株主等によって所有されている場合　その株主等である外国法人の有する特殊関係内国法人の株式等が特殊関係内国法人の発行済株式等のうちに占める割合（株主等である外国法人が2以上ある場合には，2以上の株主等である外国法人につきそれぞれ計算した割合の合計割合）

ロ　特殊関係内国法人の株主等である法人（特殊関係株主等に該当するものを除きます。）と特殊関係株主等との間にこれらの者と株式等の所有を通じて連鎖関係にある1又は2以上の法人（株主等である法人が内国法人であり，かつ，その1又は2以上の法人のすべてが内国法人である場合のその1又は2以上の内国法人及び特殊関係株主等に該当する法人を除きます。以下ロにおいて「出資関連法人」といいます。）が介在している場合（出資関連法人及び当該株主等である法人がそれぞれその発行済株式等の80％以上の数又は金額の株式等を特殊関係株主等又は出資関連法人）（その発行済株式等の80％以上が特殊関係株主等又は他の出資関連法人によって所有されているものに限ります。）　株主等である法人の有する特殊関係内国法人の株式数が特殊関係内国法人の発行済株式等のうちに占める割合（株主等である法人が2以上ある場合には，2以上の株主等である法人につきそれ

ぞれ計算した割合の合計割合)

上記のイは，特殊関係株主等が特殊関係内国法人の株主等である外国法人の株式を直接に保有する関係がある場合を示し，上記のロは特殊関係株主等と特殊関係内国法人の株主等である法人との間にこれらの者と株式等の所有を通じて連鎖関係にある1又は2以上の法人が介在している場合を示しています。

なお，上記のロの場合，特殊関係株主等と特殊関係内国法人の間に介在する法人のいずれか1つは外国法人であることとされており，内国法人のみを通じた間接保有割合は，カウントしないことになります。

また，上記イ及びロに共通する事項として，特殊関係株主等から直接又は間接に80％以上の株式等の保有による連鎖関係が特殊関係内国法人の株主等である法人までつながっている場合には，その特殊関係内国法人の株主等である法人が有する特殊関係内国法人の株式等の保有割合をもって，特殊関係株主等が有する特殊関係内国法人の間接保有割合としています。本制度における「特定関係」については，外国子会社合算税制における間接保有割合の計算と異なり，掛け算方式はとられていないことに留意する必要があります。

なお，特定関係の判定における間接保有割合の計算の概要について

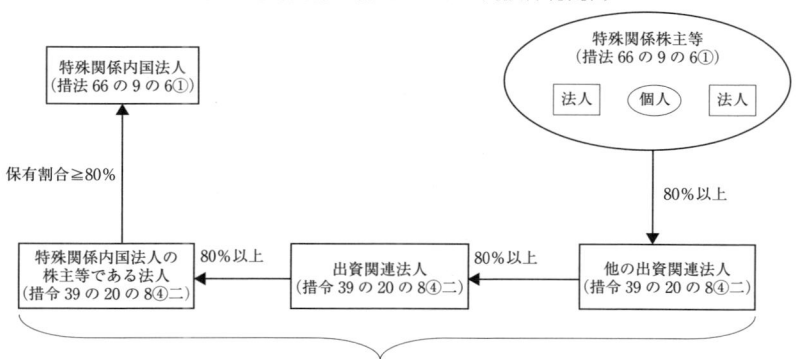

図4 特殊関係の判定における間接保有割合

は，(図4)を参照してください[10]。」

3 外国子会社合算税制との関係

コーポレート・インバージョン対策合算税制については，例えば，特定外国法人の判定（租税負担割合の計算），課税対象金額・適用対象金額の計算，適用除外，特定外国法人の部分課税対象金額の益金算入，特殊関係株主等である内国法人が納付する控除対象外国法人税の額とみなされる金額に係る外国税額控除，特殊関係株主等である内国法人が外国法人から受ける剰余金の配当等の益金不算入など，外国子会社合算対策税制の取扱いと同様とされているものも少なくないのである。

本稿においては，紙幅の関係上，制度の概要のみで詳細な内容については割愛させていただくこととする。

参考文献

M＆A／グローバル・ソリューションズ編『完全詳解タックスヘイブン対策税制・外国子会社配当益金不算入制度〔第2版〕』税務研究会出版局
加藤俊行他『新タックス・ヘイブン税制のポイント解説』大蔵財務協会
金子宏『租税法〔第十七版〕』弘文堂
木村俊治『タックスヘイブン対策税制の実務Q＆A』中央経済社
国際税務実務研究会編『TAX ＆ LAW 国際税務の実務と対策』第一法規
高橋元監修『タックス・ヘイブン対策税制の解説』清文社
武田昌輔他編『DHC会社税務釈義』第一法規
林博之他編『詳解タックス・ヘイブン対策税制』清文社
松本善夫編『平成23年版法人税決算と申告の実務』大蔵財務協会
松本善夫編『平成24年版図解法人税』大蔵財務協会
望月文夫『平成24年版図解国際税務』大蔵財務協会

雑誌他

大蔵省主税局 昭和53年度「改正税法のすべて」大蔵財務協会

財務省主税局　平成19年度「改正税法のすべて」大蔵財務協会
財務省主税局　平成22年度「改正税法のすべて」大蔵財務協会
「日本公認会計士協会租税調査会研究報告第21号『タックスヘイブン対策税制から外国子会社合算税制へ－問題点の分析と提言－』の公表について」日本公認会計士協会
川田剛「Q&Aでみるタックス・ヘイブン対策税制」税務事例2010・Vol.42 No.11～2012・Vol.44 No.1 財経詳報社

注(1)　望月文夫『平成24年版図解国際税務』210頁　大蔵財務協会
　(2)　松本善夫編『平成23年版法人税決算と申告の実務』901頁　大蔵財務協会
　(3)　大蔵省主税局執筆　昭和53年度「改正税法のすべて」156頁～157頁　大蔵財務協会
　(4)　石山嘉英稿　高橋元監修『タックス・ヘイブン対策税制の解説』98頁～99頁　清文社
　(5)　金子宏『租税法〔第十七版〕』484頁　弘文堂
　(6)　財務省主税局執筆平成22年度「改正税法のすべて」496頁　大蔵財務協会
　(7)　「日本公認会計士協会租税調査会研究報告第21号『タックスヘイブン対策税制から外国子会社合算税制へ－問題点の分析と提言－』の公表について」平成23年4月12日　日本公認会計士協会
　(8)　財務省主税局執筆　平成19年度「改正税法のすべて」566頁～567頁　大蔵財務協会
　(9)　財務省主税局執筆　前掲（注8）567頁　大蔵財務協会
　(10)　財務省主税局執筆　前掲（注8）567頁～569頁　大蔵財務協会

内国法人の国際取引に係る法人税

移転価格税制の論点

成蹊大学教授　成道　秀雄

はじめに

　平成22年度の税制改正でもって，移転価格税制関係の租税特別措置法通達，事務運営指針の改正が行われた。それらの改正は平成22年度税制大綱にも示されたとおり，OECD移転価格ガイドラインに沿った改正といえる。さらに平成23年度の税制改正で，①ベストメソッド・ルールの採用，②レンジの採用，③シークレットコンパラブルの明確化が行われている。そこで，本稿では，平成22年度の税制改正の内容を考察して，現行の移転価格税制の問題点を取り上げ，若干の検討を試みることとする。

I　独立企業間価格の算定方法

1　取引をもとに算定する方法

　ここであげる方法は，いわゆる基本三法と呼ばれるもので，我が国において昭和61年に移転価格税制が創設されたときから最も重要な独立企業間価格の算定方法としてあげられてきたものである。

(1)　独立価格比準法（措法66の4②(1)イ）

　独立価格比準法とは，特殊の関係にない売手と買手が，国外関連取引に係

る棚卸資産と同種の棚卸資産をその国外関連取引と取引段階，取引数量その他が同様の状況の下で売買した取引の対価の額に相当する金額をもって国外関連取引の対価の額とする方法である。ただし，その同種の棚卸資産を国外関連取引と取引段階，取引数量その他に差異のある状況の下で売買した取引がある場合において，その差異により生じる対価の額の差を調整できるときは，その調整を行った後の対価の額を用いる。

独立価格比準法によれば，国外関連取引における製品の価格と比較対象取引の価格とを直接的に比較することになる。製品が同種で，当事者の機能・リスク等にも差異がない場合に（内部比較対象取引が存在する場合など）は，独立価格比準法が最適な方法とされている。

(2) 再販売価格基準法（措法66の4②（1）ロ）と原価基準法（措法66の4②（1）ハ）

再販売価格基準法とは，国外関連取引に係る棚卸資産の買手が特殊の関係にない者に対してその棚卸資産を販売した対価の額，すなわち再販売価格から通常の利益の額を控除して計算した金額をもって国外関連取引の対価の額とする方法である。ここでいう通常の利益とは，再販売価格に，国外関連取引に係る棚卸資産と同種又は類似の棚卸資産を特殊の関係にない者，すなわち非関連者から購入した再販売者がその同種又は類似の棚卸資産を非関連者に対して販売した取引，すなわち比較対象取引に係る再販売者の売上総利益の額の収入金額の合計額に対する割合を乗じて計算した金額をいう。通常の利益の額を計算するために，比較対象取引の売上総利益率を通常の利益率（グロス・マージン＝収入－原価（＝粗利益）／収入（売上））として用いて，これを実際の再販売価格に乗じることになる。なお，比較対象取引と国外関連取引に係る棚卸資産の買手がその棚卸資産を非関連者に対して販売した取引とが売手の果たす機能・リスク等において差異がある場合には，その差異により生ずる割合の差につき必要な調整を加えた後の割合を用いる。

原価基準法とは，国外関連者取引に係る棚卸資産の売手の購入，製造その他の行為による取得の原価の額に通常の利益の額を加算して計算した金額を

もって国外関連取引の対価の額とする方法である。ここでいう通常の利益の額とは，原価の額に，国外関連取引に係る棚卸資産と同種又は類似の棚卸資産を，非関連者からの購入，製造その他の行為により取得した者がその同種又は類似の棚卸資産を非関連者に対して販売した比較対象取引に係るその販売者の売上総利益の額の原価の額の合計に対する割合を乗じて計算した金額をいう（措令39の12⑦）。通常の利益の額を算定するために，比較対象取引の原価に対する粗利益率を通常の利益率（グロス・マークアップ＝収入－原価（＝粗利益）／原価）として用いて，これを実際の原価に乗じることになる。なお，比較対象取引と国外関連取引とが売手の果たす機能・リスク等に差異がある場合には，その差異により生ずる割合の差につき必要な調整を加えた後の割合を用いる。

　再販売価格基準法及び原価基準法によると，納税者において，粗利益率の算定に必要な原価について，他社のデータを入手することが困難を伴うことが多い。製品が同種でないが類似性が見られ，当事者の機能等もおおむね同様であり，比較可能性の十分な比較対象取引を見出すことができ，かつ，当該比較対象取引における売上総利益に係る情報及び機能等の差異調整に必要な情報を入手できるときには，再販売価格基準法又は原価基準法が最適な方法とされている。

2　グループ利益をもとに算定する方法

　グループ利益をもとにして独立企業間価格を算定する利益分割法（プロフィット・スプリット法）が登場した背景には，無形資産の移転がなされる場合において，上記基本三法ではその算定が困難な場合が多いという理由がある。ここであげる利益分割法とは，国外関連取引に係る棚卸資産の法人及びその法人に係る国外関連者による購入，製造その他の行為による取得及び販売に係る所得が，次に掲げる方法により，これらの者に帰属するものとして計算した金額をもって国外関連取引の対価の額とする方法である（措令39の12⑧(1)）。

(1) 比較利益分割法

比較利益分割法とは，国外関連取引に係る棚卸資産と同種又は類似の棚卸資産の非関連者による販売等に係る所得の配分に関する割合に応じて法人及びその国外関連者に帰属するものとして計算する方法である（措令39の12⑧(1)イ）。なお差異調整は上記基本三法に準じて用いられる。

(2) 寄与度利益分割法

寄与度利益分割法とは，国外関連取引に係る棚卸資産の法人及びその国外関連者による販売等に係る所得の発生に寄与した程度を推測するに足るこれらの者が支出した費用の額，使用した固定資産の価額その他これらの者に係る要因に応じてこれらの者に帰属するものとして計算する方法である（措令39の12⑧(1)ロ）。具体的には，我が国の納税者と国外関連者の利益を合算した利益を，各当事者が利益の発生に寄与した程度を推測するに足りる要因に応じて配分する方法をいう（措令39の12⑧(1)）。その分割要因としては，各当事者が支出した人件費等の費用の額，投下資本の額等が用いられる（措通66の4(4)－4）。寄与度利益分割法は内国関連会社と外国関連会社において重要な無形資産を保有していないが，比較対象取引が見つからない場合，グローバル・トレーディングのように事業が高度に統合されているような場合，または規模の利益等が認められる場合に最も適切な方法とされている。国外関連者の利益率水準が高いときに寄与度利益分割法が最も適切な方法として更正処分され，巨額な課税が行われるおそれがあるので，内国関連会社と外国関連会社で適切な利益分配がなされているかについては利益に対する寄与分析等を十分に行っておく必要がある。

(3) 残余利益分割法

残余利益分割法とは，次のイ及びロに掲げる金額につき法人及びその外国関連者ごとに合計した金額がこれらの者に帰属するものとして計算する方法である（措令39の12⑧(1)ハ）。

　イ　国外関連取引に係る棚卸資産の法人及びその外国関連会社による販売等に係る所得が，その棚卸資産と同種又は類似の棚卸資産の非関連者に

よる販売等に係る割合に基づき法人及びその関連会社に帰属するものとして計算した金額
　ロ　国外関連取引に係る棚卸資産の法人及びその外国関連者による販売等に係る所得の金額とイに掲げる金額の合計額との差額（残余利益等）が，その残余利益等の発生に寄与した程度を推測するに足りるこれらの者が支出した費用の額，使用した固定資産の価額その他これらの者に係る要因に応じてこれらの者に帰属するものとして計算した金額

　我が国の納税者と外国関連者の双方で重要な無形資産を有する場合に，重要な無形資産を有しない非関連者間取引においての通常の利益を「基本的利益」とし，残りの利益を重要な無形資産によって生み出される超過利益とみなし，これを残余利益とするものである。具体的には，まず，基本的利益を比較対象取引を利用して算定する。この基本的利益においては重要な無形資産が関わらず，また，製造・販売などの比較的単純な過程であるので，比較対象取引の選定も可能であるといえよう。次に，その基本的利益を控除した後の残額を残余利益として，各当事者がそれぞれ有する重要な無形資産の価値に基づいてその残余利益を配分する。実務上は，その重要な無形資産の開発のために支出した費用等の額により配分されることが多い。この費用配分の要素の定め方については，納税者と税務当局で見解が異なることがある。

　国外関連取引の当事者双方による独自の価値ある貢献が認められる場合には，残余利益分割法が最適な方法とされている。

　平成23年度税制改正によって利益分割法に「準ずる方法」についても併せて法律上明確化されている（措令39の12⑧（4））。この準ずる方法とは，取引の類型に応じ，取引内容に適合し，かつ，独立企業間価格の各算定方法の考え方から乖離しない合理的な算定方法を意味する。

3　営業利益をもとに算定する方法

　上記利益分割法は内部利益率を使用するのに対して，ここであげる単位営業利益法は外部利益率を適用することになる。

(1) 取引単位営業利益法(以下 TNMM 法とする)(措令39の12⑧(2),(3))

TNMM法とは,比較対象となる法人の営業利益を指標にして国外関連取引に係る対価の額を算出する方法をいう。具体的には次に掲げる場合の区分に応じ,それぞれ次に定める方法をいう。なお,ここでの差異調整も上記基本三法に準じて用いられる。

イ 棚卸資産の購入が国外関連取引である場合

国外関連取引に係る棚卸資産の買手が非関連者に対してその棚卸資産を販売した対価の額(再販売価格)から,その再販売価格に(a)に掲げる金額の(b)に掲げる金額に対する割合を乗じて計算した金額に国外関連取引に係る棚卸資産の販売のために要した販管費の額を加算した金額を控除した金額をもって国外関連取引の対価の額とする方法(措令39の12⑧(2))。

(a) 比較対象取引(再販売者が国外関連取引に係る棚卸資産と同種又は類似の棚卸資産を非関連者に対して販売した取引をいう)に係る棚卸資産の販売による営業利益の額の合計額

(b) 比較対象取引に係る棚卸資産の販売による収入金額の合計額

$$\text{独立企業間価格} = \text{再販売価格} - \left[\text{再販売価格} \times \frac{\text{比較対象取引の棚卸資産の販売営業利益の額の合計額}}{\text{比較対象取引の棚卸資産の販売収入金額の合計額}} + \text{販売費及び一般管理費} \right]$$

ロ 棚卸資産の販売が国外関連取引である場合

国外関連取引に係る棚卸資産の売手の購入,製造その他の行為による取得の原価の額(取得原価の額)に,(a)に掲げる金額に(b)に掲げる金額の(c)に掲げる金額に対する割合を乗じて計算した金額及び(a)ⅱに掲げる金額の合計額を加算した金額をもって国外関連取引の対価の額とする方法(措令39の12⑧(3))。

(a) 次に掲げる金額の合計額

ⅰ 取得原価の額

ⅱ 国外関連取引に係る棚卸資産の販売のために要した販管費

（b）比較対象取引（販売者が国外関連取引に係る棚卸資産と同種又は類似の棚卸資産と同種又は類似の棚卸資産を非関連者に対して販売した取引をいう）に係る棚卸資産の販売による営業利益の額の合計額

（c）比較対象取引に係る棚卸資産の販売による収入金額の合計額から（b）に掲げる金額を控除した金額

ハ　ロに準ずる方法（旧措令39の12⑧（4））

$$\text{独立企業間価格} = \text{取得原価額} + \left[\left(\text{取得原価額} + \frac{\text{販売費及び一般管理費の額}}{} \right) \times \frac{\text{比較対象取引の棚卸資産の販売営業利益の額の合計額}}{\text{比較対象取引の棚卸資産の販売収入金額の合計額} - \text{比較対象取引の棚卸資産販売営業利益の額の合計額}} + \text{販売費及び一般管理費の額} \right]$$

(2) (1)以外の取引の単位営業利益法

上記(1)の棚卸資産の販売又は購入以外の取引に係る独立企業間価格については，以上の算定方法と同等の方法により算定することとされている（措法66の4②（2））。

TNMM法により算定する場合，データベースを活用して比較対象企業を選択する，税務当局の使用するデータベースは，ビューロー・ヴァン・ダイクのORBISが主流となっており，中国以外の主要国の税務当局がORBISを使用することから，結局，納税者もORBISを使用することが多くなっている。ただ，データベースは取引相手の事業の概略等の情報を把握する目的で作成されたもので，移転価格税制における独立企業間価格の算定のために必要な機能やリスクなどの詳細までは記載されていないので，情報源としては自ずから限界があろう[1]。基本三法の比較対象取引を見出すことはできないが，データベース会社からの公開情報によって外部比較対象取引を見出すことができる場合で，国外関連取引の当事者の一方が，より単純な機能を果たしているときは，TNMM法が最適方法とされている。基本三法よりも比較可能性が緩和されているために実務上多用されているのが現状である。

4 独立企業間価格算定方法の選択

先述したように，独立企業間価格を算定するに，比較対象取引や十分な比較可能性等の諸条件が揃って基本三法を用いることができれば，最適な方法とされてきた。基本三法で比較対象取引をどのようにして見出すかについては，次の各要素に注意が払われる。

① 移転価格に影響を及ぼす取引上の要素を分析する。
② 関連者間取引に類似している諸要素を取り上げ，それぞれにどれほどの比重を置くかを検討する。
③ 具体的に非関連者間取引を取り上げて，それぞれの諸要素がどの程度類似しているかを調査，分析する。
④ 比較対象取引が関連者間取引と十分に類似していれば，比較対象取引の価格が独立企業間価格として妥当なものと判断される。

OECD 移転価格ガイドラインではその取引上の諸要素として機能分析，リスク分析，契約条件，経済的状況，取引される財，サービスをあげている。これらの諸要素で類似性が十分にあれば，比較対象取引は比較可能性があるといえる。関連者取引と比較対象取引たる非関連者間取引とでいくつかに差異があった場合には，そこで比較可能性がなしということではなくて，差異調整が可能な範囲であるか否かが検討されよう。

基本三法は最も優秀な独立企業間価格算定方法として認知されているものの，比較対象取引を見出すことが難しく，純粋な意味での基本三法はほとんど適用されてきておらず，差異調整しなければ比較対象取引たり得ないというのが実状である。もっとも，差異調整も容易ではない。そこで基本三法の適用が困難な場合には利益分割法に選択肢が移る。本来はグループ内だけで話し合って利益を仕切ればいいので，最も妥当な方法といえよう。第三者たる他の会社を持ち出す必要がないからである。対象取引が複雑になるに従って，すなわち複雑な無形資産などの移転件数が増加したことから，利益分割法の中では残余利益分割法を採用する傾向がある。しかし，その利益の分割に恣意性が入りやすいということから，必ずしも税務当局の承認が受け入れ

やすいわけではない。そこで最近ではTNMM法が採用される事例が多い。

TNMM法は基本三法のように当事者の機能・リスク等の類似性の差異によって影響を受けにくく、比較対象取引で基本三法では選定できなくともTNMM法で選定できることがある。また、独立企業間価格の検証として事業又は会社全体の営業利益が利益水準指標として利用できることからTNMM法の採用の増加は既に日本の税務実務において顕著な傾向であり、後述するベストメソッド・ルールが設けられても、今後の実務において重大な変更をもたらすものではないといわれている[2]。ここでTNMM法の簡単な事例をあげて説明を加える[3]。

① 日本親会社から製造関連無形資産を提供された海外関連製造子会社が、国外関連販売子会社に製品を販売する場合

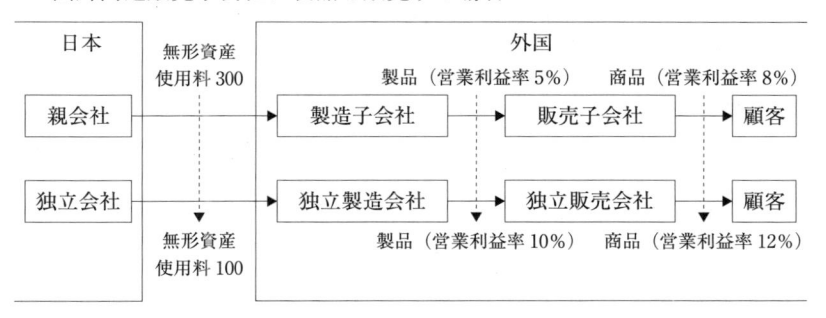

日本		外国			
	無形資産使用料300		製品（営業利益率5%）	商品（営業利益率8%）	
親会社	→	製造子会社	→	販売子会社	→ 顧客
独立会社	→	独立製造会社	→	独立販売会社	→ 顧客
	無形資産使用料100		製品（営業利益率10%）	商品（営業利益率12%）	

上図で、税務当局がデータベースで比較可能性の高い比較対象取引を見出して、独立製造会社への無形資産使用料が100に合わせて更正処分され、課税されることになる。日本親会社においては、過大使用料分200（300-100）が否認されて、課税されることになる。

② 日本親会社が海外関連子会社から製品を購入して、日本国内の顧客に販売する場合

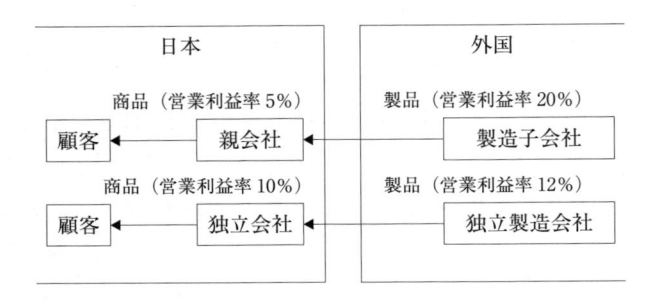

```
        日本                    外国
        商品(営業利益率5%)   製品(営業利益率20%)
  顧客 ← 親会社      ←       製造子会社
        商品(営業利益率10%)  製品(営業利益率12%)
  顧客 ← 独立会社    ←       独立製造会社
```

　データベースでもって比較可能な比較対象取引を見出し，その比較対象取引の営業利益率でもって更正処分されて課税されたとする。比較対象取引の独立会社の営業利益率が 10% であるのに，日本親会社の移転価格の営業利益率が 5% とされていることから，その営業利益率の差額の 5% 相当額が否認されて課税されたことになる。

5　問題点の検討

　企業のグループ化によるメリットとして規模や効率のメリット，グローバル化によって有望な消費市場への進出，低廉な資源や人件費の確保，為替リスクの回避，節税等のメリットを享受することになろう。また，他社との価格競争に勝ち抜くために，たとえ独立した顧客への販売であっても，原価に満たない価格で販売して，競争相手が市場から撤退した後で価格の見直しをすることもある。このようなグループ化，グローバル化した企業が関連会社間で移転価格を決定していくに，結果的に納税額が低く抑えられたとしても恣意的な価格操作によらないものもあろう。すなわち，移転価格の決定が，全て関連会社所在地の納税国の法人税率で決定されるわけではない。税制が企業の移転価格の決定に不当に介入すれば，課税の中立性が保たれないことになる。その点を十分に考慮して，移転価格課税を行うべきか否かが決定されるべきである。それぞれの関連会社間取引に最適な独立企業間価格の算定方法を選定することになるが，その関連会社間取引の特質に十分な注意を払って差異調整が行われている限りにおいて，税務当局もそれを尊重すべきと

いえる。

　先に述べたように，近年における新興国への進出が，低い製造コスト（人件費や原材料費等）や現地優遇税制，円高の為替要因等が加わって多くなってきている。さらに我が国の親会社の研究開発部門を新興国に移転し，新興国の子会社に重要な無形資産を保有させていけば，重要な技術がさらに海外に移転することになる。それらのロケーション・セービングや無形資産の流入により外国関連会社の営業利益率が高くなっていけば，さらにTNMM法の適用が増えていくであろう。その結果として日本における移転価格課税のリスクがますます高まっていくことが考えられる。納税者が新興国に子会社を設立せざるを得ない現状を十分に考慮すべきであり，TNMM法によって算定された日本親会社の営業利益率が意図的に低く算定されているとして不当な移転価格課税を行うべきではない。

II　ベストメソッド・ルール

1　ベストメソッド・ルールの導入

　平成23年度の税制改正で，独立企業間価格を算定するために最も適切な方法を選定すること（ベストメソッド・ルール）とされた（措法66の4②）。最適な方法とは租税特別措置法で規定している方法のうち，国外関連取引の内容及び国外関連の当事者が果たす機能その他の事情を勘案して，その国外関連取引が独立の事業者の間で通常の取引の条件に従って行われるとした場合にその国外関連取引につき支払われるべき対価の額を算定するための最も適切な方法とされている（措法66の4②注書き）。この改正は平成22年のOECD移転価格ガイドラインの改訂を受けてのものである。平成23年度改正前の基本三法の優先適用がなくなり，それらの重要な差異調整が実質的に困難であれば，基本三法によらずに利用可能な第三者間取引の比較可能性の程度に応じて，利益分割法を含めての各算定方法の相対的合理性を公平に検討することになる。OECD移転価格ガイドラインでも，単に比較対象取引

の選定や，差異調整が困難であるという理由のみで利益分割法を適用すべきではなく，取引の双方の当事者が重要な，あるいは固有の無形資産を用いている場合，または，取引が高度に適合されている場合に適した方法と位置付けている。要するに，基本三法が他の独立企業間価格算定方法よりも優れているという位置付けは，もはや採らないということである。

利益分割法においても，①比較利益分割法，②寄与度利益分割法，③残余利益分割法が（措令39の12⑧（1）イ，ロ，ハ），さらに利益分割法に準ずる方法も併せて明確化することとされた（措令39の12⑧（4））。この「準ずる方法」とは，取引の類型に応じ，取引内容に適合し，かつ，独立企業間価格の各算定方法の考え方から乖離しない合理的な算定方法と解されている[4]。

ただ，ベストメソッド・ルールの導入に伴い事務運営指針の見直しがなされ，基本三法は独立企業間価格を直接的に算定することができ，比較可能性からは，最も適切な方法が複数ある場合には，独立価格比準法を選定すべきであり，独立価格比準法が選定できない場合には，再販売価格基準法又は原価基準法を選定すべきであるとしている（事務運営指針3-2）。また，OECD移転価格ガイドラインでは，ベストメソッド・ルールについて，独立企業間価格として「伝統的取引基準法」（独立価格比準法，再販売価格基準法，原価基準法）と「取引単位利益法」（取引単位営業利益法，取引単位利益分割法）を掲げ，それらからの選択は特定の事案において最も適切な方法を見出すことを常に目指すこととするが，全ての起こり得る状況に適用できるような方法は一つも存在せず，特定の方法が状況に適さないということを証明する必要はないとしている。なお，OECD移転価格ガイドラインでは，①伝統的取引基準法と取引単位利益法が同等の信頼性をもって適用可能な場合には，伝統的取引基準法の方が取引単位利益法よりも望ましく，②独立価格比準法と他の独立企業間価格算定方法が同等の信頼性をもって適用可能な場合には，独立価格比準法の方が望ましいとしている（パラ2.2, 2.3）。特定の国外関連取引において特定の独立企業間価格算定方法しか適用できないということではないであろう。いくつか適用可能な算定方法があるとするならば比較考量して，

相対的に合理性が最も見出されるものを適用すべきである。

2　ベストメソッド・ルールのための検討要素

事務運営指針3-1では，「最も適切な方法の選定のための検討を行う場合には，措置法通達66の4（3）－3に掲げる諸要素に基づいて国外関連取引の内容を的確に把握し，措置法通達66の4（3）－1の（1）から（4）までに掲げる点等を勘案して当該国外関連取引に係る比較対象取引の有無，類似性の程度等を検討することに留意する」とされている。

［措置法通達66の4（3）－3に掲げる諸要素］
①棚卸資産の種類，役務の内容等，②売手又は買手の果たす機能，③契約条件，④市場の状況，⑤売手又は買手の事業戦略

［措置法通達66の4（3）－1に掲げる諸要素］
①独立企業間価格の算定方法の長所及び短所，②国外関連取引の内容及び当該国外関連取引の当事者の果たす機能等に対する独立企業間価格の算定方法の適合性，③独立企業間価格の算定方法を適用するために必要な情報の入手可能性，④国外関連取引と非関連者間取引との類似性の程度

3　ベストメソッド・ルールと立証責任

税務当局が納税者の税務調査を行い，その税務調査の内容を詳細に分析し，その移転価格が税法上規定しているベストメソッド・ルールによって算出された独立企業間価格と異なるとして更正処分し，納税者が原告となって更正処分の取消訴訟を起こしたときには，納税者はその更正処分が存在して，それが抽象的に違法であることだけ言えば足り[5]，それを受けて税務当局は自らベストメソッド・ルールでもって算出した独立企業間価格が最も信頼のおけるものであることを主張・立証しなければならない。すなわち，税務当局側に立証責任の抗弁がある。税務当局が更正処分するとなると，税法上規定されている全ての独立企業間価格の算定方法を比較考量して最も適切なものを選定して，納税者の移転価格との差額を否認して課税しなければならなく

なるのではないか。平成23年度の税制改正前よりも厳格な対応を迫られることになろう。

　これに対して納税者が再抗弁するとなると，納税者の移転価格が税務当局が選択した独立企業間価格の算定方法よりも信頼のおける適切な算定方法でもって決定されたこと，さらに独立企業間価格の算定方法が同じであったなら，税務当局が採用した比較対象取引が信頼のおける比較可能性を有していなかったことを反論・反証しなければならない。納税者の反証・反論も，平成23年度の税制改正で見直された移転価格文書化の取り決めで，強制ではないものの，移転価格文書に「算定方法の選定の理由」で最も適切な方法と判断するに至った理由等を記載することが必要となり，納税者としては当然に全ての独立企業間価格の算定方法の中で最も適切な方法で移転価格を決定していることになるので，反論・反証はそれほど難しくないはずである。もっとも納税者は移転価格決定の当事者であるので，最も移転価格決定過程に精通しているといえよう[6]。

4　ベストメソッド・ルールの選択過程

　以上のように納税者は移転価格文書に「算定方法の選定の理由」で最も適切な方法と判断するに至った理由等を記載することが必要となったのであるから，納税者はその選定の過程で厳格な比較考量が要求されるのであるが，事務運営指針では，最適な方法の選定の要点について，参考事例集で次のようにあげており（参考事例集1から8まで）[7]，それほど選定に負担がかからないのではないか。

① 製品が同種で，当事者の機能等にも差異がない場合（比較対象取引が存在するなど）は独立価格比準法が最適な方法（事例1）

② 製品が同種でないが類似性が高く，当事者の機能等がおおむね同様で，比較可能性が十分な比較対象取引（内部比較対象取引を含む）を見出すことができる場合で，当該比較対象取引における売上総利益にかかる情報及び機能等の差異調整に必要な情報を入手できるときは，再販売価格基

準法又は原価基準法が最適な方法（事例2, 3）
③ 基本三法の比較対象取引（内部比較対象取引及び外部比較対象取引）を見出すことができないが，公開情報から外部比較対象取引を見出すことができる場合で，国外関連取引の当事者の一方がより単純な機能を果しているときは，取引単位営業利益法（TNMM法）が最適な方法（事例6）
④ 国際商取引のように高度に統合された事業で，独自の価値ある寄与が認められない場合には，寄与度利益分割法が最適な方法（事例7）
⑤ 国外関連取引の当事者双方による独自の価値ある寄与が認められる場合には，残余利益分割法が最適な方法（事例8）

5　問題点の検討

　ベストメソッド・ルールの採用によって，税法上あげられているそれぞれの独立企業間価格の算定方法が同等なものと位置付けられるようになった。移転価格文書化が進んで，独立企業間価格の算定方法の選択や比較対象取引の比較可能性の優劣の決定方法はマニュアル化してきており，必ずしも納税者の負担が増したということにはならないであろう。納税者としては移転価格文書化を積極的に進めて，税務当局に更正処分されて移転価格課税がなされないようにすべきであり，仮に税務当局の移転価格調査によって更正処分されたとしても，事前に移転価格文書化を徹底しておき，迅速に反論・反証できるようにして，移転価格課税による過大な納税負担を避けるようにすべきである。

Ⅲ　独立企業間価格「幅（レンジ）」

1　幅の採用

　平成23年度税制改正大綱では，「幅（以下「レンジ」とする。）」については，国外関連会社取引の価格等がレンジの中にある場合には移転価格課税を行わないこと，また，レンジの外にある場合には比較対象取引の平均値に加え，

「その分布状況等に応じた合理的な値」を用いた独立企業間価格の算定もできることを運用において明らかにするとしていた。これは，過去の独立企業間価格幅の中に比較対象取引の数値が収まっていたにもかかわらず，平均値との乖離がある場合に課税が行われることがあったことから，レンジと平均値との関係を規定したものである[8]。

国内法よりも租税条約が優先されており，租税条約において二国間のAPA等では過去においてもレンジの概念が認められていたのであるから，このたび，国内法で一定のレンジが認められたということは，整合性からは良い方向の改正といえる[9]。上記大綱の「その分布状況等に応じた合理的な値」とは，下記のOECD移転価格ガイドラインで示されたレンジの種類として，同ガイドラインの①については，レンジのエッジ（上限又は下限）を調整ポイントとし，②については，ピンポイント（中央値，平均値又は加重平均等）を調整ポイントとなる（パラ3.62）。ピンポイントのうち，中央値は「外れ値」の影響を受けにくく，今後その重要性が従来に比べて，より高くなるものと考えられている[10]。

OECD移転価格ガイドラインは，レンジの種類として次の4つをあげている。

① 同等の信頼性を有する複数の比較対象取引から生じるレンジ（パラ3.55, 3.56）

② 情報に制約があるために複数の比較対象取引の何れについても比較可能性に欠陥が残る場合に，統計的手法を用いて中心傾向を考慮に入れるために生じるレンジ（パラ3.57）

③ 複数の方法による複数の数値から生じるレンジ（パラ3.58）

④ 安全帯としてのレンジ

平成23年度の税制改正で，独立企業間価格「幅」について次のように定めた（措達66の4（3）－4）。

「国外関連取引に係る比較対象取引が複数存在し，独立企業間価格が一定の幅を形成している場合において，当該幅の中に当該国外関連取引の対価の

額があるときは，当該国外関連取引については措置法第66条の4第1項の規定の適用はない」

もとよりレンジというと，①複数の独立企業間価格算定方法間の価格の違い，②同一の独立企業間価格算定方法間の価格の違い，が考えられるが，平成23年度の税制改正でベストメソッド・ルールの規定が示されたので，②のみのレンジしかあり得ないということになろう。

なお，事務運営指針では上記ガイドラインの②の十分なスクリーニングを行う前の四分位法等を用いて形成される独立企業間価格のレンジ③や④の上下一定幅の安全帯を認めるものではないとしている（事務運営指針2-2 (1)及び同別冊参考事例集-事例1・解説5参照）。ただ，③の統計的手法による独立企業間価格レンジは，税務当局が移転価格調査における調査では使用しないものの，納税者が所得移転の蓋然性を判断するため事前確認のほとんどで用いられており，事前確認を申請していない場合においても，統計的手法を使用してレンジを算定し，実績をその幅に収めるように対応している[11]

2 移転価格が独立企業間価格レンジから外れる場合

レンジの概念は，同等の信頼性を有する複数の比較対象取引から生じる独立企業間価格のレンジを想定しているので，そのレンジに入らない移転価格でもって税務当局に更正処分され課税された場合には，課税の額は，そのレンジの最低値と最高値の何れを用いてもよいものなのか，又はそのレンジの最低値と最高値の中間値を用いるべきものなのか，又はその複数の独立企業間価格の平均値を用いるべきなのか，あるいはその平均値でなく加重平均値を用いるべきかの問題があろう。何れを用いるにしても，上記ガイドラインレンジの種類の①又は②の選択になろう。この点について事務運営指針3-5では，「――比較対象取引に係る価格又は利益率等――中略――が形成する一定の幅の外に当該国外関連取引に係る価格又は利益率等がある場合には，原則として，当該比較対象利益率等の平均値に基づき独立企業間価格を算定する方法を用いるのであるが，中央値など，当該比較対象利益率等の分布状

況等に応じた合理的な値が他に認められる場合には，これを用いて独立企業間価格を算定すること」としている。すなわち原則としては平均値を用いるのであるが，中央値など合理的な値が他にある場合には，それを用いることも構わないとしている。

3 問題点の検討

複数もの同等程度に信頼のおける，類似性の十分な比較対象取引の独立企業間価格があり，比較可能性の観点から既に十分な絞り込みが行われているのであれば，仮に移転価格税制が適用されれば，その課税額が莫大となる傾向を考えると，税務当局としては，そのレンジのうちで最も納税者に有利な独立企業間価格と移転価格との差額で更正処分して課税することも認めてよいのではないか。すなわち，上記ガイドライン①のレンジで納税者に有利な最低値あるいは最高値を用いるべきではないか。税務当局が更正処分するとしても，絶対的な独立企業間価格の合理的算定など，もとより適うものではないので，その程度の緩和措置は認めてよいように思われる。ただ，相手国との租税条約でそのようなレンジが受け入れられるかという問題はあろう。相互協議によって対応的調整の段階で問題となる可能性はあろう。

Ⅳ シークレット・コンパラブル

1 シークレット・コンパラブルの必要性

シークレット・コンパラブルとは，税務当局が類似の取引を行う第三者が提出している申告書や質問検査により入手した非公開情報に基づいて，適切な比較対象取引を特定することをいう。ここでの質問検査とは，納税者が財務省令（措規22の10①）で定めている所定の書類（国外関連取引の内容を記載した書類，独立企業間価格を算定するための書類）又はその写しを遅滞なく提示しなかったり，又は提出しなかった場合において，当該納税者の当該関連取引に係る事業と同種の事業を営む者に質問し，又は当該事業に関する帳簿書

類を検査することができるというものである（措法66の4⑧）。この規定が導入された主な理由としては，①調査に対する非協力，②公開情報の限界（独立企業間価格の算定に当たり，関連者間取引に従事する関連者，問題となっている取引，類似の取引又は事業を行う第三者から得られる資料・情報等が求められるが，それらを公開情報から得ることは困難），があげられる。厳格に比較可能性を追求するとなるとシークレット・コンパラブルに行き着くのである。

　平成23年度税制大綱では，納税者の予見可能性を確保する観点から，シークレット・コンパラブルが適用される場合の具体例を運用において一層明確にするとともに，シークレット・コンパラブルを用いる際は，税務当局は守秘義務の範囲内でその内容を証明するとの運用を徹底すると述べている。平成23年度の税制改正では，事務運営指針2−5で，①提出期限について，合理的な理由があれば当該期限の再設定により延長を認めること，②再設定を繰り返し相当な期間が経過した場合において，なお書類の提出が見込まれないときに，シークレット・コンパラブル等の適用があることを明記しており，シークレット・コンパラブルが適用される場面がかなり限定的になったことが明記された。

2　OECD移転価格ガイドラインの見解

　OECD移転価格ガイドラインでは，納税者には開示されない情報に基づいて移転価格算定方法を適用することは公平ではないであろうと述べているものの（パラ3.36），一方で，税務当局が国内の守秘義務の範囲内でそのようなデータを納税者に開示することができ，それによって，納税者が自己の立場を擁護するための及び裁判所による効果的な司法コントロールを守るための十分な機会が納税者に与えられる場合，この限りではないとして，厳格な手続保障を担保することによって，一部認められるであろうとしている。現在，シークレット・コンパラブルが使用されている国としてはカナダ，オーストラリア，メキシコ等がある。

3 問題点の検討

シークレット・コンパラブルで最も問題とされる点は，シークレット・コンパラブルが使用された場合には，納税者が更正処分を検証して反論・反証することが極めて限定的であって，困難といえるからである。税務当局にできるだけ具体的にその使用の内容の説明を求め，比較対象取引の比較可能性について十分に検証できる機会が納税者に与えられるべきといえる。もっとも TNMM 法の導入によって，かなり比較対象取引を見出しやすくなってきている。また，移転価格文書化が進められてきており，シークレット・コンパラブルが適用される場面が限定的で明確化されてきたことから，使用しないと課税できないという事例が少なくなってきている[12]。

V 移転価格文書化

1 移転価格文書化の成立

平成 22 年度の税制改正で移転価格文書化が定められた。移転価格文書化は法律で強制されているわけでなく，また従わないと罰則があるというわけでもないが，移転価格文書を提出しないと推定課税が行われる可能性が高いので，大規模企業においては事実上義務付けられているともいえよう。平成 23 年度の税制改正でベストメソッド・ルールが導入されたことに伴い，「算定方法の選定の理由」に関して，最も適切な方法と判断するに至った理由等を比較可能分析等の一部として記載することとなった（措置法施行規則 22 条の 10 第 1 項 2 号）。税務当局の移転価格調査を回避するために，特にシークレット・コンパラブルを使用されたことによる質問検査や推定課税を回避するためには移転価格文書化の充実が必要である。最近においては大規模企業のみでなく中堅企業も移転価格調査が行われるケースも出てきており，中堅企業といえども，税務上の移転価格の算定については，十分な知識をもって行わなければならない。

2　移転価格文書の内容

移転価格文書の内容は次のように二つに区分できる。
① 国外関連取引の内容を記載した書類
② 国外関連取引について法人が算定した独立企業間価格に係る書類

①については，機能・リスク分析，無形資産の内容，市場の分析等の移転価格算定方法を選定・適用するに当たって必要となる事実の記載や，取引におけるセグメント・データ等の書類の整備が必要となる。企業がどの移転価格算定方法を採用すべきかという判断の前提となる事実関係をまとめた文書といえる。先にも述べたように，TNMM法が現在多く採用されており，そのため，営業利益がどのような要因で影響を受けたかという分析が重要といえる。

②については，選定した独立企業間価格の算定方法及びその選定の理由を記載した書類，比較対象取引等を選定した過程や比較対象取引の明細，取引単位の明細，取引単位を一体として取り扱った場合のその理由及びその内容，差異調整を行った場合の理由及びその方法を記載した書類の整備が必要となる。様々な算定方法が選択肢としてあるなかで，どの算定方法をどのような理由で選定するのかについての記述は，特に潜在的に内部比較となり得る取引が存在するのかどうか，存在する場合には，その比較可能性について検討し，合理性のあるかたちで選択理由を記述しておく必要がある[13]。

3　問題点の検討

今後，納税者は移転価格文書主導で独立企業間価格を算定し，それを移転価格として用いていく傾向が強まっていくであろう。税務当局は移転価格文書を調査し，その内容を確認した上で，納税者の選定した算定方法に疑義が生ずれば，税務当局は先に述べた方法で新たに必要な情報を独自に収集して最適な算定方法を選定し，比較対象取引を特定して，又は，最適な方法が納税者と一致したとしても，比較可能性のある比較対象取引や差異調整を見直したりして独自の独立企業間価格を算定することがあろう。それゆえ，納税

者としては，その選定した方法が最適な方法であることの合理的な理由を説明するとともに，選定した比較対象取引の比較可能分析を十分に行っておく必要があり，そのためには自ら移転価格文書化を積極的に進めて，その充実を図っていかなければいけない。なお，移転価格文書を用意していくには，相当の時間とコストがかかるので，網羅的に全ての関連会社取引において用意するということではなくて，税務当局から更正処分される恐れのあるもの，更正処分を受ければ過大な移転価格課税が行われる可能性のあるものに絞って用意するということも必要であろう。

VI 移転価格課税と寄附金課税

1 移転価格課税と寄附金課税の相違

沿革からすると，移転価格税制が創設される以前においては，移転価格における更正処分は寄附金課税で対応してきたが，特例法として昭和61年度の税制改正により移転価格税制が租税特別措置法で手当てされてきてからは，グループ全体での税額が不当に減少されることを課税権の侵害として移転価格税制を適用し，平成3年の税制改正で，「金銭その他の資産又は経済的な利益の贈与又は無償の供与」については寄附金税制が適用されることとなった。なお，前者の移転価格税制で税額が不当に減少するといっても，特別に当事者で租税回避の意図があるか否かに関係なく，単に現実の移転価格を独立企業間価格に修正するだけとの考え方がとられている。確かに移転価格が租税回避に利用されることがあるが，移転価格問題を検討するに際して，租税回避と混同してはならない[14]。

法人税法第37条第7項に規定している寄附金の額は，取引先が国内の法人でも国外の法人でも同じと解されるので，移転価格調査の段階で，外国関連会社との取引で「金銭その他の資産又は経済的な利益の贈与又は無償の供与」の事実が認識されれば寄附金課税の対象となる（措法66の4③）。ここでは取引当事者間に「金銭その他の資産又は経済的な利益の贈与又は無償の供

与」の事実の認識があるか否かで寄附金課税がなされるか，移転価格税制が適用されるかが決定される。それゆえ，当事者がどのような意図で取引を行ったのかが重要な判断要素となろう。

なお，ここでの寄附金課税はその全額が損金不参入となっている（措法66の4③）。その趣旨は，国外関連者に対する寄附金，例えば単なる金銭の贈与や債務の免除などについて，一定の限度額の範囲内で損金算入を認めると，同じ所得の海外移転であるにもかかわらず両者の取扱いにアンバランスが生じるため，それを解消するためである[15]。

2　事務運営指針の具体的事例

事務運営指針の参考事例集・事例25で「国外関連者に対する寄附金」があげられており，日本法人が国外関連者に対する技術支援のために役務提供の対価を収受する契約を取り交わしたものの，当事者の合意によって対価の収受がない場合には，「経済的な利益の無償の供与」として寄附金課税がなされるが，役務提供取引についての契約を締結していない場合には，移転価格税制による課税の対象として取り扱われるとしている。さらに寄附金として認定される可能性のある取引としては，例えば事務運営指針の参考事例集・事例26であげられている取引後に行われる価格調整金の問題で，移転価格課税を国外で受けて，それについて相互協議の合意が成立していないにもかかわらず勝手に資金をシフトさせた場合や社内で移転価格の課税リスクの検証を行った結果，遡及して，あるいはその事業年度において，事業年度に資金移動したような場合に，事実認定によって寄附金として認定されるというものである[16]。

3　問題点の検討

先にも述べたように，当初，国外関連取引での低廉譲渡，高価買入は全て寄附金課税によっていたが，移転価格税制が整備されてから，その事実認定によって移転価格課税と寄附金課税とに区別されることになった。というこ

とは，もともと一つにして解釈されていたのであるから，その区別は必ずしも容易ではないことを意味しよう。事務運営指針の参考事例集・事例25では，まず国外関連取引全般において，事実認定による移転価格課税と寄附金課税との区別を論じている。さらに参考事例集・事例26では移転価格税制の適用があり得る取引に付随して発生した取引で，寄附金課税として認定される可能性のある取引の具体例を示している。留意すべきこととして，後者において国外関連取引が行われた後で適正な独立企業間価格に満たない，あるいは上回っている移転価格であったことから，直ぐにそれを訂正するために資金を投入するのであれば，その資金の投入によって寄附金課税が行われることはないであろう。同じ事業年度でそのような資金の投入が行われて，その移転価格が適正な独立企業間価格とみなされれば，移転価格税制の適用はないであろう。そうではなくて，国外関連取引が完結し，移転価格が決定された後で移転価格税制が適用され，そのために相互協議が行われている段階で，その適正な独立企業間価格と移転価格との差額の資金の投入がなされた場合には，寄附金課税が行われることがあろう。この場合には，移転価格課税と寄附金課税の両方の課税が行われる可能性がある。どちらかの認定ということではない。また，移転価格税制では，相互協議によって対応的調整が行われれば二重課税とならないのが原則であるが，寄附金課税は二重課税となる。それゆえ，寄附金課税とならないように十分に留意すべきである。また，移転価格税制では納税猶予制度の適用が可能であるが，寄附金課税にはそのような制度の適用はない。

　移転価格税制は租税回避の意図があるか否かに関係なく適用され，一方，寄附金課税は租税回避の意図を前提にして行われる。しかし，先に述べたように沿革的には寄附金課税一本で規定されていたことを考えると，明らかに租税回避の意図のある移転価格課税に対しては，寄附金課税の範囲に入れて納税猶予制度の適用を認めないとする方が首尾一貫性があるようにも思われる。

Ⅶ 事前確認制度

1 沿革

　昭和62年度の税制改正で，世界に先駆けて移転価格税制の事前確認制度が通達により導入された。当初は一国のみの本国事前確認制度（ユニラテラルAPA）であったが，関連者の所在国に依然としてリスクが残っているため，平成6年度の税制改正で，二国間事前確認制度（バイラテラルAPA）が加えられた。そして平成13年度には「移転価格事務運営要領」が制定されるとともに，相互協議を伴う事前確認手続が明確化された。

2 事前確認と相互協議

　事前確認を行うことにより納税者の予測可能性と法的安定性を確保することができる。事前確認の申し出を行い，それに基づいて確認がなされ，確認事業年度において確認の内容に適合した申告を行った法人には，事前確認を受けた国外関連取引は独立企業間価格で行われたものとして取り扱われる（事務運営指針5-16）。事前確認手続の順序としては，①申出内容の検討，②事前相談，③申出書の提出，④国税局担当課による審査への対応，⑤相互協議への対応（バイラテラルAPAの場合），⑥確認内容の実施及び実施報告書の提出，となっている。

　ユニラテラルAPAの場合は，基本的に半年以内に終了させることを目標としている。バイラテラルAPAの場合，国税局の審査後に，相手国との間で相互協議が行われることになる。相互協議では，国税庁の相互協議担当者もしくは相手国の相互協議担当者がポジションペーパーを作成し，それをもとに協議を行う。相互協議が合意するまでに要する期間は平均で2年程度である。日本側の課税リスクが高いというふうに考えられるケースでは双方に相互協議を伴ったバイラテラルAPAを申し出るのではなくて，日本側だけにユニラテラルAPAを申し出るというようなことがある。またその逆のケ

ースもあろう。このように相互協議を申し立てない APA の申請も考えられる[17]。

3 問題点の検討

　事前確認に相当時間が掛かる場合が予想され，実際には，事前確認がなされる前に見切発車的に，その事前確認で提案された移転価格で関連会社間取引が行われることが多い。そのために後で承認が得られずに，更正処分となって移転価格課税が行われることもあり得よう。そのような場合に，一応は事前確認ということで手の内を見せていること，また，意図的に利益操作がなされていないということであれば，更正処分が行われるとしても，追加本税と市場利子率と同程度の利子税のみを課すということでよいのではないか。事前確認で迅速な回答が得られないとすれば，納税者は，ある意味被害者ともなり得る。事前確認制度は納税者と税務当局との紛争を少なくするための極めて有効な手段であり，納税者からのアプローチから成り立っている制度でもあることからすると，納税者にとって余りリスクを与えないようにすべきである。

Ⅷ　納税猶予制度

1　相互協議と納税猶予制度

　平成 19 年度の税制改正で，移転価格課税によって相互協議の申し立てを行う内国法人に対して，その相互協議の期間中は移転価格課税に係る法人税の額及びその法人税額に係る国税，加算税の納付を猶予する制度が導入された（措法 66 の 4 の 2①）。納税猶予の立法趣旨は，①移転価格課税が行われると日本と国外関連者所在地国との間で，同一の所得に関して国際的二重課税が生じること，②移転価格課税が行われると更正処分の金額が多額になる場合が多いこと，③多くの事案は相互協議に進むが，その解決に数年を要するために企業側の負担が重くなること，である[18]。具体的には，移転価格課

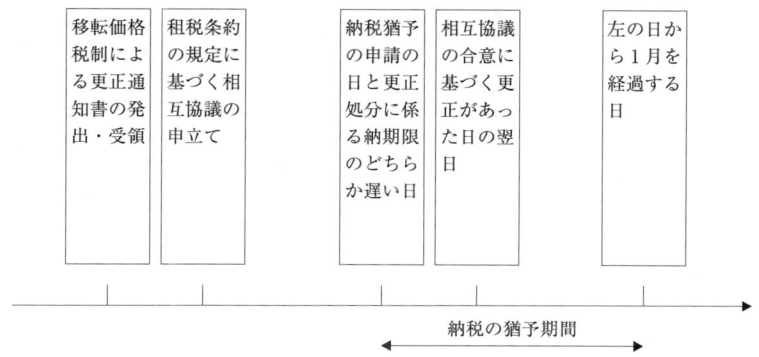

```
┌─────┐ ┌─────┐   ┌─────┐ ┌─────┐   ┌─────┐
│移転価格│ │租税条約│   │納税猶予│ │相互協議│   │左の日か│
│税制によ│ │の規定に│   │の申請の│ │の合意に│   │ら1月を│
│る更正通│ │基づく相│   │日と更正│ │基づく更│   │経過する│
│知書の発│ │互協議の│   │処分に係│ │正があっ│   │日    │
│出・受領│ │申立て │   │る納期限│ │た日の翌│   │      │
│       │ │       │   │のどちら│ │日      │   │      │
│       │ │       │   │か遅い日│ │       │   │      │
└─────┘ └─────┘   └─────┘ └─────┘   └─────┘
─┴──────┴─────────┴──────┴─────────┴──────→
                        ├──納税の猶予期間──┤
```

望月文夫『平成23年版　図解国際税務』279頁　大蔵財務協会　より引用

税を受けた内国法人が，租税条約の相手国との相互協議の申し立てをし，かつ納税の猶予の制度の適用を申請した場合において，税務署長は，更正又は決定に係る国税（相互協議の対象となるものに限る），及びその加算税の額につき，その納期限から相互協議の合意に基づく更正があった日（合意が行われなかった等の場合には，国税庁長官がその旨を通知した日）の翌日から1月を経過する日までの期間，法人税等について納税の猶予を認めることができるというものである。納税を猶予した国税に係わる延滞税のうち猶予期間に対応する部分の免除も行われることとなっている。

2　問題点の検討

　移転価格税制は，先に述べたように租税回避の意図があるか否かにかかわらず適用され，一方，寄附金課税は租税回避の意図があるとして適用されている。移転価格税制が適用されれば納税猶予制度が適用され，寄附金課税が適用されれば納税猶予制度の適用はない。移転価格課税において，租税回避の意図があろうとなかろうと課税猶予制度が適用されるということは，如何なものであろうか。明らかに租税回避の意図があるのであれば，納税猶予制度の適用は，更正処分による加算税と延滞税の納税に留めておき，国税においては納税をさせるべきではないか。近年においては大規模企業から中堅企

業にまで移転価格課税の適用の範囲が広がってきており，相互協議がまとまるまでに数年を要するとなると，一般債権と租税債権との優先順位等での事件が将来的に生じやすくなるのではないか。もっとも租税回避の意図があるか否かの判定には困難を伴うものも多いであろうが，平成22年の税制改正で移転価格文書化が進められてきており，移転価格の算定に直接的に関わった納税者に説明責任を課すということで，その判定の困難さはかなり克服されよう。

IX　無形資産課税

1　無形資産の独立企業間価格の算定の困難性

　無形資産の比較対象取引の独立企業間価格を算定するとなると，まずは比較可能性の認められる同種の無形資産を許諾している取引（措法66の4（6）-6）を探し，無形資産とその契約条件に十分に類似性があるかについて検証する必要がある。しかし，特許権やノウ・ハウ等の無形資産は企業グループの利益の源泉であることから，グループ外の企業にライセンスを供与することは極めて慎重である。すなわち，無形資産取引において比較可能な独立企業間価格を発見することは困難を伴うことが多い。無形資産取引においては，独立企業間取引におけるロイヤリティーの料率や金額を見出すことも難しいことから，無形資産の移転に配慮した残余利益分割法や営業利益率を比較するTNMM法などの算定方法が用いられることが多くなってきている。しかしTNMM法を採用するにおいても，無形資産の保有がどれほど営業利益に貢献しているかを適正に算出することができなければ，国内関連会社あるいは外国関連会社所在国の税務当局の何れかから多額の課税処分がなされる恐れがあろう。外国子会社においての利益幅を大きくするのであれば，外国子会社が重要な無形資産を有していることを慎重に検証し，それを税務当局に示さなければならない。

2 事例検討

　最近では単に無形資産を外国関連会社に移転するだけでなく，事業再編の一環として外国子会社を設立して無形資産を移転することが多くなってきた。そのために移転価格税制が適用されて移転価格課税が行われる事例も出てきている。以下に事例を示すこととする。

［事例1］

　内国親会社が低税率国に外国子会社を設立し，外国子会社に内国親会社の仕入部門（大量安価な仕入れ，規模の利益の追求，様々な調達ノウハウを含む）を一括して移転し，外国子会社は，その見返りとして売上額の2％（過小な金額とする）のライセンス使用料を支払い，リスクは全てを内国親会社が負っているものとする。このようなライセンス供与は，全くの第三者間であり得ないであろうから，内国親会社に移転価格課税が行われる恐れが大きいと思われる。

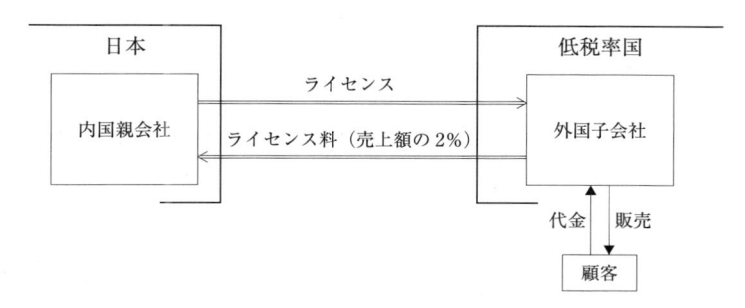

```
    日本                          低税率国
 ┌────────┐    ライセンス    ┌────────┐
 │内国親会社│ ──────────────→ │外国子会社│
 │        │ ←────────────── │        │
 └────────┘ ライセンス料（売上額の2％）└────────┘
                                  ↕ 代金 販売
                                ┌────┐
                                │顧客│
                                └────┘
```

［事例2］

　内国販売子会社が販売実施権を現物出資して低税率国（タックスヘイブンではない）に外国孫会社を設立し，内国販売子会社はその新設外国孫会社から販売実施権を借り入れて，販売委託料を受け取るとともに顧客からの売上げを全て新設外国孫会社に支払うこととする。要するに内国販売子会社は新設外国孫会社の販売代理店（セールス・コミッショネア）となる。内国販売子会社は売上額に連動した安定的な販売委託料を受け取ることになるものの，内国販売子会社が自ら販売促進に重要なマーケティングに係わる無形資産を依

然として所有していない限り，またリスク負担がない限り，大きなマージンを得ることは期待できないであろう。ここで外国孫会社が適正な独立企業間価格たる移転価格の販売委託料を支払っているかが問題とされよう。外国孫会社の販売委託料が過小に支払われているような場合には日本の税務当局によって更正処分されて課税されようし，逆に過大に支払われているということになれば，外国孫会社所在国の税務当局によって更正処分されて課税されることになるのではないか。このような課税リスクがあるのであれば，事前確認によって相互協議がなされるべきである。なお，内国販売子会社から外国孫会社に支払われる売上額は，内国販売子会社と顧客は独立した第三者間の取引であるので，移転価格税制の適用はないものと解される。

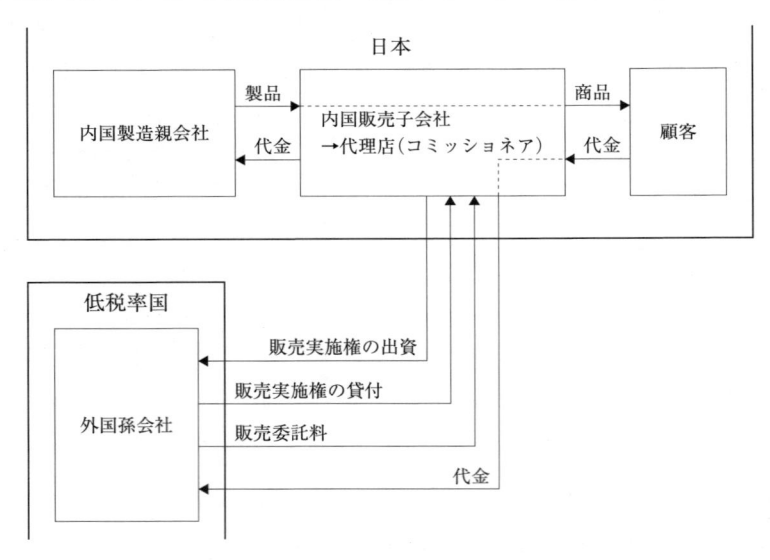

```
               日本
┌─────────────────────────────────────────────┐
│  ┌────────┐  製品  ┌──────────┐  商品  ┌────┐ │
│  │内国製造│─────→│内国販売子会社│─────→│顧客│ │
│  │親会社  │←─────│→代理店    │←─────│    │ │
│  └────────┘  代金  │(コミッショネア)│ 代金 └────┘ │
│                   └──────────┘             │
└─────────────────────────────────────────────┘
         ↑            ↑  ↑
         │            │  │
   低税率国│            │  │
┌─────────────────┐    │  │
│ ┌────────┐      │    │  │
│ │外国孫会社│←─販売実施権の出資─┤  │
│ │        │←─販売実施権の貸付─────┤
│ │        │←─販売委託料──────────┤
│ │        │←─代金────────────────┤
│ └────────┘      │
└─────────────────┘
```

3 問題点の検討

　移転価格税制が創設された当初，移転の対象は有形資産であったが，ハード化社会からソフト化社会へ進むにつれて無形資産の取引が増え，移転価格税制の中心課題となってきた。そして近年では世界的規模でのM＆Aが多

く見られ，それに係わる無形資産の取引が多く登場し，上記「事例2」で示したような事業再編に係わる無形資産の移転にも移転価格税制が適用されていくことになろう。無形資産の取引は比較対象取引が見出し難く，そのために基本三法の適用は難しく，そこで利益分割法が開発されてきた。先に述べたように，その代表的なものが残余利益分割法である。しかし残余利益に相当する無形資産の移転収入あるいは無形資産の使用許諾収入を関連会社間で分配することは難しい。無形資産の評価は現在割引価値法や類似の無形資産の比較対象取引を探して独立企業間価格とする方法があるが，何れも容易ではなく，結局のところコストアプローチを採らざるを得ないことも多いが，必ずしも無形資産の適正な評価額と相関があるわけではない。残余利益分割法は独立企業間価格を算定するに優れた方法といわれているが，現実的ではないともいえる。それに対してTNMM法は必ずしも残余利益分割法のように適正な独立企業間価格の算定を目指すという訳ではないが，類似の事業を行っている非関連者を見つければ，その営業利益率をもって納税者の営業利益率とされるので，かなり使い勝手はよく便宜的との利点があり，最近，その使用割合が大きくなってきている。使い勝手がよいだけ，その厳格な算定は犠牲にされているともいえる。TNMM法ではデータベースを用いて比較対象取引を選択するが，先に述べたようにそのデータベースは取引相手の情報を把握するための目的で作成されており，独立企業間価格を算定するために用いられるものではないので，必ずしも十分に比較可能な独立企業間価格を算定できる保証はない。ある程度の比較可能性は担保できるというところで，いわば妥協の産物というところがある。それゆえ，今後は，無形資産取引においては，より信頼性の高い残余利益分割法の開発を進めていくべきであろう。

　ところで，近年では無形資産から得られる所得に対しては低税率を適用するパテント・ボックス税制を導入する国が現れている。例えばオランダ，ベルギー，フランス，スイス，中国等の8カ国において導入済みであり，イギリスは2013年の4月から導入予定である[19]。パテント・ボックス税制導入

の趣旨としては，国内での研究開発促進のための支援と，無形資産の海外移転を防ぐ意味が大きいといえよう。そこで事例研究のように，タックスヘイブンに近いような低税率国に子会社を新設して無形資産を移転していたものが，パテント・ボックス税制を導入している先進国に子会社を新設して低税率の恩恵を受けようとするケースも出てこよう。ここで事例での低税率国では，無形資産が国外から流入していることに大きな価値を見出していることから，無形資産からの所得に対しての課税は，パテント・ボックス税制を導入している先進国での課税よりは厳しくないのではないか。それゆえ，パテント・ボックス税制を導入している先進国への無形資産の移転については，移転価格課税のリスクが，より大きいといえよう。

おわりに

　移転価格税制では，関連会社間の実際の移転価格が独立企業間価格と異なる場合には，その移転価格と独立企業間価格の差額に対して更正処分されて移転価格課税が行われる。しかし，移転価格での取引はグループ会社間の取引であり，それを第三者間の経済的に独立した取引を引き合いに出して比較するということが，はたして適切であるかという問題はあろう。確かに独立企業間価格には差異調整がなされるとしても，それは税務当局に任される一面があり，具体的に差異調整として，どのような内容まで織り込んでもらえるかの明確化が進められてこなかった。その点，平成23年度の税制改正で租税特別措置法通達が見直され，独立企業間価格の算定に際して，比較対象取引に該当するか否かについて，国外関連取引と非関連者間取引との類似性の程度を判断する場合には売手又は買手の果たす機能や契約条件，市場の状況，売手又は買手の事業戦略も比較対象取引の選定に当たって検討すべき比較要素として例示している。このような通達の見直しによって独立企業間価格の算定にグループ会社間のそれぞれの特殊事情を十分に反映することとなったといえる。特に比較対象取引を必要とする基本三法やTNMM法におい

ては，税務当局が税務調査で独立企業間価格の差異調整を進めるにおいて，納税者の反証の拠り所となろう。

　移転価格に対しては，良い悪いは別として税務がプライスリーダーと言えようから，納税者の移転価格文書化が充実されていかなければならない。移転価格課税がなされるのは大規模企業が多いものの，最近では中堅企業であっても移転価格調査が行われるようになってきている。大規模企業で，その移転価格が巨額な場合は別として，中堅企業での移転価格取引に対して厳密な移転価格の算定を強要することは，かなりの負担を強いることになろう。収益ベースの課税であることにも配慮して，中堅企業に対しては簡易な独立企業間価格の算定方法を定めるべきではないか。租税回避の意図があるか否かも重視すべきである。

　東日本大震災以降，いわゆる六重苦によって企業の海外進出が加速化している。その影響もあって，ここ数年における我が国の法人税収は減少している。それでも企業の研究開発部門は重要な企業機密であることから我が国にその拠点は残るのではないかという期待がある。しかし，それも思い込みといえるかもしれない。ただ，先述したようなパテント・ボックス税制を我が国が導入したとしても，現場に直結した研究開発においては海外移転することは間違いないであろう。そこで日本親会社は特許権等の知的財産の使用許諾料を海外子会社から受け取るのであれば，その使用許諾料の移転価格が独立企業間価格であるかについて，厳しい税務調査が行われていくこととなろう。この点については，納税者としてはその移転価格が適正であることを証明するための十分な移転価格文書化を進めなければならず，一方，税務当局も，移転価格課税で更正処分を行うのであれば，立証責任を十分に果たすべきであって，無謀な移転価格課税を行うべきではない。

注(1)　村田守弘他「移転価格税制の現場でいま何が問題か」『旬刊経理情報』42～43頁　2011　9/10　No.1291
　(2)　加藤彰他「移転価格税制の実務上の重要論点・徹底検証」『国際税務』35頁

Vol.31 No.8
(3) 加藤彰他　前掲論文　27〜28頁
(4) 大蔵財務協会編『平成23年版　改正税法のすべて』497頁
(5) 今村隆「移転価格税制における独立企業間価格の立証－最近の裁判例を素材にして－」『租税研究』248頁715号2009年5月
(6) 別所徹弥「改正移転価格税制の実務対応Q&A」『税務弘報』129頁2012年3月
(7) 別所徹弥　前掲論文132頁
(8) 加藤彰他　前掲論文　35頁
(9) 「税務相談　移転価格税制」『国税速報』48頁6163号平成23年4月25日
(10) 別所徹弥　前掲論文133頁
(11) 中島格志他「平成23年度　国際課税関係の改正を巡る座談会」『国際税務』23頁　Vol.31　No.11
(12) 水野政夫「移転価格税制の調査対策」『旬刊経理情報』10〜13頁　2011　11／10　No.1297
(13) 武田昌輔『税務会計通論』森山書店293頁1955年
(14) 猪野茂他「相互協議における最近の論点」『国際税務』50頁Vol.31　No.6
(15) 望月文夫「平成23年版　図解国際税務」278頁　大蔵財務協会
(16) 猪野茂他　前掲論文50頁
(17) 望月文夫　前掲書289頁
(18) 村田守弘他　前掲論文45〜46頁
(19) 平成24年1月　経済産業省　産業技術環境局編「研究開発型ベンチャーの創出・振興」11頁

内国法人の国際取引に係る法人税

国際取引の事例研究

税理士 千田　　裕
税理士 江口　久展

I　シンガポールへ本社機能を移転する場合の留意点

【事　例】
　子供用の玩具用品の製造販売を営む日本法人である甲社は，法人税法に規定する特定同族会社に該当している。甲社は，日本に甲社の100%子会社2社（それぞれ乙社，丙社）を有しており，海外には，香港（HK社），シンガポール（SG社），アメリカ（US社）にそれぞれ100%子会社を有している。更にSG社の傘下には，100%の子会社（甲社から見た孫会社）をタイ（TH社）及びインドネシア（ID社）に有している（図1参照）。
　なお，HK社及びSG社共に現地において卸売業を営んでおり，タックス

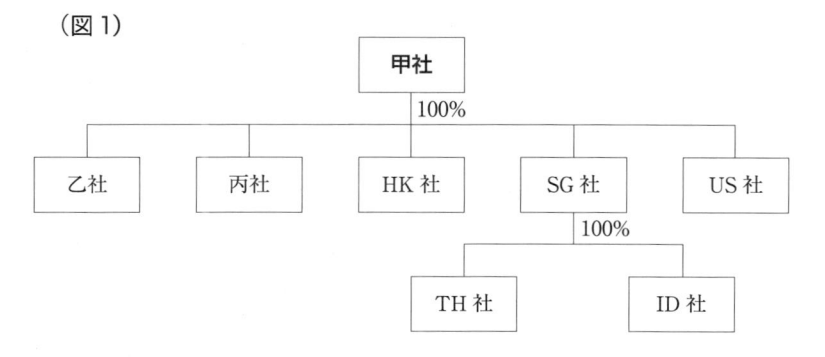

（図1）

```
                    甲社
                     │100%
   ┌────────┬────────┬────────┬────────┐
   │        │        │        │        │
  乙社     丙社    HK社    SG社    US社
                            │100%
                    ┌───────┴───────┐
                   TH社            ID社
```

ヘイブン対策税制上の適用除外要件は満たしている。

　日本における玩具市場は，今後進行することが想定される少子高齢化の影響により，需要の減少が見込まれている。その一方で，中国をはじめとするアジア地域においては引続き旺盛な需要が見込まれており，甲社の事業規模を拡大する潜在的な可能性を秘めている。そこで甲社は，アジア地域に軸足を置いた事業展開を計画しており，新たにシンガポールに法人（SGHD）を設立し，甲社の持つ本社機能の大部分をシンガポールへ移転する予定である。

　具体的な計画は，甲社が所有するHK社株式，SG社株式，US社株式を現物出資しSGHDを設立する。SGHDでは，甲社が持つ本社機能の大部分を甲社から引き継ぎ，本社機能を有するとともに，HK社，SG社，US社等に対して統括業務を行う。なお，将来的（具体的な時期は未定）には，SGHDの独立性の促進及び責任の所在を明確化することを目的として一定割合の株式をシンガポール株式市場に上場することを想定している。

　再編を行った後の甲社グループの関係図は図2を参照。

　これらの再編成が終了した後の各社の業務上の役割は基本的に現状と変更はしない予定である。ただし，甲社が有していた本社機能の大部分はSGHDへ移管することとなるため，甲社は主として日本における製造販売

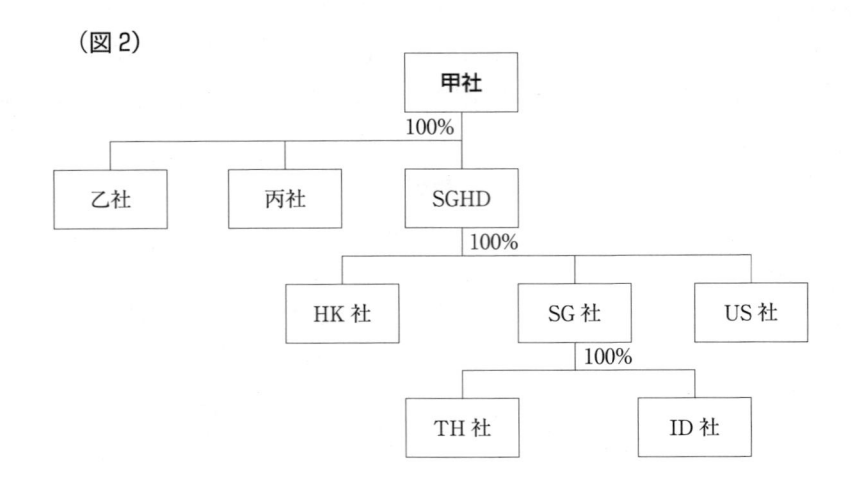

（図2）

```
                        甲社
                         │100%
        ┌────────┬────────┤
       乙社      丙社    SGHD
                         │100%
              ┌──────────┼──────────┐
             HK社        SG社       US社
                         │100%
                    ┌────┴────┐
                   TH社      ID社
```

会社としての役割を果たすことになる。更に、甲社にて本社業務に従事している従業員の多くがSGHDに移転する予定である。SGHDが子会社に対して行う業務については、一定の契約に基づいて、経営指導料を収入する予定となっている。

　一連の再編成の目的は、今後の甲社の事業規模拡大であり、純粋な事業目的ではあるが、SGHDをシンガポール株式市場で上場することにより現物出資の適格性及び日本のタックスヘイブン対策税制上問題が生ずる可能性がある。

【検　討】
1　現物出資により外国法人を設立する際の本邦法人税法上の取扱い
(1)　現物出資が適格現物出資となるための要件
　本事例では、甲社が保有している株式を現物出資してSGHDを設立する手法が採用される予定となっているが、当該現物出資が、本邦法人税法における適格現物出資に該当するか否かを検討する必要がある。

　適格現物出資については、法人税法（以下、「法法」）第2条第12号の14において、「外国法人に国内にある資産又は負債として政令で定める資産又は負債の移転を行うもの（中略）を除き、現物出資法人に被現物出資法人の株式のみが交付されるもの」で、「イ又はロいずれかに該当する現物出資」と規定しており、同号イにおいて、「その現物出資に係る現物出資法人と被現物出資法人との間にいずれか一方の法人による完全支配関係その他の政令で定める関係がある場合の当該現物出資」については適格現物出資に該当するとされている。

　また、同号ロでは、「現物出資法人と被現物出資法人との間にいずれか一方の法人による支配関係その他の政令で定める関係がある場合の当該現物出資のうち、次に掲げる要件の全てに該当するもの」については、適格現物出資に該当するとしている。

① 当該現物出資により現物出資事業に係る主要な資産及び負債が当該被現物出資法人に移転していること
② 当該現物出資の直前の現物出資事業に係る従業者のうち，その総数のおおむね百分の八十以上に相当する数の者が当該現物出資後に当該被現物出資法人の業務に従事することが見込まれていること
③ 当該現物出資に係る現物出資事業が当該現物出資後に当該被現物出資法人において引き続き営まれることが見込まれていること

本事例の場合，同号イ若しくはロのいずれによって適格現物出資に該当するか否かを判断すべきかが問題となる。

同号イで定める関係については，法人税法施行令（以下，「法令」）第4条の3第10項第1号かっこ書きにおいて，「当該現物出資が単独新設現物出資である場合にあっては，当該現物出資後に当該現物出資法人と被現物出資法人との間に当事者間の完全支配関係が継続することが見込まれている場合」における現物出資法人と被現物出資法人との関係をいうとされている。

本事例の場合，甲社がHK社株式，SG社株式，US社株式を現物出資することによってSGHDを設立することを計画しているため，法令で規定している単独新設現物出資に該当することになる。したがって，甲社とSGHDとの完全支配関係が継続することが見込まれている場合には，法法第2条第12号の14イに規定する関係に該当することとなる。ただし，現在の甲社の計画に基づいた場合，時期は未定ではあるが，将来的にシンガポール株式市場に上場することを想定しているとのことであるため，これが法令に規定する「完全支配関係が継続することが見込まれている」ことに抵触するか否かを検討する必要がある。

私見ではあるが，この点については，現時点でシンガポール株式市場への上場がどの程度具体性を帯びているかによって判断をすべきであると考える。例えば，既に上場準備のための準備室が設置されている等のように，上場することに相当の具体性がある場合には，「完全支配関係の継続は見込まれな

い」と判断すべきである。一方，例えば，経営者が漠然と，いつかは上場したいと考えているような場合には，必ずしも上場することが明確ではなく，逆に上場されない可能性も考えられるため，この程度の状況であれば「完全支配関係の継続は見込まれる」と判断しても問題は無いように思われる。

　一方，同号ロによった場合には，上記①～③の全ての要件を満たす必要がある。しかし，本事例の場合は，被現物出資法人がシンガポールであることから，甲社でいわゆる「持株事業」に従事している従業員の80％以上の者が実際にシンガポールに移転することが求められることになるため，当該要件を満たすことは現実的には困難であると考えられる。更に，本事例の場合には，外国法人の株式のみが現物出資されるため，「現物出資事業が被現物出資法人において引き続き営まれる見込み」という要件の概観性を保つことが困難であると考える。

　したがって，本事例の場合，同号イに該当しない場合には，適格現物出資には該当しないことになると考えられる。

(2) 現物出資の対象となる資産に関する検討

　法法第2条第12号の14において規定している「国内にある資産又は負債として政令で定める資産又は負債」は，法令第4条の3第9項において規定されている。すなわち，「国内にある不動産，国内にある不動産の上に存する権利，(中略) その他国内にある事業所に属する資産」は，適格現物出資の適用を受ける資産から除かれている。ただし，同項かっこ書きにおいて，「(外国法人の発行済株式等の総数の百分の二十五以上の数の株式を有する場合におけるその外国法人の株式を除く。)」と規定されている。つまり，25％以上の株式を保有する外国法人株式については，適格現物出資の対象となる資産に含まれることとなる。

　本事例の場合，甲社は，HK社株式，SG社株式，US社株式の100％を保有しているため，これら株式は適格現物出資の対象資産に含まれると考えられる。

(3) 本事例における取扱い

上記のことから，現物出資の対象となる資産は，適格現物出資の対象資産に含まれ，かつ，法法第2条第12号の14イに規定する完全支配関係の継続が見込まれる場合には，本件現物出資は適格現物出資に該当することになると考えられる。ただし，シンガポール株式市場への上場の具体性に関しては留意する必要がある。

2 タックスヘイブン対策税制上の取扱い
(1) タックスヘイブン対策税制の概要

タックスヘイブン対策税制は，内国法人が発行済株式の総数又は出資の総額の50%超を直接及び間接に所有する外国法人（以下，「外国関係会社」）で，その本店又は主たる事務所の所在する国又は地域におけるその所得に対して課される税の負担が，日本において課される税の負担に比して著しく低いもの（以下，「特定外国子会社等」）について，その所得のうち，株主である内国法人の保有している株式又は出資に対応する部分の金額を，その内国法人の所得に合算して課税するものである。

ただし，本制度は，特定外国子会社等が独立企業としての実体を備え，かつ，その本店又は主たる事務所の所在する国において事業活動を行うことについて十分な経済合理性がある等の以下の基準（適用除外基準）の全てを満たす事業年度については適用が無いこととされている。

① 事業基準

事業基準では，特定外国子会社等の営む主たる事業が株式・債券の保有，工業所有権・著作権等の提供，船舶・航空機の貸付けである場合には，適用除外の対象とはならないこととされている。

ただし，株式等の保有を主たる事業とする特定外国子会社等のうち，当該特定外国子会社等が他の外国法人の事業活動の総合的な管理及び調整を通じてその収益性の向上に資する業務として一定の他の外国法人の株式等の保有を行うものとして政令で定めるもの（いわゆる統括会社）が除かれて

いる。統括会社については，以下の要件の全てを満たす限りは事業基準を満たすこととなっている。なお，以下の要件を満たすか否かの判定は，特定外国子会社等の各事業年度終了の時の現況によることとされている。

　ⅰ　その発行済株式等の100％を直接又は間接に一の内国法人に保有されていること

　ⅱ　2以上の被統括会社に対して統括業務を行っていること

　（注1）被統括会社とは，以下の要件の全てを満たす外国法人をいう。
　　　　・統括会社が発行済株式等の25％以上及び議決権の25％以上を直接に保有すること
　　　　・本店所在地国に，その事業を行うに必要と認められる当該事業に従事する者を有すること
　　　　・その統括会社の一定の関連者であること

　（注2）統括業務とは，以下の業務をいう。
　　　　・特定外国子会社等が被統括会社との間における契約に基づき行う業務のうち，
　　　　・当該被統括会社の事業の方針の決定又は調整に係るもの（事業の遂行上欠くことのできないものに限る）であって，
　　　　・特定外国子会社等が2以上の被統括会社に係る統括業務を一括して行うことにより，
　　　　・これらの被統括会社の収益性の向上に資することとなると認められるもの

　ⅲ　本店所在地国に，
　　　・　統括業務に係る固定施設（事務所，店舗，工場等）及び
　　　・　統括業務を行うに必要と認められる当該統括業務に従事する者
　　　　　（専ら統括業務に従事する者に限り，その特定外国子会社等の役員及びその親族等を除く）
　　　を有していること。

② 実体基準

　実体基準では，特定外国子会社等の本店又は主たる事務所の所在する国又は地域において，その主たる事業を行うに必要と認められる事務所，店

舗，工場等を有していることが要件とされている。
③　管理支配基準

　管理支配基準では，その特定外国子会社等の本店又は主たる事務所の所在する国又は地域において，その事業の管理，支配及び運営を自ら行っていることが要件とされている。

　その特定外国子会社等の本店又は主たる事務所の所在する国又は地域において，その事業の管理，支配及び運営を自ら行っているか否かは，特定外国子会社等の株主総会及び取締役会等の開催，役員としての職務執行，会計帳簿の作成及び保管等が行われている場所並びにその他の状況を勘案の上，判定することとされている。
④　所在地国基準又は非関連者基準
　ⅰ　所在地国基準

　　所在地国基準では，その事業を主として本店所在地国において行っていることが要件とされている。所在地国基準が適用される業種は，卸売業，銀行業，信託業，金融商品取引業，保険業，水運業又は航空運送業以外の業種とされている。
　ⅱ　非関連者基準

　　非関連者基準では，その特定外国子会社等の取引金額の 50% 超をその特定外国子会社等の関連者以外の者との間で行っていることが要件とされている。非関連者基準が適用される業種は，卸売業，銀行業，信託業，金融商品取引業，保険業，水運業又は航空運送業とされている。

　　なお，主たる事業が卸売業である統括会社の場合，関連者には被統括会社を含まないものとされている。すなわち，いわゆる物流統括会社（卸売業）の場合，売上高又は仕入高の 50% 超が非関連者との取引であることが求められるが，その物流統括会社が被統括会社と行う取引については，非関連者との取引として取り扱うこととされている。

(2) 本事例における取扱い

本事例において，SGHD が甲社に 100％ の株式を保有されている期間は，(1)①i～iii の要件を満たすため，タックスヘイブン対策税制における適用除外規定を満たすことが可能であると考える。

したがって，本事例における再編成の初期の段階においては，日本における課税上の問題は生じないものと考えられる。

しかしながら，将来的な計画としてシンガポール株式市場において SGHD 株式の一定割合を上場することが想定されており，当該計画が実行された場合には，統括会社の要件である「一の内国法人に発行済株式等の 100％ を直接又は間接に保有されていること」という要件を満たせないこととなる。したがって，仮に将来 SGHD 株式を上場した場合には，甲社においてタックスヘイブン対策税制上の問題を考慮する必要がある。

【問題点】

上記の通り，甲社と SGHD の間に 100％ の資本関係がある場合には，タックスヘイブン対策税制の適用はないと考えられるが，その一方で，両社に 100％ の資本関係がなくなった場合には，タックスヘイブン対策税制の問題が生じることとなる。そこで，統括会社としてタックスヘイブン対策税制の適用除外要件を満たすために 100％ の資本関係が求められる理由について検討する。この点については，平成 22 年の「改正税法のすべて」において，以下の説明がなされているところである。

> 最近のわが国企業のグローバル経営の形態をみると，世界における地域経済圏の形成を背景に，地域ごとの海外拠点を統合する統括会社を活用した経営形態に変化してきている。そうしたいわば「ミニ本社」としての機能を有する統括会社の活用が，地域経済圏に展開するグループ企業の商流の一本化や間接部門（経理・人事・システム・事業管理等）の合理化を通じて，グループ傘下の企業収益の向上に著しく寄与している実情がある。そうした統括会社は，租税回避目的で設立されたものとして捉えるのではなく，

その地において事業活動を行うことに充分な経済合理性があるものと評価することが適当であることから，見直しが行われた。

上記の説明の通り，統括会社をグループ傘下の企業収益の向上に寄与するためのミニ本社として捉えていることにより，100％の資本関係が求められているものと考える。ただし，本事例のように，ミニ本社ではなく，本社機能の大部分を海外に移転させ，その法人の独立性及び責任の明確化を図るといった計画の場合には，この考え方はなじまないものと思われる。今後の日本経済の状況によっては，本社機能そのものを海外に移転させることを検討する企業も出てくる可能性が考えられることから，このような健全な企業活動が阻害される可能性がある。このため，統括会社の要件である100％の資本関係については，ある程度緩和することを検討すべきではないかと考える。しかし，本来のタックスヘイブン対策税制の趣旨が租税回避行為の防止にあることから，あくまでも緩和の対象となるのは健全な企業活動の範囲内にとどめるべきであり，この点については，今後より慎重な検討を行う必要があると考える。

II　海外子会社の組織再編成

【事　例】

製造業を営む甲社は，1990年代に欧州各国の事業の効率的経営を進めるべく，オランダに100％出資による欧州持株会社（NLHD）を設立し，それまで甲社が直接所有していた欧州各国の子会社株式をオランダ子会社に移管した。NLHDは，事業効率性を更に高める目的でイギリスに支店（UK支店）を設け，実質的にイギリスを本拠とし，専属スタッフ及びイギリス子会社（UK社）の役員及びスタッフを兼務させる形で運営を行っていた（図1参照）。上記の実態に基づき，NLHDは，管理支配地主義を採用するイギリス及びオランダ税法上，イギリス居住法人として取り扱われていた。

その後，欧州の統括機能をイギリス法人に一元化することが，欧州におけ

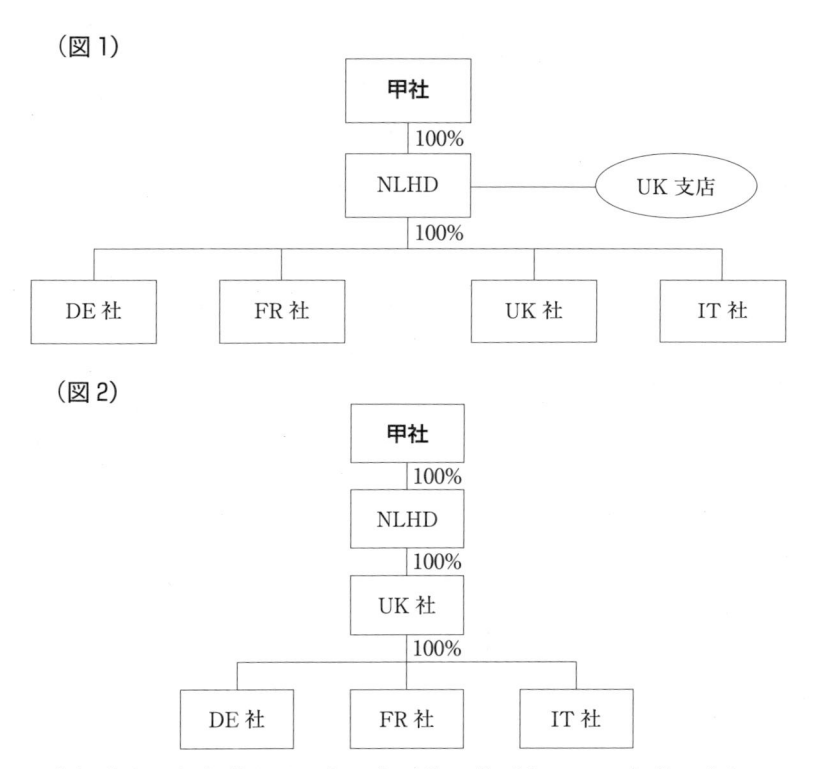

（図1）

```
                    甲社
                     │100%
                   NLHD ──── UK支店
                     │100%
        ┌────────┬────────┬────────┐
       DE社      FR社      UK社      IT社
```

（図2）

```
            甲社
             │100%
           NLHD
             │100%
           UK社
             │100%
      ┌──────┼──────┐
     DE社    FR社    IT社
```

る一体経営をより促進させるという要請に基づき，2000年代に入り，NL-HD が所有している欧州各国の子会社株式を UK 社に現物出資をして，UK 社が欧州持株会社の機能を果たすこととなった（図2参照）。

このような状況の下，昨今の子会社の維持運営経費削減の流れの中，既に存在意義を失っている子会社を集約統合することを目的として，オランダ子会社をイギリス子会社にクロスボーダー合併を通じて統合することを検討している（図3参照）。

本件クロスボーダー合併については，クロスボーダー合併に係る EU 指令に基づいたイギリスのクロスボーダー合併規則及びオランダの会社法におけるクロスボーダー合併の規定に基づいて行われることとなるが，本邦法人税法における「みなし配当」との関係において，本件クロスボーダー合併が適

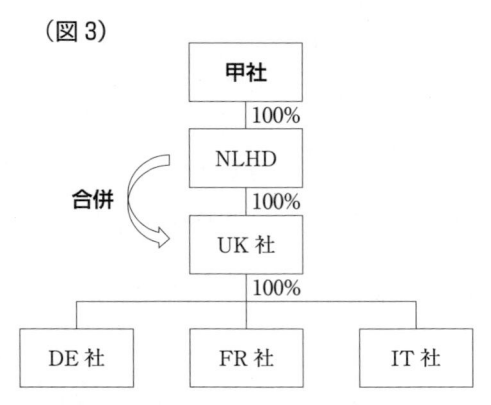

(図3)

```
       甲社
        │100%
       NLHD  ←┐
        │100% │合併
       UK社 ──┘
        │100%
   ┌────┼────┐
  DE社  FR社  IT社
```

格合併に該当するか否かは大きな問題となり得る。そこで，本件クロスボーダー合併と，本邦法人税法における適格合併との関係について，その取扱いを検討する必要があると考える。

【検　討】
1　法人税法における適格合併の要件
　法人税法上，完全支配関係にある法人間の適格合併の要件は，次の通りとされている。
　(1)　被合併法人の株主に合併法人の株式以外の資産が交付されないこと
　(2)　完全支配関係が継続することが見込まれていること
　この場合における「合併」は，会社法における合併の概念を借用して規定されているが，会社法における合併のみに限定されていないことから，外国の会社法に類する法令に基づく組織再編成の行為についても対象になるものと考える。
　したがって，外国の会社法に類する法令に基づく会社法における「合併」と類似する行為ついては，本邦法人税法上，「合併」として取り扱われ，適格合併の要件を満たす場合には，法人税法の適格合併に係る規定が適用されるものと考える。

2　会社法における合併の性格

　会社法は，特に合併の定義を置いていないところであるが，会社法の合併に関する規定において，2以上の会社が，合併契約に基づき，会社法に定める一連の手続を実行して，一つの会社になることをいうとされている。

　すなわち，当事者である会社の一方又は全部の会社（被合併会社）が清算手続きを経ることなく解散（消滅）し，その一切の権利義務（資産負債）がそのまま包括して存続会社又は新設会社（合併会社）に移転するとともに，その株主が，合併会社の株主となることとされている。

　以上のことから，会社法における合併の性格としては，合併の法律効果としての次の点があげられると考える。

(1)　被合併会社は，清算の手続きを経ることなく解散し，消滅すること
(2)　被合併会社の一切の権利義務が合併会社に包括承継されること
(3)　被合併会社の株主が，合併会社に承継されること

3　クロスボーダー合併と会社法における合併の類似性の検証

　本件クロスボーダー合併は，イギリス会社法に基づき設立されたUK社とオランダ会社法に基づいて設立されたNLHDとの間で行われる。

　NLHDは，オランダ法人ではあるが，UK社の管理及び支配がNLHDのUK支店を通じてイギリス国内で行われているため，管理支配地主義を採用するイギリス及びオランダ税務上，イギリス居住法人とされている。

　本件クロスボーダー合併は，イギリス税務上，イギリス法人同士の組織再編成として取り扱われることになるが，本邦法人税法上は，管理支配地主義ではなく，本店所在地主義を採用していることから，あくまでもイギリス法人とオランダ法人との組織再編成として捉えることになると考える。

　したがって，本件クロスボーダー合併は，イギリス法人とオランダ法人との間の合併が本邦法人税法上の合併に類似するか否かについて検討をする必要がある。

　なお，イギリスでは，2007年において，有限会社間のクロスボーダー合

併に係る EU 指令（EU クロスボーダー合併指令）をイギリスにおいて施行するため，イギリスクロスボーダー合併規則が定められている。

したがって，会社法における合併との類似性の比較においては，イギリス法は，イギリスクロスボーダー合併規則の規定により検証すべきものとなる。

(1) 被合併会社の解散（消滅）

イギリスクロスボーダー合併規則において，クロスボーダー合併のうち吸収合併とは，以下の要件を満たす行為と定義されている。

① 1以上の被合併会社が存在すること
② 合併会社が存在すること
③ 上記①，②のうち，少なくとも1社がイギリス法人であること
④ 上記①，②のうち，少なくとも1社が欧州経済領域（EEA）内の法人であること
⑤ 全ての被合併会社が清算手続きをせずに解散し，全ての資産及び負債を合併会社に移転すること
⑥ 合併の対価は，
　ⅰ 合併会社の資本に相当する株式又は証券，若しくは
　ⅱ （合意した場合には）現金の支払い
であり，被合併会社の構成員が受け取ることのできるものであること

なお，イギリスクロスボーダー合併規則におけるクロスボーダー合併は，被合併法人は清算手続きをせずに解散することとされている。

また，オランダ会社法においては，合併により合併会社を除き，被合併会社は消滅することが記載されている。

一方で，日本の会社法における合併は，被合併法人は清算手続きを経ずに解散し，消滅することとされている。

以上のことから，日本の会社法上，イギリスクロスボーダー合併規則上及びオランダ会社法上，被合併会社は，清算手続きを経ずに解散し，消滅することとされており，この点において日本の会社法における合併と類似しているものと考える。

(2) 被合併法人の権利義務の承継

イギリスクロスボーダー合併規則においては，被合併会社から合併会社への権利義務の移転について，以下のように規定している。

① 被合併会社の資産及び負債が合併会社に移転すること
② 被合併会社の従業員との契約から生ずる権利義務が合併会社に移転すること

また，オランダ会社法においては，吸収合併存続会社は，効力発生日に，吸収合併消滅会社の権利義務を承継することとされている。

つまり，イギリスクロスボーダー合併規則上及びオランダ会社法上，合併会社は，被合併会社の権利義務を包括承継していることから日本の会社法における合併と類似しているものと考える。

(3) 株主の承継

イギリスクロスボーダー合併規則において，被合併会社から合併会社の移転については，吸収合併の場合において，被合併会社の株主は合併会社の株主となると規定されている。ただし，被合併会社の株主に対して，金銭が交付される場合には，合併会社の株主とはならないとされている。

また，オランダ会社法において，合併により被合併会社の株主は，合併比率により1株に満たない権利等となる場合を除き，合併会社の株主となることとされている。

一方，日本の会社法における合併は，合併契約に吸収合併存続会社が吸収合併に際して吸収合併消滅会社の株主に対してその株式に代わる金銭等を交付する場合の吸収合併存続会社の株式数，その他の財産等を定めなければならないとされている。

つまり，イギリスクロスボーダー合併規則上及びオランダ会社法上，被合併会社の株主に対して，合併会社の株式，その他の財産を交付することとされており，この点において，日本の会社法上の合併と類似するものと考える。

【問題点】

昨今の企業活動は国境を越えて益々活発化してきており，こういった環境の中で，これまでの海外子会社の効率的な運営を図る目的から本事例のように国を異にする子会社を合併させるという事例は，特に法整備が行われているEU域内においては，今後も頻繁に生じることが想定される。

一方で，わが国の法人税法においては，本件のようなクロスボーダー合併については，特段の規定が整備されているわけではなく，上記の検討にある通り，日本の会社法に類する法令に基づく組織再編成で，かつ，本邦法人税法上の適格合併の要件を満たす場合には，法人税法の適格合併に係る規定が適用されるものと類推しているのが現状である。

本事例についても，上述の通り，日本の会社法における合併に類似した合併であると考えられ，かつ，完全支配関係がある法人間における合併であることから，以下の要件を満たしている限りは，日本の法人税法上も適格合併として取り扱われることになると考えられ，甲社におけるみなし配当の問題は存在しないのではないかと考える。

(1) 被合併法人の株主に合併法人の株式以外の資産が交付されないこと
(2) 完全支配関係が継続することが見込まれていること

ただし，現状においては，現行法ないし国税当局の見解等においても，その取扱いが明確となっておらず，甲社におけるみなし配当との関係において，実務上は種々の議論が提起されているところである。このような現状は，法的安定性並びに納税者における予見可能性の確保の観点からも好ましい状況とは考えられないため，今後，本件のようなクロスボーダー合併についても，その取扱いを明確にするための規定の整備が望まれる。

Ⅲ　タックスヘイブン対策税制における特定外国子会社等の範囲

【事　例】

甲社は，台湾のメーカー（TW社）を買収し100％子会社とした。当該

TW社は，当初より英領バージン諸島に100%の子会社（VG社）を所有しており，甲社がTW社を買収したことにより，VG社は甲社の100%孫会社となった。VG社は，アメリカに支店（US支店）を有しており，当該支店において稼得した利益に対してアメリカにおいて納税をしており，VG社の租税負担割合はおおむね25%程度となっていた。

　TW社の買収調査時点において，VG社の存在は明らかとなっており，TW社にVG社設立の経緯を確認したところ，「会社の設立が容易であり，かつ，会計監査が求められない等，会社の維持費用を低く抑えることが可能であるために設立した」とのことであった。甲社は，TW社を買収した後にはVG社の取扱いを検討する必要性は認識していたが，TW社の持つ製造技術を得ることが最重要の課題であるとして，最終的にTW社の買収を実行した。当該買収を実行した後のグループの資本関係図は，以下のとおりである。

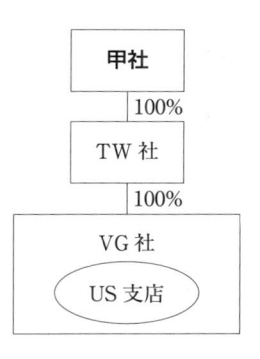

```
         甲社
          │100%
         TW社
          │100%
         VG社
        (US支店)
```

　本事例においては，VG社がタックスヘイブン対策税制における特定外国子会社等に該当するか否かを検討する必要がある。

【検　討】

　タックスヘイブン対策税制は，外国関係会社（内国法人，居住者等の持分割合が50%超の法人）のうち，特定外国子会社等に該当する場合に適用されることとなっている。すなわち，租税特別措置法（以下，「措置法」）第66条の

6 第1項において、特定外国子会社等について「外国関係会社のうち、本店又は主たる事務所に所在する国又は地域におけるその所得に対して課される税の負担が本邦における法人の所得に対して課される税の負担に比して著しく低いものとして政令で定める外国関係会社に該当するもの」と規定している。更に、措置法施行令第39条の14第1項では、次のいずれかに該当する外国関係会社が特定外国子会社等に該当すると規定している。

(1) 法人の所得に対して課される税が存在しない国又は地域に本店又は主たる事務所を有する外国関係会社
(2) その各事業年度の所得に対して課される租税の額が当該所得の金額の百分の二十以下である外国関係会社

つまり、第1号に規定する国等に本店又は主たる事務所を有している場合には、当該外国関係会社は自動的に特定外国子会社等に該当することなる。

一方、第2号では、所得に対して課される税がある場合には、租税負担割合を計算することによって、当該租税負担割合が20％以下となるかの判定を行った上で、特定外国子会社等に該当するか否かを判断することになる。

【問題点】

本事例では、VG社が特定外国子会社等に該当するか否かを判定するにあたって、措置法施行令第39条の14第1項に規定する第1号若しくは第2号のいずれによって判定すべきかの問題が生じると考える。

すなわち、VG社は法人の所得に対して課される税が存在しない英領バージン諸島に本店を有しているため、同項第1号に該当し、特定外国子会社等に該当すると判定することも可能である。

一方、VG社は、US支店で稼得した所得に対して法人税が課されているため、VG社全体の租税負担割合としてはおおむね25％となっており、同項第2号で規定している「その各事業年度の所得に対して課される租税の額が当該所得の金額の20％以下」という要件には該当しないと判断することも可能であると考える。

措置法施行令第39条の14第1項の規定上は，第1号若しくは第2号のいずれかに該当する場合には特定外国関係会社等に該当すると解釈することになると考えられるため，本事例の場合には同項第1号に該当することとなり，特定外国関係会社等に該当すると判定すべきことになると考えられる。

この点については，タックスヘイブン対策税制が創設された昭和53年の「改正税法のすべて」において，以下のコメントが紹介されている。

　外国関係会社の税負担の合計が25%以上であるような場合であっても，その外国関係会社が上述の意味での軽課税国等に所在する場合には，本税制の適用による課税をうけます。例えば，バハマ（法人所得に関する税制が存在しない。）にある外国関係会社が米国源泉の利子を取得し，米国において35%の所得税の源泉徴収を受けたためにその外国関係会社の税負担が全体として25%以上となったとしても，本税制による課税をうけます。このように外国関係会社が軽課税国に所在する場合には，個々の会社の実際の税負担を考慮することなく一律に本税制の対象としています。

上記のコメントは，タックスヘイブン対策税制が軽課税国指定制度を採用していた当時のコメントではあるが，当時の考え方を踏襲した形で現在の措置法施行令第39条の14第1項が規定されていると考えられる。タックスヘイブン対策税制の趣旨からすると，「法人の所得に対して課される税が存在しない国がタックスヘイブン国に該当する」という点には，何らの異論もないところではあるが，本事例のように，そもそものVG社の設立の経緯が，設立の容易さ，会社維持コストの安さ等という，いわゆる租税回避目的以外の目的で設立されており，かつ，租税負担割合が20%を超えている場合でも，単に法人の所得に対して課される税が存在しない国に本店を有していることのみを理由として特定外国子会社等に該当し，甲社においてタックスヘイブン対策税制の適用を受けることになるというのは問題があると考える。

この問題は，例えば，法人税率が1%の国に本店を有していれば，同項第2号が適用され，租税負担割合の判定により特定外国子会社等に該当せず，

タックスヘイブン対策税制が適用されないこととなるという場合と比較すると整合性が保てないように思われる。

本件に関する問題意識については，経済産業省が発表した平成24年度税制改正要望のうちタックスヘイブン対策税制に関連する部分で，一般社団法人日本貿易会から「特定外国子会社等の判定にあたり，本店所在地国が法人税を課さない国又は地域にあっても，他の国又は地域での法人税の負担により，所得に対する税の負担割合が20％超となっている場合は特定外国子会社等には該当しないとすること」という要望が出されていることからも，うかがい知ることができる。

一方で，本事例の場合には，「その事業年度の所得に対して課される租税の額が20％以下」とはなっていないため，同項第2号に基づいて特定外国子会社等には該当しないのではないかという見解も存するところではある。仮に，実際の税務の執行部分で第2号に該当するという取扱いが行われているとしても，上記の税制改正要望にもある通り，実務的には混乱が生じているものと考えられる。

したがって，本事例のような場合には，同項第2号に該当して特定外国子会社等には該当しないという明確な規定に改正する必要があると考える。

Ⅳ　日本インド租税条約における技術上の役務に対する料金

【事　例】

　甲社は，インドの関係会社IN社にソフトウェアの設計開発及び製作を委託している。IN社では，当該業務について，インド国内において甲社からの仕様書に基づきソフトウェアを製作しているが，当該ソフトウェアの所有権は開発段階から甲社に属しているため，IN社の業務は役務提供の対価として取り扱われている。

このため，当該役務提供の対価の支払いにあたっては，日本インド租税条約第12条（使用料及び技術上の役務に対する料金）の規定にしたがって，甲社では10％の源泉徴収を行ったうえで支払っている。

一方のIN社では，当該業務について，日本において法人税申告書を提出しており，甲社において源泉徴収された10％の税額について，その一部又は全部の還付を受けている。本件取引の流れを図示すると以下の通りとなる。

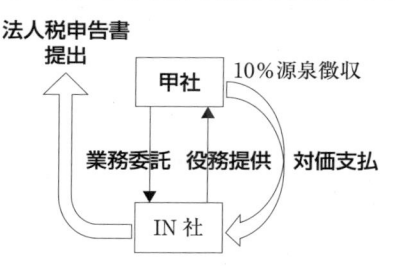

```
            法人税申告書
               提出
                ↑
              ┌─────┐  10％源泉徴収
              │ 甲社 │ ←─────
              └─────┘
                ↓↑
         業務委託  役務提供   対価支払
                ↓↑
              ┌─────┐
              │ IN社 │
              └─────┘
```

本件については，国内法において国内源泉所得に該当しないとされる所得が，租税条約の規定により国内源泉所得に該当することとなり，結果として，所得税，法人税の課税関係が生じている点について検討をする必要があると考える。

【検　討】
1　国内法に基づく取扱い

外国法人の国内源泉所得について規定している法人税法第138条では，人的役務の提供に係る報酬に関して同条第2号において，「国内において人的役務の提供を主たる内容とする事業で政令で定めるものを行う法人が受ける当該人的役務の提供に係る対価」と規定している。「政令で定めるもの」とは，法人税法施行令第179条に規定されており，同条第3号において，「科学技術，経営管理その他の分野に関する専門的知識又は特別の技能を有する者の当該知識又は技能を活用して行なう役務の提供を主たる内容とする事業」が規定されている。つまり，これらの役務提供を日本国内で行っているのであれば，国内源泉所得に該当することとなる。

したがって，本事例については，国内法に基づいた場合，役務提供がインド国内においてのみ行われているため日本の国内源泉所得には該当せず，日本における課税関係は生じないこととなる。

2 日本インド租税条約に基づく取扱い

日本が締結している租税条約では，原則として，人的役務の提供に係る所得は事業所得に該当し，外国法人が国内において恒久的施設（以下，「PE」）を通じて事業を行っていない限りは国内源泉所得には該当せず，日本における課税関係は生じないこととなる。

本事例の場合，役務提供者はインドに所在するIN社となるため，日本インド租税条約に基づいて検討する必要がある。この点，日本インド租税条約は上記とは異なる取扱いを定めている。すなわち，日本インド租税条約第12条第1項において，「一方の締約国内において生じ，他方の締約国の居住者に支払われる使用料及び技術上の役務に対する料金に対しては，当該他方の締約国において租税を課することができる。」と規定しており，技術上の役務に対する料金が使用料と同等の取扱いとされている。更に，「技術上の役務に対する料金」について，同条第4項において，「技術者その他の人員によって提供される役務を含む経営的若しくは技術的性質の役務又はコンサルタントの役務の対価としてのすべての支払金（支払者のその雇用する者に対する支払金及び第14条に定める独立の人的役務の対価としての個人に対する支払金を除く。）をいう。」と定義している。

そして，同条第6項では，「使用料及び技術上の役務に対する料金は，その支払者が一方の締約国又は当該一方の締約国の地方政府，地方公共団体若しくは居住者である場合には，当該一方の締約国内において生じたものとされる。」と規定しており，当該使用料及び技術上の役務に対する料金は，その対価の支払者の所在地国において生じたものとすると定めたうえで，同条2項で，「1の使用料及び技術上の役務に対する料金に対しては，これらが生じた締約国においても，当該締約国の法令に従って租税を課することができ

る。」と規定している。

つまり、技術上の役務に対する料金についても使用料と同様に債務者主義によることを規定しており、この点は日本インド租税条約の特殊な点であるといえる。

本事例の場合は、ソフトウェアの設計開発及び製作に係る対価の支払いが同条の適用を受けることになり、日本インド租税条約に基づいた場合は、国内源泉所得に該当することとなる。

3　租税条約の優先適用

国内法と租税条約において取扱いが異なる場合には、租税条約が優先的に適用されることとされている。つまり、法人税法第139条において、「日本国が締結した所得に対する租税に関する二重課税防止のための条約において国内源泉所得につき前条の規定と異なる定めがある場合には、その条約の適用を受ける法人については、同条の規定にかかわらず、国内源泉所得は、その異なる定めがある限りにおいて、その条約に定めるところによる。この場合において、その条約が同条第2号から第11号までの規定に代わって国内源泉所得を定めているときは、この法律中これらの号に規定する事項に関する部分の適用については、その条約により国内源泉所得とされたものをもってこれに対応するこれらの号に掲げる国内源泉所得とみなす。」と規定しており、所得の源泉について租税条約と異なる定めがある場合に、租税条約に定める規定に従って法人税法の規定を適用する旨を定めている。

したがって、本事例の人的役務の提供に係る対価は、日本インド租税条約の定めに従って国内源泉所得に該当することとなり、甲社の支払時に10％の源泉徴収を行う必要がある。

4　法人税の納税義務

法人税法においては、外国法人は、PEがなければ法人税の申告義務は生じないこととされているが、人的役務の対価については、法人税法第141条

第4号において,

「前3号に掲げる外国法人以外の外国法人　次に掲げる国内源泉所得
  イ　第138条第1号に掲げる国内源泉所得のうち,国内にある資産の運用若しくは保有又は国内にある不動産の譲渡により生ずるものその他政令で定めるもの
  ロ　第138条第2号及び第3号に掲げる国内源泉所得」

と規定しており,法人税の納税義務が課されている。

本事例の場合,IN社の提供する役務が,日本インド租税条約の適用を受け国内源泉所得に該当することになるため,甲社に係る業務について,法人税の課税所得を計算し,法人税を納付する義務を負うことになる。この場合,既に源泉徴収されている部分については,所得税額控除を受けることになるため,法人税の申告書において計算された法人税額が源泉徴収された所得税額を超える場合には,超える部分について納付を行い,満たない場合は,還付を受けることとなる。

【問題点】

上述の通り,日本が一般的に締結している租税条約と日本インド租税条約は,技術上の役務に対する料金に関する規定を置いている点で大きく異なる。この規定は,1989年に発効した条約から規定されているが,当時の日本インド両国の状態を考慮した場合,日本側がインド側に技術上の役務を提供する（インド側が対価を支払う）場面が圧倒的に多かったと想定され,このためにインド側からの強い要望によって当該規定が置かれたと言われている。

しかし,近年は,本事例にもある通り,インドから技術上の役務提供を受けるということは珍しくなく,むしろ一般的な状況になりつつある。

そもそも日本では国内法の規定により,技術上の役務提供が日本国内で行われていない限りは国内源泉所得には該当しないという立場,並びに投資所得に対する源泉地国課税を大幅に減免し,条約相手国との経済交流を促進するという立場を採っているため,技術上の役務提供に対する料金に関する規

定は速やかに削除されるべきであると考える。

　また，極めて実務的な観点ではあるが，IN社は，甲社との取引だけではなく，インド国内においても同様のソフトウェア開発を行っているため，IN社全体の財務諸表から甲社との業務に係る国内源泉所得を切り出す必要があり，法人税の申告にあたっては，相当の労力が費やされており，かつ，税務調査等においても国内源泉所得の計算については種々の問題を引き起こしているところである。この点からも，当該規定の削除は望まれるところである。

　この点，2005年に日本インド租税条約の改定に関連して，当時の主税局参事官補佐である東山氏は，「今回の改定交渉においても，ソフトウェア開発を巡る課税の問題を解決するためにも，わが国と他国との間の租税条約では見られない技術上の役務に対する料金の規定を削除すべきであると強く主張してきた。しかしながら，インド側は，自国の税収確保等の観点から，技術上の役務に対する料金の規定の削除に反対し，結局，限度税率を20%から10%に引き下げることで合意するにいたった」とコメントしている。租税条約は，二国間の取決めであるため，日本の都合だけでは決定することができないのは当然のことであるが，日本国内法との整合性及び実務的な観点から，引き続き，粘り強い交渉が望まれるところである。

内国法人の国際取引に係る法人税

日税研論集 第63号 (2012)

平成24年11月20日 発行

定　価　（本体 3,333 円＋税）

編　者　公益財団法人　日本税務研究センター

発行者　石　井　幸　夫

　　　　東京都品川区大崎１－１１－８
　　　　　　　　　　日本税理士会館１F

発行所　公益財団法人　日本税務研究センター
　　　　　　　　電話　(03) 5435-0912（代表）

製　作　第一法規株式会社